JN074524

ESGカオスを超えて

新たな資本市場構築への道標

Environment
Social
Governance

北川哲雄［編著］
Kitagawa Tetsuo

中央経済社

【執筆者一覧】

第０章	北川　哲雄	青山学院大学 名誉教授／東京都立大学 特任教授
第１章	足達　英一郎	株式会社日本総合研究所 常務理事
第２章	松山　将之	日本政策投資銀行 主任研究員
第３章	貝沼　直之	マネックスグループ株式会社 執行役員CEO補佐
第４章	木下　靖朗	ニッセイアセットマネジメント株式会社 株式運用部上席運用部長
第５章	林　寿和	Nippon Life Global Investors Europe Plc, Chief Director（ニッセイアセットマネジメント株式会社より出向中）
第６章	加藤　晃	東京理科大学 大学院教授
第７章	小方　信幸	法政大学 大学院教授
第８章	松田　千恵子	東京都立大学 大学院教授
第９章	浅野　敬志	東京都立大学 大学院教授
第10章	林　順一	青山学院大学 特別研究員
第11章	高山　与志子	ボードルーム・レビュー・ジャパン株式会社 代表取締役／ジェイ・ユーラス・アイアール 株式会社 取締役マネージングディレクター
第12章	富永　誠一	日本コーポレート・ガバナンス・ネットワーク 事務局長

はじめに

われわれは『ESGカオス』の中にいる。ESG，SDGs，サステナビリティという言葉が一般紙であっても新聞に出ない日はない。このような状況が少なくとも５年は続いている。

社会現象と言ってもよいが，この流れの本質をどのように理解するかは非常に重要である。それができないと，これからもESGカオスの中でわれわれは永遠に右往左往することになろう。

日本企業の多くの経営者も，この点に頭を悩ませておられるのではないだろうか。ビジネスパーソンにとっても，これから大学を卒業し社会に出ようとする学生の方々にとっても，実は今の状況は掴まえ所のないものであることのように思える。

本書は，このような中で第一線の大学研究者・実務家・シンクタンクリサーチャーにより，さまざまな角度から今起こっていることをどのように理解するかについて専門の領域に即して率直にかつ鋭く論じていただいた。したがって，とても読み応えのあるものとなっている。編者として真に嬉しい限りである。各章の内容紹介はのちに行うが，まずもって執筆者の皆様に感謝の意を表したい。

と同時に本書の企画段階から熱心に刊行を勧めていただき，かつ最後まで激励をしていただいた小坂井和重氏（中央経済社取締役）に感謝したい。私事になるが私自身，初めての外部原稿が活字になったのが中央経済社の『企業会計』誌であったが，それから40年近くたった。その折，新人時代の小坂井氏にお目にかかって以来お世話になりっぱなしである。

その後何度も（改めて数えてみると『企業会計』に寄稿したのは13回になる）寄稿させていただき，今回初めての単行本の編者となることができた。感無量である。

令和４年３月

北川　哲雄

目　次

第7章

ビジネスと人権を両立させるサステナビリティ経営とは：ネスレの児童労働撲滅の取り組みからの示唆　165

第8章

ESGカオスと企業経営・財務政策の基軸　187

第0章

いかにESGカオスを超えて行くか

編者（北川）の問題意識を本章で示しておきたい。

ESG関連の海外研究者による論文をみてみるとサステナブル・ファイナンス（サステナビリティを目的とした金融と訳すことができよう）の究極の目的はCommon Good Value（社会善）の実現にあると規定している論者が多い。

深刻な環境問題，非人道的な労働慣行等に対し当然，企業経営者は対処しなければならない。受け身の態度では非難を当然受けることになろう。しかし冷静に考えると，かつて公害問題がわが国で大きな社会問題となったとき官民で懸命に取り組み，優れた環境機器・汚染対策をわが国は生み出し世界の範となった。Common Good Value（社会善）への対応に社会全体がどう取り組むかという問題は昔も今も重要であるが，ここにきて世界全体がビビッドに反応してきているという実感がある。喫緊の課題もあり，大きなウネリが特に環境問題を中心に起きてきている。このような流れに対し企業自身がいかに取り組むかという問題は重要であることは言うまでもないであろう。問題は，それではどうするか，企業にはそれぞれの事業特性というものがあり，そこから離反したことはできない。

資本市場のメジャープレイヤー（特に上場企業と機関投資家）に主に焦点を当てて考えてみると，以下の９つの視点に配慮することが重要であると思う。

第１点は，上場企業にとってESGのうち**ＥとＳの問題の多くは外部性の問題**でもあるということである。たとえば，予想される環境規制はかつての公害問題の解決と同じく規制の方向性が明確に示されて，合意された実行プログラムに沿って企業は努力することになるであろうということである。とは言え，公害が問題となった時代と異なるのは国連・ユニバーサルオーナー，NGO・NPO，ESG投資家が非常に熱心に企業側にプロアクティブな（先を見越した）

対応を迫ることと，息の長い（５年や10年ではなく今世紀全体を見据えた）問題であること，およびそれゆえにさまざまな可変性（電源構成の問題１つとっても道筋を示すことは一筋縄ではいかない）があるという点である。

しかし，いったん規制の方向性が明確になれば，どのような組織（Enterprise）すなわち私企業であろうと公益企業体であろうと，組織の大きさにも関係なく遵守すべきものであるという点である。いわば従来からあるコンプライアンスやリスクマネジメントの問題であるということである。規制の方向性にさまざまなシナリオや地域特性があり，企業にとっては予見不能の問題も多々あるが，機敏に対応すべきことになる。

第２点は，**企業におけるESG活動は企業という組織自体の「価値」を強固・増大する手段として一義的に考えるべきである**という点である。Ｅについては環境規制との関係で機器開発等において莫大な需要が発生する可能性がある。Ｓに絡めて言えば，昨今の新型コロナウイルス感染症において喫緊の課題となったワクチン開発，途上国まで含めた接種率の向上は研究開発投資における大きな需要を喚起するものであるとともに，ワクチンの精製に成功することによる社会への貢献は計り知れないものである。

リモートワークの普及は社会構造を変えるとともに，ビジネスシステムの変換をもたらすことになるが，ここにも莫大な需要が起きることが考えられる。

Ｇ，すなわちガバナンスの観点からは最近，サステナビリティ・ガバナンスという言葉が話題となっているが，取締役会において乱立するサステナビリティ（ESG）の課題を企業の立場としてどのように受け止めるかを社外取締役が中心になってモニタリングすることが重要となってきている。取締役会の構成においてサステナビリティに造詣の深い社外取締役をいかにラインナップするかは，機関投資家とりわけESG投資家の大きな関心事となろう。

第３点は，**企業は社会的価値のあるサービス・財を提供してこそ適切な利益を得られる**点を再確認すべきである。

そもそも，あらゆる企業は社会価値の創造に寄与することによって成り立っている。ただ，効率性の観点から当然競争があり，同じ目的を持った企業体であっても誰もが参画できるというわけではなく厳しく淘汰される。ということは，淘汰される企業が優れた財・サービスを社会に提供できなくなったことを意味する。すなわち，このような状況は競争に敗れたことを意味する。

金融市場・資本市場は，この点を厳しくモニタリングする。たとえば，株式市場においてPBR（株価純資産倍率）が著しく低い企業には厳しい警告がなされる。たとえば，PBRが現状0.5倍として株価が長期的な企業のファンダメンタルズ（業績動向）についての株式市場参画者のコンセンサスは，現時点での解散価値の半分として評価していることになる。このような状況は，ESGやサステナビリティの視点から一部ESG投資家，パッシブ投資家やESG格付け機関からの評価が高くとも，バランスの取れた経営をしていないことを意味することになる。

第４点は，それゆえに**経営者は企業経営とESG活動の同心円化を進め，もってマテリアリティを特定する努力を行うべきではないか**ということである。企業は本来，事業の長期的価値創造に努めるとともに，外部性を冷静に把握し，事業機会とリスクの観点から緻密に経営計画に織り込んでいくプログラムを持たなければならない。当然のことながら，事業特性・ステージにより企業ごとにマテリアリティ（重点項目）は異なることになる。投資家やステークホルダー側から見れば，このマテリアリティの特定は当該企業の今後の状況を把握する上で重要となる。

その上で重要なことは，練りに練った構想を投資家およびステークホルダーに説明し共感を得るということである。優れた統合報告書は，トップの熱いメッセージがまず示されて，的確なマテリアリティが記述され，かつ全体のページが一気通貫して流れるように読める点に特徴がある。

第５点として**非財務情報（ESG）開示基準は当然の帰結として統合化へ向かう**ということである。乱立していた基準は，IFRS（国際財務報告基準）財団によるISSB（国際サステナビリティ基準審議会）の設立によって一気に統合化に向かうことになったと断言できる。

筆者の予想ではIFRS財団の下で設立されたため一義的には①投資家向け（＝すなわちシングルマテリアリティ）のための，すなわちESG活動の企業価値への影響度合いの算定を志向とする基準になろう。もちろん②社会の持続性（サステナビリティ）に対しポジティブ・ネガティブ両面の報告を求める開示を志向する基準を制定しようとする有力な設定主体（GRI等）も何らかの統一化が図られる可能性もある。企業にとっては，これらの情報開示は「コインの裏表」とも言えるものである。

たとえば「ダイバーシティ＆インクルージョン」の開示は①の場合，当該企業価値との関連性で記述されるべきものである。②の場合，社会的規制（国によっては目標値が定められている場合もある）を意識しながら，統計的客観的資料の記述がより重要となろう。ただ，ここで紛らわしいのはNGO・NPOだけでなく一部アセットオーナー，機関投資家（特にESG投資家，パッシブ主体の投資家の中にはその傾向がある場合もある）の中に②を志向しているケースも多いという点である。このような投資手法には疑問も多いが，厳として存在することは認めなければならないであろう。そのためか企業によっては②を開示の主体として考えている場合も多い。ここからIFRS財団が①を基本としつつ，②を包摂するものを志向する可能性が高いと思われる。

第６点として**企業には目的適合性をもった複数の報告書の作成が求められる**ということである。

第５点との関係で言えば，①向けには企業価値関連報告書（統合報告書と呼ばれるものがそれに近い），②向けにはサステナビリティデータブック（CSR報告書と称する企業もある）が必要となろう。もちろん，既存の③ファイナンス・リポート（企業財務データ，決算短信，決算説明会資料）も引き続き必要となる。

わが国における企業価値関連報告書は年々洗練化されてきている。筆者の見るところ欧米先進企業に比べても遜色ない報告書が増えてきている。それでは欧米先進企業との比較で，今日においても足りない点があるとすれば何かと問われれば，個性をもっと表現すべきではないかという感想を抱いている。海外では同じ業態でも全く異なるタイプの報告書があり，今年はどのようなものになるかとワクワクする企業が多いが，残念ながらわが国では同業大手同士の報告書の構成が似通っているケースが多い。

同じ産業に属していても，企業カルチャーや経営者の個性は異なるわけであるし，似通ってしまっているのは不思議な気がする。

その反対に②においては主たる読者の関心は「比較可能性」にあり，一定の様式が求められる傾向がある。没個性的であっても構わない。ある企業のサステナビリティ部長によれば「百科事典」や「統計書」を作っているような無味乾燥さがあると嘆いている。そういった面は確かに否めないまでも，企業によっては200頁を超える大著であっても工夫されており，精緻な分析を行うESG投資家を唸らせるような報告書を作成している場合もある。

③のファイナンス・リポートについては，多くの日本企業が長年投資家への情報開示をどう進めていくかに腐心されてきて大変充実してきていることは周知のとおりである。しかし，セグメント情報等，まだまだ充実させるべき領域はある。内外の優れた開示例を参考にして今一度見直してみる必要がある企業も多い。

第７点として**革新的アナリストの出現を期待したい**という点である。わが国のダブルコードは二度の改訂を経て誠に精緻化してきている。おそらく世界一というほど精緻で様式美の溢れたものになってきている。ガバナンスコードは「経営の指南書」として洗練され，スチュワードシップコードは機関投資家の「心得の条」が的確に示されている。

しかし皮肉っぽく言えば，機関投資家の質問が様式美に則り行われる限り，企業側はEXCELシートでメールにて回答できるものになってきている。企業側の開示における形式的装備は能力のあるスタッフが企業内にいれば，もはや朝飯前の仕事ではないか。

今後期待されるのは，CEOや取締役会議長と機関投資家ファンドマネジャーや責任投資部長との真剣勝負ということになろう。これは奥義を極めたサムライだけに参加資格がある。真のアクティブ長期投資家でなければならない。

当該企業を知り尽くし，長期業績予想（10年）を真剣に行おうとするアナリストであることが最も望ましい。リアリティのある質問，それゆえ当該企業にとって実のある直言を聞くことを企業側ができるからである。このような長期投資家は存在するし，これから主流になる必要がある。10年予想を本気で行う過程において，当該企業にとってのESG課題はもちろん検討することになる。

皮肉なことに，この10年予想を行うことができそうだと思える米国大手アクティビストのレポートにお目にかかったことがある。ある大手化学メーカーに事業ポートフォリオの見直しを迫るもので，自らのホームページでそのレポートを開示している。今後の中長期の市場動向とターゲット企業のリソースを分析して長期予想を行っているが，なかなかレベルの高いものであった。実際にはバイサイドアナリストの長期予想を外部から窺うことはなかなかできないが，革新的アナリストが続々と輩出することを望みたい。

第８点は**時間軸の悲劇を起こさないようにしなければならない**ということである。第１点において「外部性」の問題を指摘したが，いかなるESG課題も時間軸の問題を引き起こす。環境規制においてのみ考えてみても，さまざまな課題に関して2050年までを視野に入れる時間軸もあるが，2025年，2030年という時間軸での課題もある。2025年を視野に入れたとしても2022年度はそのためにどのような企業行動をとるかという問題も出てくる。

10年後に「こうありたい」という漠たる目標ではESG投資家は納得できない。かなり狭いパスウェイをどのように乗り込んでいくかにつき，前向きでかつ実行可能性のある方策を投資家に示す必要があるからだ。

長期のアクティブ投資家において10年予想を行うとする場合，10年後のピンポイントを予想するわけでなく，各年度の業績予想を丹念に行う。ESG関連事項も毎年度考量することになる。しかし，２期予想程度しか行わない投資家の場合，あくまで緻密に予想する時間軸は極めて短い。

ESG投資家が投資対象企業の評価を行う場合も実は時間軸はさまざまである。現時点での活動評価を基準としてレーティングを賦与している場合も，より長期的な視点を考慮している場合もあり，さまざまである。時間軸をどう取るかによる評価の相違，それを筆者は時間軸の悲劇と呼んでいる。

最近，先進的企業の中にはESG説明会を行うところが散見されるようになった。すでに毎年１回で３回のESG説明会を重ねた企業もある。その中に長期投資家のニーズに沿うように「プレ財務」という考え方を緩用し，ESG活動が将来の財務三表にいかなる影響を持つかを時間軸の長短で示している企業も出てきた。この開示に敏感に対応できるか否かが革新的アナリストであるか否かの境目であるような気がする。

最後の第９点は**モニタリングの連鎖が必要である**ということである。現在のわが国における資本市場を見渡すと，20年前と比べてESG関連を中心にプレイヤーがかなり増えている。思いつくままに言えば，ESG投資家，ESGアナリスト，ESG評価機関，ESG情報ベンダー，統合報告書作成コンサルタント，サステナビリティ関連ボンド格付け機関，非財務情報開示設定機関，社外取締役，取締役会評価機関等々である。

サステナビリティWASHという言葉が時折経済誌でも紹介されるが，ESG投資・融資は非常に時間軸の長いものである可能性があるとともに投資評価が大変難しい。それゆえ，中には実態の伴わない資金使途がなされる可能性もある。聖域なく，すべてのプレイヤーに対しモニタリングが必要となってきている。

以上，アトランダムに指摘してみた。正鵠を射たものであるかどうかは読者の判断にお任せしたいと思う。

前置きが長くなったが，各章の注目点を以下に紹介しよう。

第１章「シングルマテリアリティとダブルマテリアリティの相克」は非財務情報開示を理解する上での基礎的な重要概念が示されている。特にマテリアリティの抽出は重要であるが，シングルマテリアリティ，ダブルマテリアリティ，さらにダイナミックマテリアリティと３つの異なる概念について深い分析を試みている。

続く第２章「非財務情報開示基準の統合化はいかに進むか」においては，今急速に統合化に向かう開示基準の流れが的確に示されている。数年前まで乱立の極みのあった開示基準は一気に統合に向かおうとしており，スリリングですらある。どのように今後収束するかは，わが国資本市場関係者にとって大変注目されるところである。

第３章「経営者・従業員のESGへの理解を深めるには：３つの「Ｅ」の重要性」では，企業と投資家の対話におけるESG事項に関する問題について焦点を当てている。結論としてESGカオスの解決として３つの「Ｅ」，すなわちEducation（金融リテラシーを高める教育），Evaluation（評価），およびEthics（倫理）の観点の必要性を提唱している。

第４章「アクティブ投資家とESGカオス」では，ESG課題に対するアクティブ投資家のスタンス・課題をパッシブ投資家との相違で述べられており，同じ投資家であっても大きな分断があることが指摘されている。さらに投資家の背後にあり，ESG課題に大きな影響を最近持ち始めているユニバーサルオーナーとアクティブ投資家の関係にも触れている。

第５章「ESGインテグレーションとは何か」においては，隆盛化するESG投資における代表的運用手法であるインテグレーションについて丁寧に論じている。ここでは，ESGインテグレーションの定義および要素分解が示されている。さらに，ESG評価機関のESG格付けの問題にも着目し「ESG的に良い」とは何かについて触れている。

第６章「技術経営の視点からESGカオスを考える」は，多くの日本企業が直面している情報システムの課題に着目して論じている。ここでは，わが国企業における情報システムの課題をまず指摘している。そしてDXの究極であるビジネス・トランスフォーメーション（BMX）の構築に着目し，BMXの成功事例としてノボザイム社が紹介されている。

第７章「ビジネスと人権を両立させるサステナビリティ経営とは：ネスレの児童労働撲滅の取り組みからの示唆」においては，重要なESG課題の人権の問題を掘り下げて論じている。いわゆるCSV経営の嚆矢とも言えるネスレの優れたESG活動の一端が丁寧に論じられている。

第８章「ESGカオスと企業経営・財務政策の基軸」は，企業経営者にとって今生起しているESGにまつわる諸問題にどう取り組むべきかということの処方箋を示している。ESGという奔流に巻き込まれて複雑骨折したかにみえる企業にとっては光明が見えることになろう。投資家側も黎明期の状態であり，冷静に対処することが近道であることがわかる。

第９章「サステナブル資本主義における会計の役割」は，社会変動の激しい時代に対応した新たな会計の役割とその可能性について論じている。インパクト加重会計に関する最新の知見，特に民間企業主導のインパクト測定プロジェクト（Value Balancing Alliance）が紹介されており興味深い。会計領域の飛躍的拡大が期待されることを示唆している。

第10章「わが国CGコードの特徴と今後の課題：経営指南書としてのわが国CGコード」においては，標題どおりわが国のコードの特徴を描出しており，わが国のコードと英国・米国のコードとの比較が綿密に行われている。「経営指南書」としての色彩が濃いわが国コードの特質が指摘されているのは興味深い。

第11章「取締役会評価：日本における評価の進展と課題」は，2015年の最初のガバナンスコードにおいてすでに盛り込まれ，その後，急速に普及してきた取締役会評価について論じている。それが２回のコードの改訂を経てどのような進展を遂げているかを示すとともに，新たな課題としてサステナビリティ経営に対する取締役会の役割の視点の重要性も指摘している。

最終章の第12章「取締役会活性化の処方箋：独立社外取締役の役割・責務と取締役会事務局の支援」は，ガバナンスの肝である取締役会の課題について詳述されている。２回のコードの改訂を経て形式面は整ってきたことを示しつつ，今後は独立社外取締役の役割，およびそれに伴う責務が大きくなる点と同時に取締役会事務局の役割が拡大することも指摘している。

以上，12章にわたる本書のエッセンスを章ごとに紹介した。第一線の方々による最新の知見を堪能していただければ幸いである。

第１章

シングルマテリアリティと ダブルマテリアリティの相克

第１節　サステナブル・ファイナンスと企業情報開示

「環境・社会課題解決の促進を金融面から誘導する手法や活動」としてのサステナブル・ファイナンスは，「経済・産業・社会が望ましいあり方に向けて発展していくことを支えていく金融メカニズムの全体像であり，サステナブルな社会を支える市場のインフラ」であるとも言える。実務的には，金融意思決定において，環境側面や社会側面からの検討・考察を十分に考慮するプロセスを指すということになる。こうした考慮にあたって，その判断材料となるのは「情報」であって，こうした情報なしにはサステナブル・ファイナンスは成立しない。これは，一般的な金融活動における意思決定が，投融資先の財務情報や信用情報なしには成し得ないのと，同じ構造を有しているとも表現できる。

一般的な金融活動では，アセットオーナーや金融機関は，どのようにして意思決定の拠りどころとなる情報を入手するのであろうか？　もちろん，アセットオーナーや金融機関が自らデータを収集したり，ヒヤリングを実施したりして情報を生成することも不可能ではない。しかし，現代においては，投融資先が生成する情報を投融資先が自ら開示して，アセットオーナーや金融機関が利用するという形態が一般的になっている。その代表的なものが企業会計情報である。

企業会計においては，定められた方法で正確な計算を行うことが大前提である。ただ，会計という行為を行う目的は，投資家など利害関係者の判断を誤らせないようにすることにあるがゆえに，重要性の乏しいものについては，簡便な方法での処理が認められている。

例としてよく取り上げられるのは，文房具などの消耗品の購入に関してである。文房具は未使用であっても買った時点で費用とすることで構わない。この程度の細かいものまで厳密に処理するとなると，手間ばかりかかり重要なことを見落としてしまうことになりかねない。

このように，企業会計では重要性の乏しいものは簡便な処理や表示を認めるということになっている。逆に，重要性の高いものは詳細な処理や表示を求めるということである。こうした考え方を重要性（マテリアリティ）の原則という。

サステナブル・ファイナンスにおいても，環境側面や社会側面からの検討・考察を十分に考慮して意思決定を下す場合の拠りどころとなる情報としては，アセットオーナーや金融機関が自ら生成した情報と投融資先が生成して開示した情報の２種類がある。ここで，後者への依存度は決して小さくはなく，そこでも重要性（マテリアリティ）の原則が適用されてしかるべきなのだが，現時点での課題は，企業会計と違って環境側面や社会側面に関する企業情報には一定の基準が確立していないことにある。と同時に，重要性（マテリアリティ）の原則の適用のあり方についても異なった意見が並立している。

本章のタイトルは「シングルマテリアリティとダブルマテリアリティの相克」とした。環境側面や社会側面の要素が企業価値に及ぼす財務上のインパクトのみに着目して重要性原則の適用範囲を定める考え方をシングルマテリアリティと呼ぶ。他方，財務上のインパクトに加えて，環境側面や社会側面の要素が企業を取り巻く市民，消費者，従業員，ビジネスパートナー，市民社会組織といった幅広いステークホルダーに及ぼすインパクトにも着目して重要性原則の適用範囲を定める考え方をダブルマテリアリティと呼ぶ。この２つの考え方が並立して，双方に有効性を主張しているというのが現状だと言える。

たかが企業情報開示をめぐる重要性原則の適用範囲の相違に過ぎないという見方もあるかもしれない。しかし，環境・社会課題解決の促進を金融面から誘導するという場合に，その解決は専らアセットオーナー等の経済的動機に基づく行動によって図ることができるのか，市民，消費者，従業員，ビジネスパートナー，市民社会組織といった幅広いステークホルダーの倫理観を含む多様な動機に基づく行動によって解決を図ることができるのか，というサステナブル・ファイナンスの本質的特性をめぐる異なる見解とも，この相克は結びついている。

以下では，シングルマテリアリティとダブルマテリアリティという２つの立場を詳細に考察してみるとともに，「ESGカオスを超える収束プロセス」を企業情報開示という視点から展望してみたい。

第２節　バルディーズ原則/企業情報開示の黎明

環境側面や社会側面からの検討・考察を十分に考慮して金融意思決定を下す場合の拠りどころとなる情報を，企業側が生成，開示するようになったきっかけは，エクソン社の大型タンカー，バルディーズ号がアラスカ沖で座礁した事故だというのが通説となっている。

1989年３月に起きたこの事故では，1,080万ガロンの原油がアラスカの海と海岸に流出した。船の乗組員に死傷者はなかったが，清掃作業に関連して４名の命が失われた。30万羽の海鳥，2,000頭に上るラッコをはじめとする生物，漁業，観光などに大きな影響を与えた。1991年になって，アラスカ州政府，米国連邦政府とエクソン社の和解が連邦地裁によって承認された。同社は，2,500万ドルの罰金，１億ドルの刑事上の損害賠償額，さらに10年間で９億ドルの民事上の和解金を支払うことになった。このほかに，エクソン社は，清掃作業に22億ドルを要したと伝えられている。こうした財務的な影響だけではなく，同社に対する社会の批判も大きく広がった。この事故は，エクソン社のガソリンの不買運動やクレジットカードの返上運動など消費者からの企業批判にも拡大していった。

エクソン社への批判を展開したグループの１つに，「環境に責任を持つ経済主体の連合」（CERES；セリーズ）という環境保護団体があった。事故が起こったあと，「これはエクソン社だけの問題ではない。他の企業も利益優先の結果，自然環境を破壊するような経済活動をしていないだろうか」という懸念が共有されることになった。

特徴的なのは，セリーズは単なる環境NGOではなく，環境保全を推進しようと考える投資家グループとも密接な関係を持っていた点だ。米国の投資家やファンドマネジャーをはじめ運用会社に籍を置く人々が，「バルディーズ号事件は，環境破壊が，社会的批判とともに企業の業績にも大きなマイナスの影響を与えることを示した。企業が環境問題に取り組んでいくのは，当然，評価されるべきことではあるが，これに加えて，株式投資という観点からも，運用成績を左右する大切な要因になっている」ということを広く認識しはじめることになったという。

1989年９月，セリーズは，投資判断を行うときに用いる環境原則を「バルディーズ原則」と命名し，それを公の場に発表するに至る。

1　生物圏保護のため汚染物質の放出をなくすよう努力する。
2　天然資源有効利用と野生動植物の保護に努める。
3　廃棄物処理とその量の削減に努める。
4　安全，持続的なエネルギー源利用に努める。
5　安全な技術やシステムを採用し緊急事態への対応を図る。
6　安全な商品やサービスを提供し，それらが環境に与える影響を消費者に知らせる。
7　環境破壊に対するすべての損害賠償責任を負う。
8　情報の公開を行う。
9　環境問題を担当する取締役を置く。
10　環境問題への取り組みを評価する独自の年次監査報告の公表を行う。

その上で，原則を受け入れた企業に投資して，環境保全型の企業活動を支援するという運動を展開したのだった。この10番目の項目に呼応して「自社の環境問題への取り組みを評価する年次監査報告書の公表を行う」企業が出てくる。それが，今日の企業情報開示の源流となった。特筆しておくべきこととしては，環境側面や社会側面の企業情報開示が，企業を取り巻くステークホルダーからの要請で始まったこと，とりわけステークホルダーの中の投資家と市民が合同でその要請を後押ししたこと，その結果，企業行動が社会や地球に及ぼす影響をめぐる関心と，企業行動の財務状況（それは株価を通じて企業価値の評価額に結びつく）に対する影響をめぐる関心の２つを当初から包含していたことを挙げておくべきであろう。投資家と市民が合同で要請を後押しした経緯は，企業情報開示の大きな推進力となったが，ESG投資拡大の中で異なる見方が生まれる遠因にもなった。

セリーズは，1997年９月になると，国連環境計画（UNEP）などと協力して，Global Reporting Initiative（GRI）という運動を展開しはじめる。これは，GRIガイドラインという環境側面と社会側面の企業情報開示を標準化し，企業側の開示をそれに準拠してもらおうという狙いだった。バルディーズ原則の発表以降，環境監査報告書もしくはそれと同等の報告書を作成し，開示する企業も徐々に出現してきたが，その様式はバラバラで，時系列的な相互比較や，企業間同士の相互比較が困難であるという課題が生じてきた。そこで，何の項目について，どのように開示すべきかを，標準（Standard）として定めることが有効ではないかと考えられるようになった。

第3節　マテリアリティ(重要性)分析をめぐって

1999年３月に，GRIガイドラインの最初の草案が公表された。2000年６月にはGRIガイドライン第１版が発行された。2002年２月には，これを推進する主体として，GRIという名称の独立組織を発足させることとなり，理事会が発足する。2002年８月には，GRIガイドライン第２版が発行されるとともに，翌９月にはGRI本部をボストンからアムステルダムへ移転させ，ステークホルダー協議会（Stakeholder Council：SC）を設立して，最初の業種別補足文書も発行した。

2005年12月にGRIガイドライン第３版ドラフトが公開され，その後のパブリックコメントを経て，2006年10月にGRIガイドライン第３版が発行される。ここで，「報告書中の情報は，組織の重要な経済的，環境的および社会的影響を反映するテーマおよび指標，あるいはステークホルダーの評価および意思決定に実質的な影響を及ぼすであろうテーマおよび指標を網羅すべきである」という一文が登場する。前々節で言及した重要性（マテリアリティ）原則とその特定にかかわる手法論が言及されることになった。

縦軸に「ステークホルダーによる評価と意思決定への影響度」，横軸に「経済的，環境的，社会的影響の『著しさ』」を置いた二次元平面上に，個々の環境側面ならびに社会側面の課題をマッピングして，その右上に位置づけられるテーマと指標について，重点的に情報開示を進めるというスタイルが，この後，急速に拡がっていくことになった（**図表１－１**）。

このいわゆる「マテリアリティ分析」と呼ばれる手法は，視覚的にイメージしやすい利点を持つが，同時に軸の意味をめぐるさまざまな解釈を，その後に生むことになった。縦軸は「ステークホルダーからの関心の大きさ」というような解釈が定着していったが，横軸に関しては「組織側が及ぼす影響」なのか「組織側が被る影響」なのかが曖昧なまま利用が進んだ。GRIガイドライン第３版には「サステナビリティ報告書における重要性とは，組織に重大な財務的影響を及ぼすサステナビリティのテーマだけに限られるものではない」と明記

図表1-1　GRIガイドライン第3版に掲載されたマテリアリティのイメージ

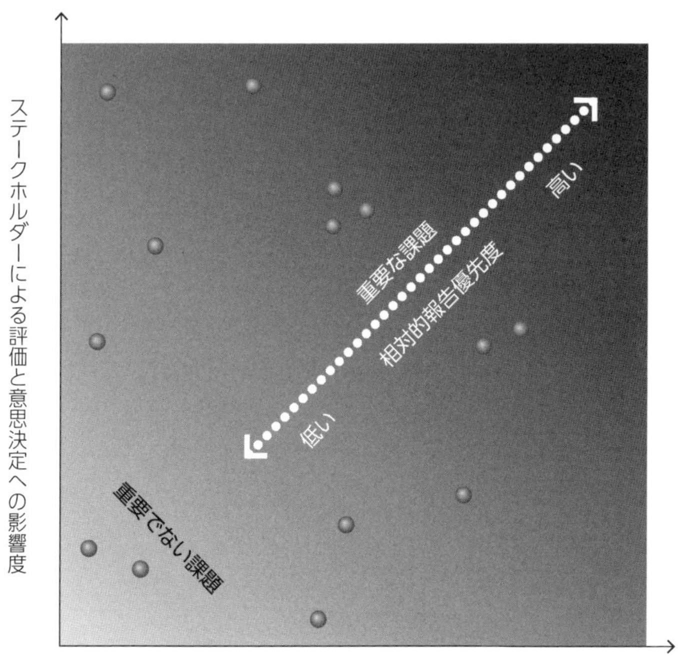

（出典）Global Reporting Initiative, "G3 Guidelines of the GRI Sustainability Reporting Framework".

してあるものの，横軸の「経済的影響の著しさ」がいつの間にか「組織側に及ぶ財務的影響の著しさ」と理解されることが専らとなり，実際の企業情報開示でも，その大半が，「ステークホルダーからの関心の大きなテーマや指標のうち，企業に及ぶ財務的影響の大きいものが，重要性を有する」との前提で，「マテリアリティ分析」の結果が語られることになったのである。

GRIガイドライン第3版は，「重要な課題は，組織に対して短期的あるいは長期的に大きな財務的影響を持つ場合が多い」とは認めているが，他方で「サステナビリティの経済的側面は，そのステークホルダーの経済状況および地方，国，グローバルなレベルの経済システムに対して，組織が及ぼす影響に関連するもの」と明記している。「経済的影響の著しさ」とは，本来，たとえば当該テーマに関連して企業が行う地域社会への寄付額の多寡などで測ることができると想定されていた。

GRIガイドライン第３版に代表される「マテリアリティ分析」と呼ばれる手法が，「企業側に及ぶ財務的影響の著しさ」を軽視していたわけではない点は，重ねて強調しておきたい。すでに，GRIガイドライン第３版は，「重要な課題は，組織に対して短期的あるいは長期的に大きな財務的影響を持つ場合が多い」としていることに触れたが，「マテリアリティ分析」を通じて抽出された「重要な課題」のうち，企業がどんな優先順位で取り組みを進めるかを意思決定するプロセスを否定はしていない。当然，その判断基準には「企業側に及ぶ財務的影響の多寡」が含まれる。これらは企業の個別戦略や事業環境に左右される。ただ，「マテリアリティ分析」は課題テーマを起点として描かれる客観性の高いもので，企業の経営判断や意思決定とは別物と考えるのである。

アセットオーナーや運用機関も企業の有力なステークホルダーであるから，彼らの関心が高いテーマは，必然的に「短期的あるいは長期的に大きな財務的影響を持つテーマ」になる傾向は強い。しかし，他の有力なステークホルダーが異なるテーマに高い関心を有しており，当該テーマが「経済的，環境的，社会的影響が著しい」ものなら，それは網羅的に情報開示されるべきで，その前段階で企業が「企業側に及ぶ財務的影響の多寡」を根拠に開示情報を取捨選択すべきではない，というのがGRIガイドライン第３版の基本理念だったと解釈できる。ダブルマテリアリティ志向だったのである。

それが，いつの間にかマテリアリティ分析において横軸が「当該テーマにより，企業側に及ぶ財務的影響の著しさ」に入れ替わっていった理由は定かではない。単なる誤解が発端だったのか，財務諸表を利用する者，特に投資家による経済的意思決定に影響を与えるかどうかが財務報告における重要性の基準だという常識が影響したのか，あるいは，投資家や情報開示を行う企業の側が株主以外のステークホルダーにとって関心や影響の大きいテーマをあえて回避しようとしたのか，その真相はわからない。ただ，この後，ESG投資の主流化に伴って，シングルマテリアリティという異なる考え方が大きく支持を集めることになっていくのである。

第４節　非財務情報開示基準の系譜

GRIガイドライン第３版が，結果的にシングルマテリアリティとダブルマテリアリティという２つの異なる考え方を顕在化させたことについては前節で論じたが，もう１つGRIガイドライン第３版が提起したのが，企業が情報開示する環境側面や社会側面の事柄は，企業側で特定すべきか，企業共通に標準的に定められるべきかという論点であった。

GRIガイドライン第３版はマテリアリティ分析を推奨した上で，「テーマの相対的な優先順位を決定したプロセスの説明を行うのが望ましい」としたことから，一見すると「情報開示する環境側面や社会側面の事柄は，企業側で特定してよい」という立場のように見えた。しかし，他方で「中核指標は，一般に適用可能な指標を特定するためのGRIのマルチステークホルダー・プロセスを通じて開発されたものであり，ほとんどの組織にとって重要なものであると想定されている。組織は，GRI報告原則に基づき重要でないとみなされる場合を除き，中核指標について報告すべきである」として，たとえば「一次エネルギー源ごとの直接的エネルギー消費量」や「地域別の，傷害，業務上疾病，損失日数，欠勤の割合および業務上の総死亡者数」などを中核指標とした。

「企業が情報開示する環境側面や社会側面の事柄は，企業共通に標準的に定められるべき」とする考え方の源流は欧州にある。フランスでは，2001年５月に上場企業に対して，環境レポート・ソーシャルレポートの作成，公開を義務付ける法律（Loi n° 2001-420 du 15 mai 2001 relative aux nouvelles régulations économiques）が成立した。上場企業に対して求められる詳細な開示内容は政令で規定される形となり，「解雇，およびその理由，経緯」や「水の消費量」などの項目が盛り込まれた。2003年６月に欧州連合で会計法現代化指令（DIRECTIVE 2003/51/EC）が採択されると，各国で環境側面や社会側面の企業情報開示に関する国内規制が進展する。開示を義務とするか否かは別として，開示指標が列挙される例がほとんどとなる。

民間・市民セクターの動きとしては，2002年５月には総資産残高4.5兆ドルを超える35の機関投資家が，FT500グローバル・インデックスに採用されている大企業の最高経営責任者に気候変動問題に関する質問状を送付し，結果を公表するというキャンペーンが始まった。カーボン・ディスクロージャー・プロジェクト（Carbon Disclosure Project）である。「気候変動が御社にとって潜在的にリスクおよびチャンスをもたらすとお考えですか」，「事業から排出される主な温室効果ガスの年間排出量はどのくらいですか」などの質問への回答を迫った。

米国では，サステナビリティ会計基準審議会（Sustainability Accounting Standards Board：SASB）が2011年に設立された。投資家・金融機関・助成財団・環境団体等が中心となって，ESGに関する非財務情報開示の制度化を目的に掲げた。財務情報を中心とした企業情報開示では，その企業の価値やリスクを十分に理解できないことから，非財務情報の義務的開示を促進すべきという立場に立って，2016年3月末までに，79業種の開示項目を作成・公開した。項目はすべてマテリアルな課題と関連する指標を特定したものとされている。SASBは，米国証券取引委員会（SEC）が上場企業に提出を求める年次報告書（Form-10K，Form-20F）にこれらを反映させることを求めた。

他方で，2010年に英国で設立された国際統合報告評議会（The International Integrated Reporting Council：IIRC）は，企業の財務情報と非財務情報を統合した報告フレームワークの開発と普及を掲げた。2013年12月に公表された「国際統合報告フレームワーク」では，「統合報告書は，組織の短，中，長期の価値創造能力に実質的な影響を与える事象に関する情報を開示する」とした上で，「①価値創造能力に影響を与える可能性を踏まえ，関連性のある事象を特定する→②関連性のある事象の重要度（importance）を，価値創造に与える既知のまたは潜在的な影響という観点から評価する→③相対的な重要度に基づいて事象を優先付けする→④重要性のある事象に関して開示情報を決定する」というプロセスを指導原則に掲げたのだった。IIRCの報告フレームワークは，広い意味でのシングルマテリアリティ志向であり，具体的な開示項目を盛り込まず，原則主義である立場を鮮明にした。このようにして自主開示か制度開示か（原則主義か細則主義か，自由演技か規定演技かとも言い換えられる）という論点が，シングルマテリアリティとダブルマテリアリティという異なる考え方に追加されることになった。ESGカオスの状況は，企業情報開示の領域においても，この10年近く現実のものとなってきたのだった。

第5節　国際サステナビリティ基準審議会の議論

金融安定理事会（FSB）とは世界の主要国・地域の中央銀行，財務・金融当局，世銀等の国際機関が参加して国際決済銀行（BIS）に事務局を置く機関である。2015年9月，当時のFSB議長だったマーク・カーニー氏（当時，イングランド銀行総裁）は，気候変動が「今や金融安定に影響を及ぼし得る新たなリスクの1つ」という認識を明言した。気候変動を端緒とした大型倒産や金融市場の突発的な混乱が「あり得る話」と考えておく時期が来たという趣旨であった。FSBでは，この新たなリスクに対応するにあたり，気候変動リスクが金融システムに与える影響を評価するためには情報が不十分だとして，2015年12月，「気候関連財務ディスクロージャータスクフォース（TCFD）」を発足させた。TCFDは，一貫性，比較可能性，信頼性，明確性を持つ，効率的な情報開示を促す提言を策定することを目指して議論を重ね，2017年6月に提言を公表した。その内容は「気候関連のリスク，機会，および財務的影響」を解説した上で，4つの柱（ガバナンス，戦略，リスク管理，指標と目標）から構成された，金融・非金融セクターの両者に共通の「提言とガイダンス」を示した。また，シナリオ分析について，その必要性と推奨されるアプローチを示した。

この年には，国連で持続可能な開発目標が採択されると同時に，パリ協定が成立した。そうした背景の中で，FSBという権威ある組織が，シングルマテリアリティに焦点を当て，原則主義に立脚した提言を打ち出したことは，企業情報開示の領域における，ESGカオスの状況に一石を投じるものになった。

2020年9月になると，IFRS財団は「サステナビリティ報告に関する協議ペーパー」（以下「協議ペーパー」）を公表し，協議ペーパーでの提案内容に対するコンサルテーションを開始した。そこでは，①サステナビリティ報告が利害関係者にとって重要度を増しつつあり，その一貫性および比較可能性を改善する緊急の必要性がある，②多くの機関が，サステナビリティ報告のフレームワーク，基準および指標を提供している。しかし，各機関のアプローチおよび目的には相違があり，作成者がその選択に直面している結果，サステナビリティ報告の有効性と評価が限定的となっている，③国際的に一貫性のある開示の導入の遅れが，分断の脅威を増大させ，資本市場が低炭素経済への円滑な移行に関与することを困難にする，という点が問題提起された。

このような現状認識を踏まえ，IFRS財団は，2021年11月に「国際サステナビリティ基準審議会（ISSB）」設立を正式に発表した。これに先立ち3月に公表された「サステナビリティ報告基準の開発にあたっての戦略的方向性」では，「投資家をはじめとする世界の資本市場参加者の意思決定に重要性のある情報に焦点を当てる」，「気候関連情報について緊急性があることから，まずは気候関連の報告に注力する」ことが示された。2022年第1四半期には気候変動に関するISSB基準の草案が示されることが見込まれているが，その内容はTCFD

提言と同様にシングルマテリアリティの考え方に立脚するものになると観測されている。ただ，指標の取扱いは細則主義になる可能性が高いと言われており，この点は，TCFD提言が「推奨される情報開示（recommended disclosures）」としていたこととの対照性が指摘されている。

IFRS財団による国際サステナビリティ基準審議会の設立にあたっては，バーゼル銀行監督委員会が支持を表明（Basel Committee supports the establishment of the International Sustainability Standards Boardと題するプレス・リリースを公表）したことが注目された。今後，バーゼル銀行監督委員会としてIFRS財団と継続的に連携していくこと，また，気候関連金融リスクに係る共通の開示ベースラインを促進するために第3の柱の利用を検討することなどが表明されている。

また，2011年11月に「国際サステナビリティ基準審議会（ISSB）」設立が正式に発表されると同時に，Technical Readiness Working Group（TRWG）から，「気候関連開示」と「サステナビリティ開示一般要求事項」に関する2つのプロトタイプが発行された。このうち前者に関連して公表された“Climate-related Disclosures Prototype Supplement: Technical Protocols for Disclosure Requirements”は，全体で579頁に及び，68の産業セクターについて，各々の企業が開示する項目を規定している。

第6節　欧州連合サステナビリティ報告基準の行方

他方で，ダブルマテリアリティの考え方に立脚する立場を堅持するのは欧州連合である。欧州連合は2018年以降，非財務情報開示指令（Nonfinancial Reporting Directive：NFRD）に基づき，サステナビリティ情報開示を従業員500人超の企業に対して要請してきた。しかし，NFRDの枠組みでは，開示企業も限定的な上に，開示情報に関しても情報量が不十分，あるいは信頼性や比較可能性が不十分な状況が指摘されてきた。そこで，2021年4月，欧州委員会は企業のサステナビリティ情報開示に関する新たな指令としてCorporate Sustainability Reporting Directive（CSRD）の案（以下「CSRD提案」）を公表した。

CSRD提案のポイントは，①すべての大企業，上場企業が対象になる，②サステナビリティ情報をマネジメントレポートの中で開示することを義務化する，③EUサステナビリティ開示基準（今後策定）に準拠した開示を義務化する，④

サステナビリティ情報および開示プロセスの保証を義務化する，という４点にある。

ここで，開示情報の内容については，ダブルマテリアリティ適用の明確化が最大の特徴となっている。すなわち，開示すべき要素の検討の際に重要となるマテリアリティの視点については，①企業に影響を与えるサステナビリティ要素と②企業が人々や環境に与えるインパクトの両面から開示を行うことを求めている。従来のNFRDでも，同様の考え方が取られていたが，曖昧な表現であったがゆえに，適切に対応が取られていない企業も見受けられた。そこで，CSRD提案では，ダブルマテリアリティの考えを明確化し，企業に影響を与えるサステナビリティ要素と企業が人々や環境に与えるインパクトのどちらか一方の視点でも重要とされた項目は開示対象となることを強調している。

開示要件に関する報告事項を明確に定めるために，CSRD提案では，EU独自のサステナビリティ開示基準を策定することを求めた。この基準策定は，欧州財務報告諮問グループ（EFRAG）が担い，委任法として採択される予定となった。サステナビリティ開示基準では，環境，社会，ガバナンスに関して開示すべき情報として，**図表１－２**のような項目を含むことを提案している。

図表１－２　CSRD提案における開示項目

環　境	社　会	ガバナンス
・気候変動の緩和 ・気候変動への適応 ・水資源・海洋資源 ・資源利用と循環型経済 ・汚染 ・生物多様性と生態系	・平等な機会（同一労働同一賃金等） ・労働条件（ワークライフバランス等） ・人権の尊重	・マネジメント層の役割 ・企業倫理・企業文化 ・ロビー活動等の政治的関与 ・取引先との関係 ・内部統制及びリスク管理

（出典）European Commission, "Text of the proposal for a Corporate Sustainability Reporting Directive".

EFRAGはすでにサステナビリティ情報開示を行っている企業に新たな負担を負わせないよう，GRI，SASB，IIRC，TCFD，CDSB，CDP等のフレームワークを考慮に入れること，IFRS財団による国際サステナビリティ基準審議会（ISSB）の設立の動きも考慮しつつ，グローバルなサステナビリティ開示基準の収束・収斂に貢献することに言及している。このために，少なくとも３年ごとに基準を見直すことを謳っている。

CSRD提案は，欧州議会および欧州理事会で検討が進んでおり，EFRAGではサステナビリティ開示基準の検討が並行して進められている。2022年半ばに基準案を公表することを目指すとされており，CSRDおよびサステナビリティ開示基準が，いずれも2022年中に採択された場合，企業は2023年１月以降に開始される会計年度から適用を開始し，最初の開示は2024年中に始まる見通しとなる。

第７節　ダイナミックマテリアリティという概念

ところで，シングルマテリアリティとダブルマテリアリティという２つの異なる考え方は，全く別の独立した考え方なのかという点について，興味深い考察がある。

2020年９月に，CDP，CDSB，GRI，IIRC，SASBの５団体は共同で "Statement of Intent to Work Together Towards Comprehensive Corporate Reporting" と題する関心表明を行った[1]。そこで示されたのが，**図表１－３**のような概念整理とダイナミックマテリアリティという概念であった。

組織が環境や社会（声明の表現では経済，環境，人間）に与える影響という観点でのマテリアリティ領域が**図表１－３**では最も広い四角形で示されている。そして，企業価値創造に与える影響という意味でのマテリアリティ領域が，その部分集合として内側の四角形で示されている。さらに，その中には財務会計においてすでに反映され，報告されている領域もあり，それが最も狭い左下の四角形で示されている。その上で，最も広い四角形から中間の四角形に，もしくは中間の四角形から最も狭い四角形に，サステナビリティに関するトピックは徐々に，もしくは急速に移行していくことがあると指摘した。言い換えると，マテリアリティは時間とともに変化すると考えるべきだという。従来，見過ごされてきたトピックが環境や社会の健全性にとって重要だとわかったり，それがさらに企業価値に影響を与えることになったりすることがありうる。このようにマテリアリティが動的に変化するという概念をダイナミックマテリアリティと呼んだのである。

1　https://www.globalreporting.org/media/bixjk1ud/statement-of-intent-to-work-together-towards-comprehensive-corporate-reporting.pdf

図表1-3 CDP，CDSB，GRI，IIRC，SASBの５団体によるダイナミックマテリアリティの考え方

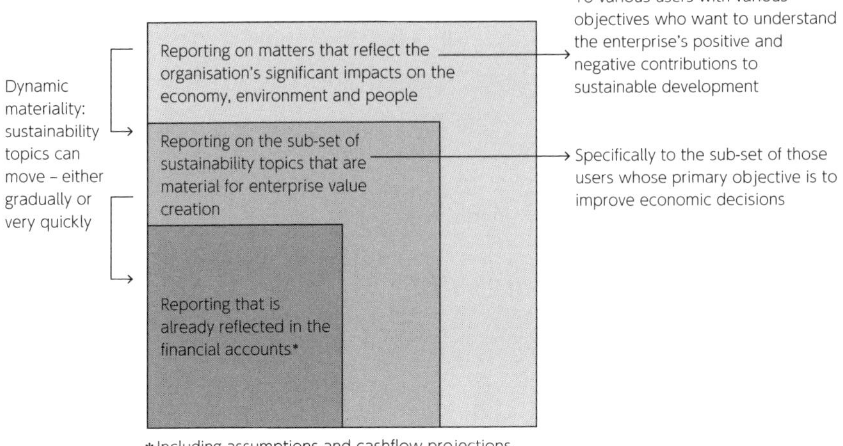

（出典）CDP, CDSB, GRI, IIRC, SASB, "Statement of Intent to Work Together Towards Comprehensive Corporate Reporting".

その後，ダイナミックマテリアリティの考え方そのものは，IFRS財団の「国際サステナビリティ基準」をめぐる議論に採用されているわけではない。しかし，①人間，環境，経済に対して及ぶ，著しい正もしくは負の影響を反映したすべてのサステナビリティに関する問題，②企業価値を創出あるいは毀損させるところのサステナビリティに関する問題，③財務諸表の中の貨幣額に反映されている問題，という３つの四角形からなる思考のフレームワークは，IFRS財団の「国際サステナビリティ基準」をめぐる議論にも継承されている。

概念的には，マテリアリティが動的に変化するというダイナミックマテリアリティの考え方は一定の説得力を有する。ただ，実務的には，人間，環境，経済に対して及ぶ，著しい正もしくは負の影響を反映したすべてのサステナビリティに関する諸問題のうち，どのような状況が確認できれば，それが企業価値を創出あるいは毀損させるところの問題と言えるようになるのか，どのようなトピックが企業価値を創出あるいは毀損させるところの問題と言えるようになりがちなのか，について定説が固まっていたり，説得力ある実証分析結果が得られているわけではない。

一例を挙げるとすれば，気候変動対策の取り組みを進めて温室効果ガス排出量を削減した企業が自らの企業価値を上昇させている，女性の役員比率を向上させた企業が自らの企業価値を上昇させている，従業員のロイヤリティを高め，平均勤続年数を上昇させている企業が自らの企業価値を上昇させている，と押しなべて言えるというところまではいまのところ至っていない。

欧州委員会が発表した「競争力白書2008年版」というレポートでは，欧州産業・企業の競争力について分析を加え，環境問題などの企業社会責任に関する取り組みが，①コスト構造の変革，②人材の成果実現，③消費者からの評価，④事業革新の創出，⑤リスクと評判のマネジメント向上，⑥財務的パフォーマンス改善などを通じて企業の競争力に結びつくと説明している。このうち，最も競争力に結びつく経路が明確なものとして，②の「人材の成果実現」を指摘している。しかし，企業の置かれた競争環境と，企業が採用する競争戦略によって，この経路や因果関係も個々に異なってくることも認めている。

ダイナミックマテリアリティという考え方が，さらに広く普及するためには，アカデミアの貢献等によって，マテリアリティが動的に変化し，企業価値を創出あるいは毀損させることに至った具体的な事例が蓄積，分析，共有される必要があるだろう。

第8節　ESG投資における企業開示情報の位置づけ

2021年6月，わが国の金融庁に設置された「サステナブルファイナンス有識者会議」は報告書を発表し，「ESG投資は受託者責任に反しないという認識は，全世界的に一定程度の支持を得ているものと考えられる。受託者責任を果たすうえでESG投資以外の運用戦略もありうるなかで，現状，ESG要素を考慮しなければ受託者責任に反するとまで言える状況にはないが，（中略）サステナブルファイナンスの意義を踏まえESG要素を考慮することは，日本においても受託者責任を果たすうえで望ましい対応と位置づけることができると考えられる」との一文を盛り込んだ。

これは画期的な出来事であった。わが国では「運用会社や年金基金等の機関投資家の間で，投資判断にESG要素を考慮することは，受益者の経済的利益以外の要素を考慮することになり受託者責任に反するのではないか」との疑念が呈される状況が長らく続いてきたからである。

このように，ESG投資が肯定的に位置づけられた結果，「投資判断を行ううえで，財務報告を補完する非財務報告の役割は増大しており，財務情報全体を分析するための文脈や，企業収益及びキャッシュ・フローの性質やそれらを生み出す基盤についての情報等は重要である」として，ESG要素に関する企業情報開示も積極的な位置づけが与えられるようになった。

ただ，ESG投資も刻一刻と進化してきている。企業情報開示が拡充すればするほど，マーケットの企業評価は速いスピードで株価形成に結びつき，マーケットのコンセンサスも確立しやすい状況になることが予想される。2020年に，ある大手運用機関が興味深い見通しを発表して注目を集めた。その見通しは，次のような段階を経て，アクティブ運用型のESG投資は進化を遂げるというものであった。その内容は，①主要ESGインデックスは2019年からTOPIXに対してアウトパフォームを始めている。これは需給による超過リターン寄与が期待できる段階と考えられる，②第２段階として情報ベンダーが提供するESGスコアの高低が株価バリュエーションに織り込まれていく段階が想定される，③第３段階として，情報ベンダーが提供するESGスコアは市場参加者に周知され，独自リサーチと市場コンセンサスとの差に超過リターンを求めなければいけない段階が長期的に到来する，というものであった。

これは，ESG投資にとっては，企業情報開示が拡充することは投資判断を行う際の判断材料が増えるという意味では望ましいことなのだが，アクティブ運用で超過リターンを求めようとすれば，独自リサーチに今まで以上に資源を投入しなければならないことを意味する。加えて「法定開示や適時開示の対象とならない情報であっても，投資判断に影響を与えると思われる重要な情報については，すべてのステークホルダーが平等に入手できるように，公平かつ迅速に開示する」という姿勢が求められるようになり，独自リサーチのためにアンケート調査や訪問調査によって情報収集することは，なお一層困難になることが予想されるのである。

この結果，ESG投資といっても，パッシブ型運用が今後は比率を増大させていくことになるだろうとする予測もある。

他方で，独自リサーチの手法開発にも関心が集まっている。その１つは，インパクト計測を企業評価に組み入れていこうとする志向である。企業が提供する製品・サービスや実施するプロジェクトによって，どれだけの環境側面，社会側面の便益を生み出したかを投融資の判断材料にしようとするものである。

ただ，目標の設定，インパクトの計測指標の設定，必要なデータ収集，データ分析など，評価の手順や手法はまだ確立に至っていないことも事実である。同時に，インパクト計測は企業側が行ってそれを開示すべきなのか，金融機関側が独自に行って自らの運用成績を改善するために利用するものとなるのかも，今後の大きな論点となろう。

また，人工知能などを使って，インターネット上にあるさまざまな情報から投資判断を行って超過リターンを求めようとするESG投資なども出現している。こうした形態が比率を拡大していくなら，企業は制度化されたESG要素の開示標準に対応する一方で，SNS空間などを含めたインターネット上でいかにレピュテーション・マネジメントを強化していくかが重要度を増している。企業側でも，取り組み範囲が大きく拡大する可能性もある。

第９節　企業情報開示における信頼性/エンゲージメントと監査

シングルマテリアリティに立脚した企業情報開示にしても，ダブルマテリアリティに立脚した企業情報開示にしても，今後，その信頼性が議論の俎上に載せられることは確実だろう。第３節で詳述した「マテリアリティ分析」において，企業側があるトピックＡを重要なものとして特定して開示したとしよう。しかし，開示情報の利用者であるアセットオーナー，運用機関の中には，トピックＡよりもトピックＢの方が重要性が高いと判断する主体が存在することは十分に予想される。

こうした局面で，マテリアリティ分析の結果に異なる見解を持つアセットオーナーや運用機関にとっては，当該企業に対するエンゲージメント（engagement）の格好の機会が生まれるということになる。「組織の社会的責任に関する国際規格（ISO26000）」は，ステークホルダー・エンゲージメントという用語を「組織の決定に関する基本情報を提供する目的で，組織と１人以上のステークホルダーとの間に対話の機会を作り出すために試みられる活動」と定義しているが，要は「（相手に○○するよう）働きかけること」だと言い換えられる。上述の脈絡では，「トピックＡよりもトピックＢの方が重要性が高い。開示情報の重点を変更すべきだし，トピックＢに関する取り組みを強化すべきだ」と企業に働きかけるケースは容易に想像できるのである。

サステナビリティに関連して企業が開示する情報に関しては，この「マテリアリティ分析」だけではなく，他にも「シナリオ分析」にしても，「経営戦略への統合のストーリー」にしても，開示する企業の側の判断や意思が影響される側面が極めて大きい。主観的な判断が入り込む余地が少なくないと言い換えることもできる。一方で，情報を利用する側にも，分析結果や説明されるストーリーに納得感がないという受け止めになるケースが往々にしてある。しかも，複数のアセットオーナーや運用機関がいれば，各々に異なった見解を有することも決して珍しくはない。エンゲージメントの本質は，企業が行おうとしていることの支持の表明であると同時に，代替案採用の働きかけだからである。「機関投資家は，投資先企業やその事業環境等に関する深い理解のほか運用戦略に応じたサステナビリティ（ESG要素を含む中長期的な持続可能性）の考慮に基づく建設的な目的を持った対話（エンゲージメント）などを通じて，当該企業の企業価値の向上やその持続的成長を促すことにより，顧客・受益者の中長期的な投資リターンの拡大を図るべきである」というのは，わが国のコーポレートガバナンス・コードの一節であるが，エンゲージメント活動はわが国でも，今後ますます重視される趨勢になるだろう。

このとき，サステナビリティに関連して企業が開示する情報の信頼性をどう捉えたらよいのかという，素朴ではあるが本質的な疑問が生じることになる。

財務会計が，それまでの取引や事象といった過去の情報を会計として記録・集計することで構成され，それを会計基準に準拠して書式化したのが財務諸表であった。したがって，財務諸表の信頼性とは，過去の情報が誤りなく記録・集計されているか，会計基準に照らして適正に書式化されているかを確認することによって担保されたと言えるだろう。「ある者が一定の規準で作成した情報に対して，別の利用者のために信頼性を付与する」保証業務の典型例として，公認会計士は，これまで上場会社などの財務諸表に対する監査や，内部統制に対する監査を実施してきた。

サステナビリティ関連の企業情報開示においても，同様の保証業務に関するニーズは確実に存在する。たとえば，ある企業の１年間の温室効果ガス排出量に関する情報について信頼性を付与するには，これまで行われてきた財務諸表に対する監査と類似の手法が適用できる余地はあるだろう。他方，未来予測や企業側の主観的な判断が入り込む「マテリアリティ分析」，「シナリオ分析」，「経営戦略への統合のストーリー」といったものの信頼性を付与する手法は現時点で確立されているとは言い難い。

わが国では，2020年11月６日付けで，企業会計審議会から，「監査基準の改訂に関する意見書」が公表されている。その内容は，監査した財務諸表を含む開示書類のうち当該財務諸表と監査報告書とを除いた部分の記載内容について，通読に加えて，監査人が監査の過程で得た知識の間に重要な相違があるかどうかの検討を行うこと，重要な誤りの兆候に注意を払うことという監査人の手続を明確にするとともに，監査報告書に必要な記載を行うための改訂に言及している。また，非財務情報に対する保証業務に関する基準として，国際監査・保証基準審議会が国際保証業務基準3000「監査及びレビュー業務以外の保証業務」を策定しており，国内では日本公認会計士協会が「監査及びレビュー業務以外の保証業務に関する実務指針」を公表している。

ESGカオスの状況を建設的に収束させるためには，サステナビリティ関連の企業開示情報の信頼性付与のフレームワークを構築することが重要な鍵を握ると言えるだろう

第10節　まとめ：収斂はなるか

本章では，「シングルマテリアリティとダブルマテリアリティの相克」というタイトルのもとで，サステナビリティ関連の企業情報開示において，２つの異なった考え方が，それぞれに基準化されようとしている実態を概観した。２つの基準が並立することになれば，情報開示を行う側の企業の負担も大きいものになることが懸念され，ESGカオスの典型事例ともなりうる。

では，収斂の方向性は展望できるのであろうか。鍵を握るのは，アセットオーナーや運用機関以外の企業のステークホルダーだと言えるだろう。企業には株主・投資家以外に，顧客，従業員，メディア，政府，NGOなど，さまざまなステークホルダーが存在する。ここで，たとえば顧客が経済的影響以外に，環境的影響，社会的影響の『著しさ』を加味しながら購買を行うよう行動を変化させることになれば，そうしたトピックは，瞬く間に企業の財務状況に影響を与える要素となり，企業価値を左右することになる。あるトピックを起点にしたボイコット運動などがその一例である。従業員も同様であり，あるトピックをめぐる企業の態度や姿勢を評価して勤務先を変えるといった流れが拡大してくれば，これも企業価値に直結する。メディアも，企業の環境的影響，社会

的影響に敏感になって，悪影響に関しては躊躇なく企業批判を行い，問題企業の広告は行わないなどの決断がなされれば，これもあるトピックが財務状況に影響を与える要素となる状況であると言える。政府においても，環境的影響，社会的影響の観点から負の外部性を生じさせる企業行動を規制したり，課徴金を課したり，税を重くしたりする政策が現実のものとなれば，企業の財務状況に影響を与える余地は大いにあるのである。

このように，株主・投資家以外のステークホルダーが，自らの行動の中で短期的な経済的利益だけを追求するのではなく，自らが被る環境的影響・社会的影響の『著しさ』をもとに，企業を評価・選別していく動きが強まれば，ダブルマテリアリティは，その全体としてシングルマテリアリティと同一のものになっていく。言い換えれば，ダブルマテリアリティに立脚した企業開示情報と，シングルマテリアリティに立脚した企業開示情報とが異なっている状況は，株主・投資家以外のステークホルダーが，企業に対して有効な影響力を行使できていない実態にあることを物語っていると言えよう。

サステナビリティに関する課題は，企業と株主・投資家もしくは金融機関が環境的影響・社会的影響に配慮しつつ意思決定を行うことで解決されるに至るというものではない。株主・投資家もしくは金融機関の側は，あくまで他のステークホルダーの側の環境的影響・社会的影響にも配慮した行動が，企業財務にどの程度の影響を与えるかを凝視していると位置づける方が適切であろう。

もちろん企業サイドには，株主・投資家以外のステークホルダーの関心に対して，丁寧に説明を行っていく，情報を開示していくことに躊躇する傾向があるのは止むを得ない。そうした期待に呼応して情報開示を行うことは短期的にはコストしか生まない，という想像が働くからであろう。

実際，2020年12月，わが国経団連はIFRS財団市中協議文書「サステナビリティ報告」に対する意見として，「気候変動に最も高いプライオリティを置いて国際的に調和された基準開発を進めるべきである。気候変動以外の非財務要素については，投資家・資本市場関係者にとって何が共通に重要かを特定したうえで，重要性が認められる項目に限定して基準開発を検討すべきである」，「IASBはこれまで投資家・資本市場関係者向けに国際会計基準を開発してきたことから，SSBはその知見・関係者とのネットワークを生かし，投資家・資本市場関係者向けのサステナビリティ報告基準の開発を行うべきと考える。こうした観点から，IFRS財団は，まずは，投資家にとって重要な情報である『非財務要素が企業の価値創造に与える影響』についての開示（シングル・マテリアリティ）に注力することが相当である」との見解を公表している[2]。

加えて，「『企業が非財務要素に与える影響の開示』についても，マルチステークホルダーへの情報開示の観点から重要性が増していることは間違いない。IFRS財団は，投資家・資本市場関係者に有益な情報の開示を進める観点から，まずはシングルマテリアリティに注力したうえで，投資家・資本市場関係者から『企業が非財務要素に与える影響』の開示要請が高まれば，そうした分野の開示基準の検討も視野に入れるべきである」と記載している。ダブルマテリアリティに立脚した情報開示の意義を認めつつも，それが顧客，従業員，メディア，政府，NGOからの要請ではなく，あくまで投資家・資本市場関係者からの開示要請が高まれば将来，検討してもよいとしている点は極めて保守的である。

シングルマテリアリティとダブルマテリアリティが1つのものに収斂していくか否かは，企業がどこまで真剣に多様なステークホルダーの期待に目配りをしていくかに左右されると言っても過言ではないだろう。

2　https://www.keidanren.or.jp/policy/2020/128.html

第2章

非財務情報開示基準の統合化はいかに進むか

第1節　はじめに

非財務情報の開示基準は大きな転換点を迎えている。2021年11月，IFRS財団のもと，International Sustainability Standards Board（国際サステナビリティ基準審議会，以下「ISSB」）が設置され，具体的な基準化が進められている。基準設定主体が，開示基準の検討を行うよりも以前から，非財務情報についてはさまざまな開示のフレームワーク・基準が存在し，企業はそれらを利用してきた。それでは，なぜ，新たな開示基準の開発が検討されるようになったのか。その背景には，気候変動問題に代表されるようなサステナビリティ情報開示に対するニーズの高まりも理由として指摘されているが，それだけでは十分な理由になっていない。また，このような海外の動向が日本の開示制度に合致しているかということにも問題意識を持っている。

そこで本章では，統合の対象となる非財務情報についての開示のフレームワーク・基準について概観し，初期の非財務情報開示の統合化への試みであるCorporate Reporting Dialogue（以下「CRD」）を中心とした活動とその成果を確認する。その上で，Task Force on Climate-related Financial Disclosures（気候関連財務情報開示タスクフォース，以下「TCFD」）を中心とした気候変動開示の内容を踏まえ，統合化の一連の流れについて解説を行う。さらに，開示のフレームワーク・基準についての統合の方法を考えるにあたっての重要な概念についても触れ，開示の基準設定主体の組織統合の意義について述べる。また，ISSBの組織の概要を確認した上で，2021年11月に公表された気候関連開示のプロトタイプを取り上げるが，今後のISSBにおける審議の過程で内容が変更となる可能性もあることから，フレームワークのコンセプトの解説を中心に行う。最後に，非財務情報開示の進展と比較可能性についての特徴に言及し，今後，2022年６月に公開予定の「IFRSサステナビリティ基準」によって，日本の非財務情報開示がどのような影響を受けるかについて考察し，実務上の課題について言及することといたしたい。

第２節　非財務情報開示のフレームワーク

非財務情報とは，“「財務」ニ「非ザル」情報”として，その適用範囲は幅広い。したがって，財務情報とは異なり，開示媒体も多岐にわたっている。日本の場合，有価証券報告書に代表される法定開示と，CSR報告書や統合報告書に代表される任意開示に大きく分類される。法定開示の報告書では主に財務情報が開示され，任意開示の報告書では主に非財務情報が開示されるというのが大まかな区分である。

実際には，有価証券報告書の中にも非財務情報が開示されており，任意開示報告書の中でも同様に財務情報が開示されている。しかし，法定開示に代表される有価証券報告書の場合，財務諸表の数字において作成者側や監査側がそれぞれ法的な責任を負うことから，「法定開示」＝「財務情報」と印象づけられている。一方，任意開示の報告書では，法的な縛りがなくても開示にあたっての目線が必要となることから，別途，参照するような開示のフレームワーク・基準が必要となる。そして，その多くは，財務情報以外の内容についても開示を求めていることから，日本の場合，「任意開示」＝「非財務情報」の図式で捉えられやすい。さらに，実際の開示媒体において任意開示のフレームワーク・基準の間で開示項目が複雑に入り組んだ形となっている（**図表２－１**）。

たとえば，**図表２－１**中の「戦略・重点領域」といった１つの開示項目に対して複数のフレームワークが対応している場合もあれば，International Integrated Reporting Council（国際統合報告評議会，以下「IIRC」）フレームワークとGlobal Reporting Initiative（以下「GRI」）スタンダードのように，フレームワーク自体がカバーしている開示項目の領域が異なるケースもある。また，任意開示については，情報作成者である企業が自らの判断で開示のフレームワーク・基準を選択し，さらには，複数の開示のフレームワーク・基準を１つの開示媒体で利用する場合も多い[1]。

図表2－1　**日本における主要な開示のガイドライン・基準について**

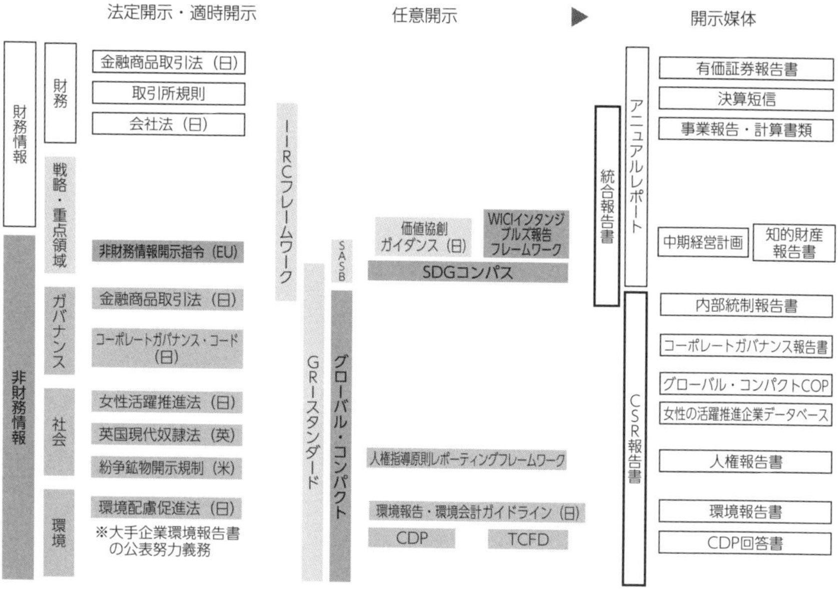

法定開示・適時開示
任意開示
開示媒体
財務情報
財務
金融商品取引法（日）
取引所規則
会社法（日）
非財務情報
戦略・重点領域
非財務情報開示指令（EU）
ガバナンス
金融商品取引法（日）
コーポレートガバナンス・コード（日）
社会
女性活躍推進法（日）
英国現代奴隷法（英）
紛争鉱物開示規制（米）
環境
環境配慮促進法（日）
※大手企業環境報告書の公表努力義務
IIRCフレームワーク
GRIスタンダード
SASB
グローバル・コンパクト
価値協創ガイダンス（日）
WICIインタンジブルズ報告フレームワーク
SDGコンパス
人権指導原則レポーティングフレームワーク
環境報告・環境会計ガイドライン（日）
CDP
TCFD
統合報告書
アニュアルレポート
CSR報告書
有価証券報告書
決算短信
事業報告・計算書類
中期経営計画
知的財産報告書
内部統制報告書
コーポレートガバナンス報告書
グローバル・コンパクトCOP
女性の活躍推進企業データベース
人権報告書
環境報告書
CDP回答書

（出典）一般財団法人 企業活力研究所（2018）。

第3節　乱立する開示フレームワークとCRD

1　ESG情報開示における「アルファベット・スープ」問題

ESG投資は，欧州からの投資のショートターミニズムに対する反省とアセットオーナーによる長期投資へのパラダイムシフトを求める動きに端を発し，日本においてもPrinciples for Responsible Investment（責任投資原則，以下「PRI」）に署名する機関投資家が増加した。さらにGPIFが署名に加わってからは，ESG投資が投資のメインストリームとして取り扱われるようになった。

それに伴い，情報作成者である企業に対してもESG情報の開示の要求レベルが高まった。このような状況の中，ESG投資家の求めに応じて，さまざまなフ

1　たとえば，GRI基準でマテリアリティを特定し，IIRCのフレームワークの価値創造モデルの中で自社のビジネスモデルについて開示を行うなど。

レームワークによるESG情報開示が行われた結果，情報利用者である投資家からは比較可能性の低さを問題視する指摘が多くなされた[2]。このような，開示媒体上にさまざまなフレームワークや基準が氾濫している様子は「アルファベット・スープ」と呼ばれ，非財務情報開示の課題として表現する場合にたびたび用いられている。

しかし，この問題は，統一的な基準を定めることによって解決するという単純なものではない。非財務情報の開示のフレームワーク・基準は，世界中に数多く存在するが，その中でもグローバルに展開し，さらに日本でも開示によく利用されているものは**図表2-2**に示したとおりである。

これらは，開示のコンセプトや考え方を中心に定められているフレームワークと，具体的な開示指標の策定方法まで規定している基準に区別するのが一般的である。しかし，このような線引きも明確なルールがあるわけではなく，基準の中でもフレームワークのような原則を掲げている場合も散見される。また，TCFDやClimate Disclosure Standards Board（気候変動開示基準審議会，以下「CDSB」）など環境といった特定の社会的課題のみに制定されたものもあれば，Sustainability Accounting Standards Board（以下「SASB」）とGRIのように同じ基準であっても，主要な報告の対象者の範囲が異なる場合もある。

したがって，このようなさまざまなフレームワークを1つにまとめようと考えた場合，新たなフレームワーク・基準を開発すれば解決するという単純な問題ではない。既存のフレームワークが存在し，すでに世界中で利用されていることを考えれば，統廃合を行う際のレガシーコストについても考慮する必要がある。つまり，フレームワーク・基準間の整合性の問題である。たとえば，「マテリアリティ」のようなフレームワーク・基準の根幹をなすようなものについては，それぞれのフレームワーク・基準の中で存在し，当然ながら定義も異なっている[3]。それ以外にも，同じ言葉でも定義や開示要求レベルの違い，

2　一例として，WEF（2019）"Seeking Return on ESG: Advancing the Reporting Ecosystem to Unlock Impact for Business and Society" やRichard Barker and Robert G.Eccles（2019）"Should FASB and IASB be Responsible for Setting Standards for Nonfinancial Information?" は，立場や見地は異なるが，同様の問題意識を提示している。

3　GPIF委託調査「ESGに関する情報開示に関する調査研究」（2019）p.22では，各開示フレームワークの定義と比較し，共通点と相違点を分析している。本調査では，マテリアリティに限らず，フレームワークの開示項目におけるカバーの範囲を多面的に分析している。

図表2-2　**日本で利用されている代表的な開示のフレームワーク・基準**

名称	TCFD提言	<IR>フレームワーク	CDSBフレームワーク	GRIガイドライン	SASB基準	CDP
設定主体	TCFD	IIRC	CDSB	GRI	SASB	CDP
	Task Force on Climate-related Financial Disclosuresの略称。FSB（金融安定理事会）の付託を受けて設立された民間主導のタスクフォース。	International Integrated Reporting Council（国際統合報告評議会）の略称。民間が設立した非営利組織。設立時にはGRIも関与。	Carbon Disclosure Standards Board（気候変動開示基準委員会）の略称。ダボス会議で結成された企業と環境機関により組成されたコンソーシアム。CDPが組織の事務局を務める。	Global Reporting Initiativeの略称。オランダの非営利組織と研究機関の共同プロジェクトとして設立。	Sustainability Accounting Standards Board（サステナビリティ会計基準審議会）の略称。民間が設立した米国の非営利団体。	Carbon Disclosure Projectの略称。民間が設立した非営利組織。温室効果ガスの排出量の公表を企業に求めるプロジェクトとして設立。
設立時期	2017年	2010年	2007年	1997年	2011年	2001年
区分（コンセプト）	フレームワーク（原則主義）			基準（細則主義）		
テーマ	気候変動	サステナビリティ全般	気候変動	サステナビリティ全般		気候変動
想定する主な情報利用者（マテリアリティ）	投資家等（シングルマテリアリティ）			マルチステークホルダー（ダブルマテリアリティ）	投資家等（シングルマテリアリティ）	

（出典）各開示のフレームワーク・基準設定主体の公表情報より著者作成。

開示項目の有無による網羅性の違いなどの問題がある。これらは，いずれも開示のフレームワーク・基準の目的やコンセプトが異なるのは当然のことであるが，問題を解決しなければ，フレームワーク・基準を統合することはおろか，開示情報の比較可能性を担保することすらできない。

2　CRDの設立とその活動

このような，開示フレームワークの乱立に混乱解決の1つの試みとして設立されたのがCRDである。CRDは，2014年のInternational Corporate Governance Network（国際コーポレートガバナンス・ネットワーク，以下「ICGN」）の年次総会において，開示のフレームワーク・基準間の一貫性と質の向上を目指すプラットフォームとして活動開始が公表された。その活動目標は，①各開示フレームワーク・基準の設定主体のコミュニケーションの促進，②整合性を高めるための実務的な方法や手段の研究，③双方のために有益な情報を共有し，協働して当局への提言や意見表明を行うことの３点を掲げていた。参加を表明したフレームワーク・基準の設定主体はCDP，CDSB，GRI，IIRC，SASB，IASB，FASB，ISOの８つの団体であり，事務局はIIRCが行い，FASBはオブザーバーとして参加した[4]。CRDの初代議長はIIRC理事から選出され，また，統合報告を傘とした組織連携であるとのコメントもあったことからIIRC主導のフレームワークの統合を目指すことが期待されていた[5]。ただ，設立当時，「アルファベット・スープ」はそれほど大きな問題として認識されていなかったと考えられる。活動成果の内容も，単なるフレームワーク・基準間の相違点の分析にとどまっていた[6]。このような分析の成果は，個別企業の開示において利用するフレームワーク・基準によって，開示情報の網羅性の判断材料となるかもしれなかったが，実務上，企業は複数のフレームワーク・基準を利用することから開示上の問題解決には直結しなかった。

その後，2018年10月，PRI，ICGN，UNEP-FI等が共同で公表した“Investor Agenda For Corporate Esg Reporting”の中で，ESGに関連する情報開示基準設定団体に対する要請がなされた。その要請を受ける形でCRDはBetter Alignment Projectを立ち上げた。このプロジェクトでは，これまでのフレームワーク・基準の差異を，単なる調査報告的なものとは異なり，重複する原則，開示要件，指標を洗い出し，開示情報の一貫性や比較可能性の確保を念頭にその差異を特定することを目的として掲げていた。さらには，統合整理を行うための分析や，非財務情報と財務情報との関連性を明らかにするための理論的な分析を行うことを目指している。発足当初のCRDと比較するとESG情報開示の課題の解消に向けた活動が明確に表れた内容となっている。２年間に限定し

4　Carbon Disclosure Project（以下「CDP」）は，基準設定というよりは環境データの提供プラットフォームに近い位置づけであるがサステナビリティ情報開示への影響が大きいことから参加し，Financial Accounting Standards Board（財務会計基準審議会，以下「FASB」）は，米国の会計基準設定主体であるが，開示設定主体としての影響力とSASBとの関係により参加したと考えられる。

5　CRDの初代議長は，IIRCの理事のメンバーであるHuguette Labelle氏。IIRC主導の組織運営に関しては，当時のIIRCのCEOであったPaul Druckman氏のコメントを参照。（https://corporatereportingdialogue.com/corporate-reporting-dialogue-launched-responding-to-calls-for-alignment-in-corporate-reporting/（2021年11月２日参照））。

6　たとえば，“SDGs and the future of corporate reporting”では，SDGsの17のゴールに対して各開示のフレームワーク・基準が開示要件となり，指標としてどれぐらい担保できているかをマッピングしたものである。

た活動で，プロジェクトにはCDP，CDSB，GRI，IIRC，SASBの基準設定主体5団体が参加した。

成果としてCRDで公表されているのは，“Driving Alignment in Climate-related Reporting”である。TCFDで示されている7つの原則，11の推奨される開示内容，50の例示されている指標を対象として，プロジェクトに参加している5団体のフレームワーク・基準の共通点と相違点を分析している。本分析の成果は次の2点である。

1点目の成果は，同じ開示のフレームワークの1つであるTCFDを対象として，他の非財務情報開示のフレームワーク・基準によって分析を行っている点である。これは，TCFDはあくまで開示に関する提言であり，情報作成の際のプロセスや開示内容については既存のフレームワーク・基準の利用を想定していることが関係していると考えられる。しかし，TCFDをベースとしたことは，サステナビリティ情報開示としての，その後の開示のフレームワーク・基準の議論が進めやすくなったきっかけになったと評価できる。

2点目の成果は，分析結果を踏まえて可能な限り測定基準を各フレームワーク・基準の間で統一することを宣言した点である。従来のCRDの分析とは異なり，単なる分析結果の報告に終わらず，具体的なアクションを取る可能性を示したことは，他のフレームワーク・基準の設定主体に対し重要な意味を持ったと考えられる。つまり，今後，統一的な開示フレームワークについての議論をする際には，このプロジェクトに参加した5つの基準設定主体を外すことが難しいことを対外的に認知させたということである。さらに，ESG投資の隆盛にあわせて，ESG情報開示が重要視されるようになった結果，開示のフレームワーク・基準の設定者にも問題意識を芽生えさせた点では，CRDの一連の活動は評価されるものであったと考える。

第4節　フレームワーク統合の動き

CRDの役割は，コミュニケーションの促進と整合性を高めるための実務的な方法や手段の研究を通じての有益な情報の共有までである。したがって，プラットフォームとしての活動の到達点は，当局への提言や意見表明までであり，その先に具体的な統一的なフレームワーク統合を行うことまでは想定していなかった。しかし，Better Alignment Projectの活動成果は，それ以降の非財務情報開示のフレームワーク・基準の統合への具体化に影響を及ぼしたとして評価できるであろう。

本節では，それ以降，2021年11月のISSB設立に至るまでに発生した非財務情報開示のフレームワーク・基準の設定主体の統合化に至る一連の流れの中で重要な２つのトピックを取り上げて解説する。

1　基準設定主体５団体の連携と報告書

１つ目のトピックは，“Statement of Intent to Work Together Towards Comprehensive Corporate Reporting”の公表である。Better Alignment Projectにおける活動報告の課題認識を受けて，プロジェクトに参加した５つの団体は，2020年９月に包括的な企業報告についての共通のビジョンを明確にし，ともに協働していくことを宣言し，具体的な内容を公表した。

本報告書のポイントは，従来の財務情報と非財務情報という区分ではなく，サステナビリティ情報開示の必要性と，企業報告の抱える課題の解決として，関連するフレームワーク・基準の統一化の必要性をまとめている点である。サステナビリティ情報の開示は，気候変動に代表されるように，非財務情報開示の内容が中心となっているが，投資家に代表される情報利用者にとっての関心事は企業価値や業績等との関連性や影響を及ぼす情報である。しかし，そのためにはESG情報開示とCRDの共通の課題である開示のフレームワーク・基準間の不整合による開示情報の比較可能性の問題を解決しなければならない。

本報告書では，非財務情報開示のフレームワーク・基準の統合化を具体的に進展させるために，３つの解決策を提起している。

まず，１つ目は，既存のフレームワーク・基準におけるマテリアリティの概念の整理である。マテリアリティとは，フレームワークや基準の中で，定める重要性（もしくは重要課題）と翻訳される概念である。これは，企業報告の基盤概念を形成するものではあるが，その正式な定義は存在しておらず，さまざまな情報によって総合的に存在が認められているにすぎない[7]。したがって，フレームワーク・基準の中では，各々定義や策定方法が定められており，その

7　マテリアリティの定義についての定説については，Robert G.Eccles and Michael P. Krzus（2015）“The Integrated Reporting Movement”（北川哲雄監訳（2015）『統合報告の実際』）の第５章「トータルミックス」についての背景ならびに説明部分を参照。

範囲の中で情報作成者と情報利用者の間で利用されている[8]。

その中でも，特にサステナビリティ情報開示におけるマテリアリティは，財務情報も含めたフレームワーク・基準によってシングルマテリアリティとダブルマテリアリティの２つに大別されるとしている。シングルマテリアリティとは，財務における重要性を示したもので，投資家に代表される情報利用者が意思決定を行うために必要な範囲の情報（を報告すること）である。具体的なフレームワーク・基準としては，IASBやFASBといった会計基準設定主体による財務情報を中心とした会計基準，SASBやCDSBの非財務情報基準，IIRCのフレームワークなどのマテリアリティがそのような性質をもつと認識されている。一方，ダブルマテリアリティとは，シングルマテリアリティに，環境および社会における重要性を加えたもので，企業活動が社会的課題に対して及ぼす影響についての情報（を報告すること）である。具体的には，CDPやGRIの基準などが，そのような性質をもつと認識されている。これらの２つのマテリアリティをサステナビリティ情報開示の観点から整理を行い関係性についてマテリアリティネストとして整理を行った（**図表２－３**）。

図表２－３の中の３重の正方形の中で最も小さい正方形は，財務報告に記載される情報である。そこでは，主に投資家が企業への資源提供に関する意思決定を行う際に有用な当該企業の財務情報を提供することを目的としており，そうした観点から，情報の重要性が判断される。逆に，最も大きな正方形は，環境・経済・人々に対して企業が重大な影響を与え得るという観点から重要性のある情報である。中間の正方形は，財務報告には記載されないものの企業価値に影響を与え得る重要性の高い情報である。IIRCのフレームワークでは，こうした情報を財務報告に記載される情報と統合することを目的としている。このようなマテリアリティの概念整理は，マテリアリティそのものについての統一的な定義づけを行うものではないが，既存のマテリアリティの概念も生かしつつ，相対的な関係を示すことでどの開示のフレームワーク・基準の利用者にとっても理解しやすい概念となっている。

8　本稿では，概念の理解を優先し，マテリアリティを企業価値や業績等に関連する，または影響を及ぼす重要な情報として説明することとする。

図表2-3 ダイナミックマテリアリティとマテリアリティネスト

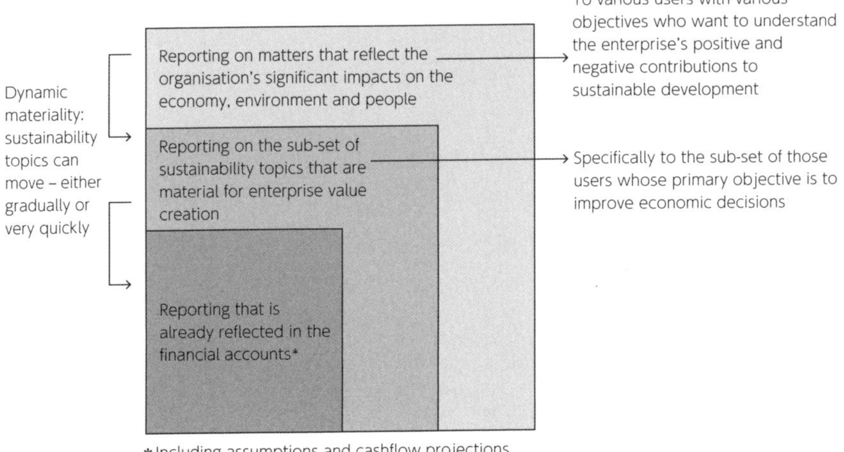

（出典）CDP, CDSB, GRI, IIRC and SASB（2020）.

2つ目の解決策は，マテリアリティネストの整理を用いてサステナビリティ情報開示のフレームワーク・基準との関係をまとめたことである。本報告書の目的は，サステナビリティ情報開示について包括的な企業報告のフレームワーク・基準を策定することが到達点としている。したがって，非財務情報のフレームワーク・基準を対象とするだけではなく，財務情報のフレームワーク・基準との関係も明らかにする必要がある。そこで，フレームワーク・基準単位でグループ化し，それらの包摂関係を明らかにした。本報告書では，既存のフレームワーク・基準が組み合わさっている様子を“building-block”（積み木）(以下「ビルディングブロック」）という言葉で表現している。これは，企業がさまざまなステークホルダーに対してより比較可能性の高い情報を提供できるような，包括的な企業報告に向けて全体像を示している（**図表2-4**）。具体的には，財務・非財務も含めた開示のフレームワーク全体を，2つのビルディングブロックとして表現している。

まず，1つ目のビルディングブロックは，IIRC，FASB，IASB，CDSB，SASBによって構成されており，IIRCのフレームワークが傘のとなり，その下に財務情報開示基準（IASB，FASB）と非財務情報開示基準（SASB，CDSB）が位置している。これは，シングルマテリアリティによるフレームワーク・基

図表２−４　フレームワーク・基準のビルディングブロック

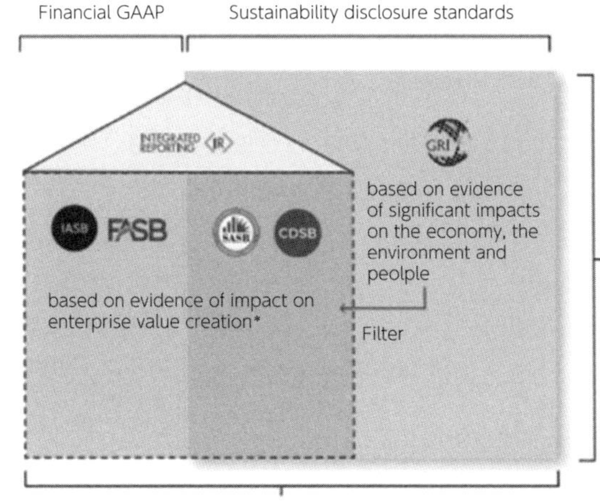
Financial GAAP
Sustainability disclosure standards
GRI
IASB
FASB
SASB
CDSB
based on evidence of significant impacts on the economy, the environment and peolple
based on evidence of impact on enterprise value creation*
Filter
Sustainabillity reporting through various communication channels about the economic, environmental and social impacts caused by the organisation to meet the information needs of a diverse group of stakeholders

Annual integrated report
Reporting to stakeholders whose primary use of the information is to make economic decisions

＊Comprehensive value creation would also need to include manufactured and intellectual capital

（出典）CDP, CDSB, GRI, IIRC and SASB（2020）.

準のグループであり，企業の価値創造に関連した開示に焦点を当て，投資家に代表される情報利用者との対話の核となることを意味している。２つ目のビルディングブロックは，GRIに代表されるダブルマテリアリティのフレームワークであり，１つ目のビルディングブロックを包摂する関係となっている。これは，企業価値の創造に関連して，ダブルマテリアリティが，投資家も含めた企業が関わる幅広いステークホルダーを対象とした対話を想定したサステナビリティ情報開示全体に拡大していることを示している。この関係性の含意は，開示のフレームワーク・基準という観点で，財務情報開示とサステナビリティ情報開示が，ステークホルダーの関心事によって区分されるということである。このコンセプトの有用性は，既存の開示フレームワーク・基準を用いて非財務情報だけではなく財務情報も含めた開示の全体像を示した点にある。開示のフレームワークを統一していくためには，既存のフレームワーク・基準の策定も必要であるが，財務情報開示基準との整合性を考慮することも重要な論点である。

しかし，このマテリアリティネストとビルディングブロックの２つの解決策は，分類のコンセプトを示したにすぎない。実際にその分類されたものがどのようにつながっていくのかということについての説明は，これだけでは十分ではない。つまり，マテリアリティネストにしても，それを用いたビルディングブロックにせよ，両者の関係性を提示しただけでは，開示のフレームワーク・基準の統合を正当化する説明としては十分ではないということである。

そこで，3つ目の解決策として，異なる分類とされた枠組みを有機的に結びつける，ダイナミックマテリアリティという概念を新たに提示している。ダイナミックマテリアリティとは，報告書によると，フレームワークの関係価値観の変化によってマテリアリティが変化するという考え方であり，2つのマテリアリティは独立して存在するものではなく，連続性をもった価値観であると同時に，価値観自体は社会の要請や成熟度合いによって変化する可変的な側面をもつことを示したものである。

図表2-3における正方形の左側の矢印は，同じ企業の活動に関する情報が，時間の経過とともに異なる性質の重要情報に変化し得ることをダイナミックマテリアリティとして表現している。このようにマテリアリティが変化するものであるという概念は，分類学によって分けられた2つのマテリアリティが1つになる可能性を示唆している。そして，開示のフレームワーク・基準の統一化の議論を行うために，ダイナミックマテリアリティを利用しているのが，**図表2-4**で示したビルディングブロック・アプローチである。

ビルディングブロック・アプローチについては，具体的に次のような活用方法が考えられている。たとえば，財務情報開示は，国際会計基準を適用している国は多いものの，その適用方法はさまざまであり，国際的な利害関係も存在する。また，サステナビリティ情報開示のフレームワーク・基準についても，利用状況や位置づけはそれぞれの国や地域によってもさまざまである。このような国際的に財務情報も含めた開示のフレームワークについての議論を行う場合，ビルディングブロック・アプローチは有用な方法として期待されている[9]。本報告書では，あくまでも解決策につながる概念を提示したにすぎないが，今後，開示のフレームワーク・基準の統合化が実現した際には，その背景となっ

9　本章では，“ビルディングブロック”開示フレームワークの全体像を説明する概念として説明し，“ダイナミックマテリアリティ”の考え方で開示フレームワークの統合化の交渉プロセスを“ビルディングブロック・アプローチ”として区分して用いている。

た理論として果たした役割は評価されるものと考える。

2　IIRCとSASBの統合とValue Reporting Foundationの設立

２つ目のトピックは，既存の開示フレームワーク・基準の設定主体の統合である。IIRCとSASBの両組織は，2020年11月に統合することを公表し，2021年の６月にValue Reporting Foundation（以下「VRF」）という新しい組織を設立した。さらに，2022年の６月には，CDSBとともにISSBに統合されることが公表されている。IIRCとSASBのフレームワーク・基準を開示の観点から比較を行い，両組織の統合の意義について述べていきたい。

IIRCとSASBのフレームワーク・基準を開示の観点で比較した場合，両者の相違点が明らかになる（**図表２-５**）。IIRCは原則主義に則り，記述・定性情報による開示が中心のフレームワークであり，SASBは細則主義による指標（KPI）を中心とした定量情報による開示が中心の基準である。しかし，実務上，多くの企業は，複数のフレームワーク・基準によって定性情報と定量情報を使い分けていることから，１つの開示基準の中で定性情報と定量情報の両方について規定されていても違和感はないであろう。一方，開示対象や開示情報として重視している点などは相互に補完される関係にあり，想定する読者も投資家であることとマテリアリティの考え方も共通している。情報利用者の観点から見た場合，両者の統合は合理的であることがわかる。実際，ISSBにVRFが統合されることの意義は，開示のフレームワークと基準の設定主体が統合した補完関係にあると考えられる。

これまでも，情報作成者である企業は，開示のトレンドやステークホルダーからの開示要請に応えてフレームワーク・基準を都合よく使い分けてきた。このような状況は，基準設定主体の「存在価値」の維持に貢献してきたとも言える。しかし，近年，サステナビリティ情報開示に対する要求が多様化かつ高度化することで，このような使い分けが情報作成者にとって負担となってきたことも指摘されている[10]。したがって，統合によって，１つの開示のフレームワーク・基準が，多様化する開示イシューに対応することは，結果として情報作成者の負担を減らすことにも貢献したのかもしれない。IIRCとSASBの統合によるVRFの設立は，ISSB設立プロセスの一部にすぎないという見方もある

10　いわゆる，情報作成者側の“reporting fatigue”（開示疲れ）の問題。脚注１の文献を参照。

図表2-5　IIRCとSASBの情報開示の観点での比較

	<IR>フレームワーク	SASB基準
コンセプト	原則主義	細則主義
特徴	企業価値についての概念 指導原則（作成・表示）・ 内容要素	セクター・業種における 個別指針
開示情報の性質	定性的・記述情報中心	定量的・指標情報（KPI）
開示対象	規定していない	11セクター77業種ごとに 開示基準を設定
開示情報として重視する点	情報の結合性	比較可能性
主要な利用国（地域）	欧州・日本・南アフリカ共和国	米国
想定する読者 （マテリアリティ）	投資家等（シングルマテリアリティ）	

（出典）IIRC，SASBの公表情報より著者作成。

かもしれないが，開示のフレームワークを統合するための実務的な解決を示した点では象徴的であり，かつ意義のある事象であったと言える。

第5節　ISSBの設立と非財務情報開示基準

1　IFRS財団によるISSBの設立

前節で取り扱った2つのトピックと呼応するように，2020年9月にIFRS財団が非財務情報開示について国際的な基準設定主体が必要であるとの認識から，「サステナビリティ報告に関する協議ペーパー」と題した市中協議文書を公表した。その後，この内容を踏まえてパブリック・コンサルテーションを実施し，各方面からの意見を踏まえ，2021年4月に新審議会（ISSB）の設立のためにIFRS財団の定款の変更も行い，2021年11月から組織としての活動を開始した。

組織としては，IASBと同様にIFRS財団のガバナンス構造の下にISSBを置き，ISSBによって策定された基準については「IFRSサステナビリティ基準」と名称も定められた。しかし，市中文書ならびにその後のコンサルテーションの結果を踏まえて公表されている組織の運営や方向性に関しては，IASBとも，これまでのフレームワーク・基準の設定主体とも異なるものである。ISSBは，設立過程および組織として3つの特徴が挙げられる。

１つ目の特徴は，設立に至るプロセスと外部組織とのかかわり方である。ISSBの設立の経緯は，IFRS財団の組織からの自発的なものではない。むしろ，IFACからの提言や，開示の設定主体からの提言，さらにはInternational Organization of Securities Commissions（証券監督者国際機構，以下「IOSCO」）からも提言に対する支援表明など，サステナビリティ情報開示に関連する周辺環境からの働きかけも受けて，公表されたものである[11]。このような経緯もあって，IFRS財団以外の組織外の連携を重視している組織であることがわかる。このことは，市中文書，ワーキンググループメンバー構成，設立におけるプレスリリース内容においても既存のフレームワーク・基準の設定主体の連携が記載されている[12]。ISSBは，このような成立背景を持っていることから，実際の基準開発までのプロセス等が短期間に進められている。また，周辺組織からの公表タイミングから外部組織との間で円滑な対話が行われていることが予想される。

２つ目の特徴は，ワーキンググループの設置である。ISSBは，組織が正式に発足するまでに，円滑に活動が開始できるよう，Technical Readiness Working Group（以下「TRWG」（技術準備作業部会））とMultilateral Working Group（以下「MultiWG」）の２つの設置を公表している。TRWGに対する役割期待は，ISSBが発足後，すぐに「IFRSサステナビリティ基準」の審議に移行できるように事前準備を行うことである。そして，その準備の成果は，すでにTRWGからの提案という形で公表されている[13]。TRWGの提言内容が実現されるのは，ISSB発足後の正式なデュープロセスを経た後となるが，参加組織はいずれもサステナビリティ情報開示に関する専門的な知見を有している。また，フレームワーク・基準の統一化についてのさまざまな議論を行ってきた経緯から，提案の内容も発足時より実務的なものとなっている。これに対して

11　たとえば，IFAC（国際会計士連盟）は，2020年９月，“The Way Forward”として，IFRS財団の下にIASBと並ぶ国際サステナビリティ基準審議会（ISSB）の創設を具体的に提言。また，IOSCOのISSBならびにサステナビリティ情報開示に関する考え方については，2021年６月公表の“Report on Sustainability-related Issuer Disclosures”を参照。

12　2021年11月３日におけるIFRS財団からのリリースを参照。（https://www.ifrs.org/news-and-events/news/2021/11/ifrs-foundation-announces-issb-consolidation-with-cdsb-vrf-publication-of-prototypes/（2021年11月３日参照））

13　IFRS財団の公表資料。2021年９月公表の“Update on the work of the Technical Readiness Working Group（TRWG）”を参照。

MultiWGに対する役割期待は,「IFRSサステナビリティ基準」を国際的に一貫性と比較可能性のある基準として適用されるよう対外的な調整を行うための事前準備である。具体的には，そのサステナビリティ報告に携わっている国際的な利害関係者とISSBが対話の場として設置を検討しているマルチステークホルダー専門家協議委員会の設置である。このようにワーキンググループの活動は，単にサステナビリティ基準策定よりもさまざまな局面で基準を整合させることを目的としている。

３つ目の特徴は，気候変動ファーストを掲げている点である。サステナビリティ情報開示の議論は，ESG情報開示の課題の延長線上にあるものであった。したがって，社会的課題への対応としてサステナビリティについて議論する場合には当然，気候変動以外の問題も含まれている。しかし，サステナビリティ情報開示の対象となる社会的課題の中で，企業と投資家との間で具体的な対話が進展しているのは気候変動問題である。したがって，TRWGが公表したプロトタイプもTCFDのフレームワークをベースとしている[14]。その中で興味深いのは，今後，ISSBが策定する基準は，TCFDの開示フレームワークと同じ「ガバナンス」,「戦略」,「リスクマネジメント」,「指標と目標」の４つの項目による構造としている点である。今後，気候変動以外の社会的課題についての基準を策定する場合でも，同様の基準の構造となるとしている。ISSB誕生は，IFRS財団だけの自然発生的な問題意識から生まれたわけではない。非財務情報開示のフレームワーク・基準の比較可能性の欠如の問題から，CRDにおける活動を契機に気候変動問題の社会的課題意識が高まった。さらにサステナビリティ情報開示としてTCFDのフレームワークが加わることによって，IFRS財団による国際的でかつ均質な情報開示の枠組みが実現しようとしている。

次は，非財務情報開示のプロトタイプの推移と最新の公表物の内容を踏まえ，ISSBの活動の現在の立ち位置を確認する。

2　非財務情報開示のプロトタイプ

本節では，ISSBの正式発足までの活動組織であるTRWGによりすでに公表されている２つの成果物を事例として用いて，非財務情報開示の枠組みがどの

14 “Climate-related Disclosures Prototype”のことを指す。具体的な内容に関しては，次節について説明。

ように統合化されてきたかを整理する（**図表2-6**）。さらに具体的にどのような内容であるか，既存のフレームワークとの相違点，いわば統合の証跡をたどりながら解説を行う。

CRDによるBetter Alignment Projectの成果物である“Driving Alignment in Climate-related Reporting”は，TCFDでの開示項目をベースとして，基準設定主体5団体のフレームワーク・基準の共通点と相違点についての分析結果を公表したものである。続いて，“Statement of Intent to Work Together Towards Comprehensive Corporate Reporting”の中では，マテリアリティとフレームワークの分類，マテリアリティについての新たな概念を提供し，これが基準統合化を進めるものとなった。そして，さらに基準設定主体5団体が，2020年12月に新たに公表した報告書“Reporting on enterprise value Illustrated with a prototype climate-related financial disclosure standard”は，マテリアリティの分類とダイナミックマテリアリティの考え方を踏襲し，既存の開示フレームワークであるTCFDの枠組みを用いた実践的な整合性分析である。

報告書の主な内容は，財務会計基準とサステナビリティに関連する財務情報開示基準の両方の開発に共通するフレームワークの構成要素の特定である。基準設定主体のフレームワーク・基準の関連部分とTCFD提言の気候関連を明らかにしたもので，財務情報開示基準の開発の基礎として利用されることを想定したものである。具体的には，TCFDのフレームワークの「ガバナンス」，「戦略」，「リスクマネジメント」，「指標と目標」の開示推奨項目の内容と各フレームワークとの整合性について分析を行っている。そこから，マテリアリティネストを用いた開示内容の境界線とフレームワークの統合についての方向性を示している。しかし，報告書は，IFRS財団の評議員に対する有益なインプットと位置づけており，あえて「開示基準」の開発までは行わなかったと考えられる。

そして，この成果を踏まえ，2020年11月，ISSBの設立の公表とあわせて，TRWGの活動の成果として公表されたのが“Climate-related Disclosures Prototype”（以下「気候関連開示プロトタイプ」）である。同時に，セクター・業種ごとに対する開示指標をまとめている“Climate-related Disclosures Prototype Supplement: Technical Protocols for Disclosure Requirements”（以下「気候関連開示要求補足文書」）もあわせて公表している。さらには，“General Requirements for Disclosure of Sustainability-related Financial Information

Prototype”（以下「プロトタイプに対する一般的な要求事項」）も公表している。

図表2－6　CRDからISSBに至るまでの推移

	CRD	5団体	ISSB
活動主体	Better Alignment Project	開示設定主体5団体による協働報告	TRWGの活動成果
参加開示設定主体	CDSB, CDP, GRI, IIRC, SASB	CDP, CDSB, GRI, IIRC, SASB	CDSB, VRF（旧IIRC, SASB）, IFRS, TCFD, WEF
公表物	Driving Alignment in Climate-related Reporting	①Statement of Intent to Work Together Towards Comprehensive Corporate Reporting ②Reporting on enterprise value Illustrated with a prototype climate-related financial disclosure standard	①Climate-related Disclosures Prototype ②Climate-related Disclosures Prototype Supplement: Technical Protocols for Disclosure Requirements ③General Requirements for Disclosure of Sustainability-related Financial Information Prototype
		① ②	① ② ③
公表時期	2019年9月	①2020年9月, ②2020年12月	①②③とも2021年11月

（出典）CRD，IFRS財団の公表情報より著者加工。

気候関連開示プロトタイプをはじめとする一連の文書は，国際サステナビリティ基準審議会（ISSB）によるものではなく，気候関連開示基準策定の検討に向けた技術準備作業部会（TRWG）の提言をまとめたものである。したがって，本件はIFRS財団の定めるデュー・プロセスを経ておらず，基準審議会の作業部会の提言をまとめた勧告という形となっている。両報告書では，TRWGが提案した開示基準をIFRS Sustainability Disclosure Standard SX Climate-related Disclosures（IFRS SX）と命名している[15]。気候変動開示基準の具体例としての“Climate-related Disclosures Prototype”は，全部で１項から17項にわたり「ガバナンス」，「戦略」，「リスクマネジメント」，「指標と目標」といったTCFDの項目に沿った開示要求を規定している。

まず，「ガバナンス」については，情報利用者に対して，気候関連のリスクと機会を管理・監督するためのガバナンスプロセス，制御，および手順を理解できるようにする情報の開示を求めている。気候関連開示プロトタイプでは，TCFDの開示推奨内容と比較して，気候関連のリスクと機会に責任を有する経営層のスキルや能力，また方針や戦略，目標の実施といった経営層の責任に関する開示内容の充実を求めている。

「戦略」については，情報利用者が気候関連のリスクや機会に対処するための戦略と，戦略に影響を与える気候関連のリスクと機会を理解することを可能にする情報開示求めている。また，気候関連開示プロトタイプでは，TCFDの開示推奨項目と比較して，リスクの性質やリスクと機会の発生源との関係性，時間軸やエクスポージャーといった詳細な開示を求めるだけでなく，機会に関しても新技術や企業戦略の関係性について新たに開示を求めるなど詳細な内容となっている。

「リスクマネジメント」については，従前のTCFDの開示推奨内容を踏襲した形ではあるが，「指標と目標」のうち，特に「指標」に関しては，気候関連のリスクと機会が企業の財務状態に与える影響を反映する指標について詳細に示されており，たとえば炭素価格や主要商品価格の変動など，気候関連の要因が財務状態に影響を与える程度を分析する指標も追加されている。また，これらの開示要求の度合いとしては，TCFDの開示推奨内容と比較しても，より開示の強制力のニュアンスが強くなっており，全般的に情報作成者に対してかなり高い要求レベルとなっている。

さらに，気候関連開示プロトタイプには，付録Ａとして基準の中で使われている用語の定義集と付録Ｂとして産業とセクター別に開示要求の一覧から構成されている。別冊となっている気候関連開示要求補足文書は，付録Ｂの産業とセクター別の開示要求内容の詳細版となっており，産業とセクターの特性に応じた内容となっている。逆に現在の，TCFD開示推奨項目の内容とは整合している部分もあることから，既存の開示の延長線上にあることは確認できる。

15　SXとは，Sustainability Transformationを意味していると考えられる。

一方，プロトタイプに対する一般的な要求事項は，企業のサステナビリティについての非財務情報と財務情報との関係を明らかにするための全般的な要件を定めた内容となっている。また，財務諸表の表示はIAS第１号Presentation of Financial Statements（財務諸表の表示）に則り定義していることからも，財務情報開示をフレームワークの骨格に置いていることがわかる。サステナビリティ関連の開示は，「ガバナンス」，「戦略」，「リスクマネジメント」，「指標と目標」の４つの項目による構造としている点は，気候関連開示プロトタイプの構成と同様である。ISSBは気候関連以外のサステナビリティ関連の基準策定については検討しているが，時間がかかることを想定している。したがって，プロトタイプに対する一般的な要求事項は総則的というよりは補足的な位置づけであり，今後，気候関連開示プロトタイプが非財務情報開示基準の統合化の試金石として議論されることが予想される。

第６節　非財務情報開示の統合に至るまでの考え方

1　非財務情報の開示と進展段階についての整理

本章では，第５節まで，非財務情報をテーマとして，開示フレームワーク・基準の乱立に伴う課題と，その解決に向けた努力，そしてサステナビリティ情報を主題に据えた統一的な開示基準が開発されるまでの一連の流れについて説明してきた。

しかし，企業によって開示情報が作成され，その情報が投資家に代表される利用者によって内容が咀嚼され，必要に応じて対話が行われた結果，金融行動が初めて実現される。開示のフレームワーク・基準がなければ，そもそも比較可能性を備えた質の高い開示は実現できない。しかし，そもそものところで，情報作成者である企業がそのフレームワーク・開示基準を正しく理解し，それを投資家に代表される情報利用者に対して開示したいという動機が生まれなければ，情報は開示されない。

そこで，まず，情報利用の観点で開示の進展についての考え方の整理を行いたい。従来，財務情報のような法定開示により開示される情報は，開示を行うことが法令によって定められているが，サステナビリティ情報も含めた非財務情報の多くは，任意開示の枠組みの中で開示が行われてきた。任意開示の多くは，開示の動機や，場合によってはステークホルダーからの要請など，さまざまな要因から開示を進展させている。投資家に代表される情報利用者は，開示の進展度合いによって比較可能性や連続性を評価し情報の有用性を判断していると考えられる（**図表2-7**）。

たとえば，開示情報の【初期】の段階では，任意開示の場合，開示を行う企業も投資家に代表される情報利用者も情報の有用性についての認知度が低いため，まだらな状況になっている。やがて，企業間の開示の差別化や，情報利用者からの利用の要請の高まり等，企業と投資家との対話のための情報としての有用性が認知されれば，【初期】から【中期】に移行し開示の情報密度は高まる。しかし，この場合でも限度があり，すべての情報利用者が満足するような比較可能性や連続性を担保することは難しい。このような状況が長らくESG情報開示の課題として指摘されてきた問題である。

つまり，任意開示の情報には，【中期】から【成熟期】に至るまでに大きな「壁」が存在する。その任意開示の情報が，「壁」を越えて【中期】から【成熟期】に移行するには，２つの方法が考えられる。１つ目の方法は，情報の法制化等により開示に強い強制力が働くような直接的な場合である。取引所や基準設定当局による開示の義務化などがこれに該当する。２つ目の方法は，【中期】のまだらな状況を開示情報以外の補完的な情報を用いて比較可能性と連続性を担保する間接的な方法である。代表的な例としては，ESGスコアなどが該当する[16]。ただし，ESGスコアの場合，補完手段の情報加工者による恣意性が排除できない場合が多いことから，比較可能性や連続性が担保できても，そもそもの情報の信頼性に疑問が残る[17]。このように情報開示の議論においては，情報の比較可能性を高めることも重要であるが，それを実現させるためには，基準を策定することの議論だけではなく，それを利用するための仕組みについても考える必要がある。この情報密度の考え方を踏まえて，ISSBの気候関連開示プロトタイプを事例として日本における非財務情報の統合について考察を行う。

16　開示情報の保証等も信頼性を高める観点では開示情報の有用性を高める手段として注目されているが，比較可能性や連続性を高める観点の手段としては限定的であると考える。

17　ESGスコアの信頼性の問題については，ビジネス上の問題として評価手法を公表できない部分があることから恣意性の批判を排除することは難しい。しかし，開示のフレームワークや基準の統一化は，任意開示・法定開示かにかかわらず，開示情報の質を高める意味で格付け評価会社の信頼性を高める効果はあると考えられる。

図表2-7 **情報密度と開示の進展の関係：イメージ図**

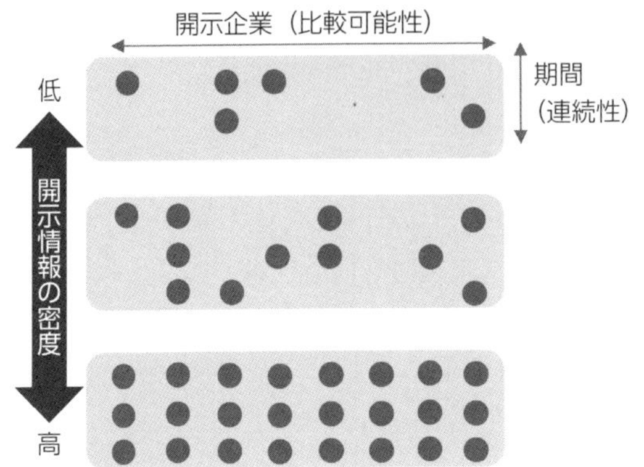

【初期】開示企業数も少なく，開示をしていることが付加価値として評価される状況。

【中期】開示企業数は増加。企業間の比較の対象として利用され始める状況。

【成熟期】開示情報として認知され，開示することが前提となっている状況。

（出典）北川（2019）。

2　日本における非財務情報開示の統合

次に，前節での，情報開示の密度と開示の進展の関係についての考え方を踏まえ，日本における開示情報の進展の特徴を概観する。さらに，ISSBによるサステナビリティ情報開示基準の影響について，マテリアリティの観点から，日本の非財務情報開示への影響について考察する。

日本の場合，有価証券報告書に代表される法定開示と，CSR報告書や統合報告書に代表される任意開示に大きく分類され，法定開示報告書では，主に財務情報，任意開示報告書では非財務情報が主に開示されている。したがって，法定開示と任意開示では情報開示の進展度合いが異なっており，２本立てになっている（**図表2-8**）。

法定開示報告書における情報開示の進展は，法令の強制力によって当初より，比較可能性と連続性を満たした情報密度の高い状況で開示される。一方，任意開示報告書における情報開示の進展は，前節で示したとおり，【初期】から【中期】へと情報作成者の理解と情報利用者の要求の高まりにより進展していく。日本の場合，法定開示に対する法令の強制力が強いことから，任意開示報告書での開示内容がそのまま，【成熟期】の開示情報として直接的に進展することはない。【中期】から【成熟期】への明確な「壁」は存在するが，日本の場合，法定開示と任意開示との間の使い分けが明確である。つまり，財務情報

図表２-８　日本における情報密度と開示関係：イメージ図

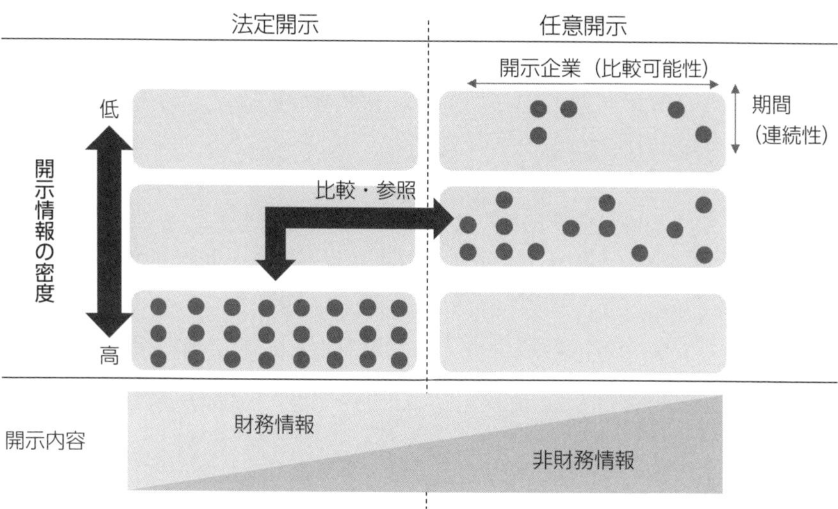

（出典）著者作成。

は法定開示，非財務情報は任意開示と，情報作成者側においても組織内で役割が分担され，同時に情報利用者も必要に応じて任意開示報告書と法定開示報告書から必要な情報を収集してきたのである[18]。

一方，日本以外の国々でも法定開示と任意開示の報告書は併存し，また複数報告書が存在する状況は日本と同様である。しかし，法定開示に対する規制がそれほど強くない場合が多く，開示媒体による財務と非財務の情報の境界線が日本ほど明確には区分されていない。EU諸国の場合，財務情報，非財務情報というよりは，むしろサステナビリティ情報開示への関心が高く，特定の社会的課題に対する開示情報の規制強化が進んでいる[19]。財務情報のうち，サステ

18　日本の企業のおける組織内での情報作成の棲み分けがなされていることは，日本の企業の多くで，財務情報は経理・財務部門，非財務情報はCSR等の環境関連部署，といったように作成部署が分断されていることからもわかる。

19　たとえば，2014年に公表された非財務報告書指令（NFRD）では，一定規模の企業に対しては，非財務情報に関する開示が義務づけられている。さらには，NFRDの改正案として検討されている企業サステナビリティ報告指令（CSRD）では，ダブルマテリアリティを前提とした開示の義務化が検討されている。

ナビリティ情報については，規制によって開示情報の密度を高めて【成熟期】に移行させようとする意図が見える。しかし，その際，開示する内容をいくら強制しても，開示フレームワーク・基準の乱立の問題を解決しなければ，情報の比較可能性は高まらない。したがって，非財務情報開示のフレームワークの統一化は，EU諸国においても支持されるものである。また，その際の統一化されるフレームワークの考え方についても，サステナビリティ情報開示に関連するものに対する比較可能性を高めていくことを企図していることから，EU諸国内では，ダブルマテリアリティを前提とした議論が深まりやすい環境となっている。

日本においても，ESG情報を活用した投資の活発化や，気候変動問題に代表される企業のサステナビリティ情報開示に対する要請により，任意開示報告書における非財務情報開示の内容の企業価値に対する影響への関心が高まった。そして，日本の多くの企業が海外の先進的な事例を研究しながら，任意開示報告書においてシングルマテリアリティだけではなく，ダブルマテリアリティのコンセプトのフレームワーク・基準を準用した開示を行っている。一方，法定開示報告書である有価証券報告書でも非財務情報開示内容について記述情報を中心に拡充を図っており，情報作成者にも開示内容の充実を促している[20]。

このような働きかけの意図としては，任意開示報告書の中で【中期】の状態まで開示が進展している内容と，有価証券報告書の中の【成熟期】の開示情報とを比較・参照することで，より質の高いレベルでの企業と投資家の対話の実現を企図していると考えられる[21]。この場合，財務報告書から見た非財務情報との整合性であり，有価証券報告書の日本における開示の位置づけから考えた場合には，シングルマテリアリティを前提としていることとなる。したがって，日本の場合，任意開示報告書では，ダブルマテリアリティによる非財務情報が開示されていても，有価証券報告書との整合性は，シングルマテリアリティに

20　たとえば，金融庁では，毎年，記述情報の開示の好事例集を公表している。

21　金融審議会ディスクロージャーワーキング・グループ報告で「財務情報及び記述情報の充実」，「建設的な対話の促進に向けた情報の提供」，「情報の信頼性・適時性の確保に向けた取組」を行うべきとの提言を受けて，2019年に「企業内容等の開示に関する内閣府令の一部を改正する内閣府令」が法改正され，有価証券報告書における記述情報の内容についての拡充が図られた。さらに，「記述情報の開示に関する原則」も公表しており，その目的として企業情報の開示について，開示の考え方，望ましい開示の内容や取り組み方の方向性を示している。

該当する部分しか担保されないこととなる。

現在，ISSBは，サステナビリティ財務情報開示基準の基準化を目指していく中で，シングルマテリアティから議論を始めるとしているが，ダブルマテリアリティを前提に情報開示の体系を整備しているEUとも議論を進めていく予定である。その中で，ISSBは，サステナビリティ報告基準との比較可能性を実現させるために，EUおよび各国の政策の優先順位に基づいて，より広範な要求事項や特定の開示の要求事項を追加する方法で対応していくことを目指している[22]。ただ，非財務情報開示基準の方向性によっては，ダブルマテリアリティを前提とした開示基準となる可能性も十分に考えられる。

日本において，非財務情報開示に用いられるフレームワーク・基準は，あくまでも任意開示報告書の中で用いられるものであり，ダブルマテリアリティを統一的な非財務情報開示基準として志向する国々とは状況が異なっている。ISSBが策定する基準に対して日本がどのように“適用”し，それに対して“説明”していくかは，今後，国内でも議論を重ねていくべき問題ではないかと考える。

第7節　おわりに

非財務情報開示基準の統合化は，情報作成者だけではなく，投資家に代表される情報利用者等，多くの関係者からも望まれていた。「アルファベットスープ」の批判にもあるように，毎年，新たに開発されるフレームワーク・基準に対して，多くの関係者は，適用の是非から判断しなければならず，“reporting fatigue”（開示疲れ）に陥っていた。その中で，CRDの活動は，異なる開示・フレームワークの設定主体が協働を行うという画期的な取り組みであった。このころよりESG投資のメインストリーム化が叫ばれるようになり，世界の主要な投資家はPRIに賛同すると同時に，投資情報としての非財務情報の課題について指摘がされるようになった。また，特定の社会的課題についての非財務情報開示に対してサステナビリティ情報開示という言葉が使われるようになった。数ある社会的課題の中で，喫緊の課題として，国際的な議論が高まっている気候変動問題が選ばれ，TCFDのフレームワークを利用した比較可能性の高いサ

22　ISSBとEUにおけるビルディングブロック・アプローチを意味している。

ステナビリティ情報開示基準の開発が検討されるようになった。基準設定主体５団体による調査研究の成果として，TCFDのフレームワークをベースとした気候変動開示のプロトタイプが開発され，次に基準を運営する組織について検討された。国際的な基準策定については，それを統括するための組織が必要であることからIOSCOをはじめとする規制当局の働きかけもあり，その役割をIFRS財団が担うこととなった。そして，ISSBが設立されることとなり，サステナビリティ情報開示基準が開発され，非財務情報開示基準の統合化がもうすぐに迫っている。このような開示のフレームワーク・基準の統合化の道筋を非常に短期間に進めてきた基準設定主体の関係者，企業開示に関わる監督当局の突破力には敬意を表したい。

しかし，現在は，まだ，基準開発が行われるまでのプロセスが明らかになったにすぎない。実際の開示基準の統合化は，基準化が確定された後に，各国でその基準と開示体系全体との整合性を明らかにすることが最初の段階である。その上で，企業が情報を咀嚼して開示情報を作成し，投資家に代表される情報利用者がそれを理解した上で金融行動を取るまでが次の段階である。そして，最後にその金融行動の結果，企業，さらには社会・経済のサステナビリティに貢献していることが確認できて初めて統合化が完成したと考える。

そこで，現段階で，われわれが考えておくべき課題を提示し，本章の結びとしたい。基準化が確定された後に，サステナビリティ情報開示基準と日本の開示体系との整合性を検討する際のマテリアリティの問題である。本章においてマテリアリティについては言及しているが，市中協議の結果に基づいたプレスリリースの公表内容によると，ISSBはまずはシングルマテリアリティから議論を始めるとしている。その際，各地域と協議を行いながらダブルマテリアリティへの移行の可能性も含めて柔軟に対応していくとされている。この柔軟性とは，フレームワーク・基準において関係する価値観が，社会の要請や社会の成熟度合いによってマテリアリティも変化することを意味していると考えられる。このダイナミックマテリアリティの考え方は，フレームワーク・基準を統合する上の理論としては画期的な側面もある。しかし，実務上，マテリアリティが「変化」するということについて，具体的なイメージが想像できているのであろうか。時間軸も含めてその意味や影響について議論を今からでも始めるべきである。情報作成者である企業がマテリアリティを正しく咀嚼して開示し，投資家に代表される情報利用者がその情報を正しく活用して，実際の金融行動をとることが可能となる。

ISSBによるサステナビリティ情報開示の基準が生まれることは，企業開示の発達の歴史の中では間違いなく，大きな一歩であろう。しかし，その一歩は，あくまでも基準を策定するまでの道筋が見えてきた状況にすぎず，最終的な目的に到達するまでは，今後，さまざまな課題が生じることが予想される。現在，ISSBの議論は，欧米が中心となって進んでいるが，開示の枠組みが異なる日本においても，固有の問題が生まれてくるであろう。企業価値に関わる基準統一の問題は，これまでの新しいフレームワークに対する対応とは比較にならないほどの開示コストが発生することも想定しなければならない。今回のISSB設立までの一連の流れを改めて振り返り，もう一度，日本の情報開示のあるべき姿について考えてもよいかもしれない。

【参考文献】

大島祐也・中久木雅之（2021）『CSRに関する研究のサーベイ：CSR基準の統一化・開示の義務化の観点から』日本銀行金融研究所。

北川哲雄編著（2019）『バックキャスト思考とSDGs/ESG投資』同文舘出版。

金融審議会（2021a）『第1回 金融審議会ディスクロージャーワーキング・グループ 事務局説明資料』金融庁。

金融審議会（2021b）『第2回 金融審議会ディスクロージャーワーキング・グループ 事務局説明資料②（サステナビリティに関する開示（1）』金融庁。

金融審議会（2021c）『第3回 金融審議会ディスクロージャーワーキング・グループ 事務局説明資料（サステナビリティに関する開示（2）』金融庁。

CSR研究会（2012）『企業における非財務情報の開示のあり方に関する調査研究報告書』財団法人企業活力研究所。

CSR研究会（2018）『新時代の非財務情報開示のあり方に関する調査研究報告書～多様なステークホルダーとのより良い関係構築に向けて～』一般財団法人企業活力研究所。

年金積立金管理運用独立行政法人（2019）『ESGに関する情報開示についての調査研究』。

Barker, R., & Eccles, R.G.（2019）"Charting the Path to Standards for Nonfinancial Information", Oxford University.

Cambourg, P.（2019）"Ensuring the relevance and reliability of non-financial corporate information: an ambition and a competitive advantage for a sustainable Europe.", Autorité des Normes Comptables: ANC.

CDP, CDSB, GRI, IR, ISO, SASB（2018）"Corporate Reporting Dialogue, The Sustainable

Development Goals and the future of corporate reporting".

CDP, CDSB, GRI, IR, SASB (2019) "Corporate Reporting Dialogue, Driving Alignment in Climate-related Reporting".

CDP, CDSB, GRI, IR, SASB (2020a) "Statement of Intent to Work Together Towards Comprehensive Corporate Reporting".

CDP, CDSB, GRI, IR, SASB (2020b) "Reporting on enterprise value Illustrated with a prototype climate-related financial disclosure standard".

CDSB, IFRS, TCFD, VRF, WEF (2021a) "Climate-related Disclosures Prototype".

CDSB, IFRS, TCFD, VRF, WEF (2021b) "Climate-related Disclosures Prototype, Supplement: Technical Protocols for Disclosure Requirements".

CDSB, IFRS, TCFD, VRF, WEF (2021c) "General Requirements for Disclosure of Sustainability-related Financial Information Prototype".

CDSB, KPMG (2021) "Accounting for climate, Integrating climate-related matters into financial reporting, Supplementary paper 1".

Douma, K., & Dallas, G. (2018) "Investor Agenda for Corporate Esg Reporting: A Discussion Paper by Global Investor Organisations on Corporate Esg Reporting. "PRI & ICGN.

Eccles, R.G.,& Krzus,M.P. (2014) "The Integrated Reporting Movement".（北川哲雄監訳(2015)『統合報告の実際』日本経済新聞社出版）

IFAC, AICPA & CIMA (2021) "THE STATE OF PLAY IN SUSTAINABILITY ASSURANCE".

IFRS Foundation (2020) "Consultation Paper on Sustainability Reporting".

IFRS Foundation (2021) "Update on the work of the Technical Readiness Working Group (TRWG)".

IOSCO (2021) "Report on Sustainability-related Issuer Disclosures".

PRI, ICGN (2018) "Investor Agenda For Corporate Esg Reporting, A Discussion Paper By Global Investor Organisations On Corporate Esg Reporting".

WEF (2019) "Seeking Return on ESG, Advancing the Reporting Ecosystem to Unlock Impact for Business and Society".

WEF (2020) "Measuring Stakeholder Capitalism, Towards Common Metrics and Consistent Reporting of Sustainable Value Creation".

第3章

経営者・従業員のESGへの理解を深めるには：3つの「E」の重要性

第1節　企業と投資家の対話からみたESGカオスの要因

本書の主題『ESGカオスを超えて：新たな資本市場構築への道標』を踏まえ，本章では，資本市場のインベストメント・チェーン，すなわち「資金の拠出者から，資金を最終的に事業活動に使う企業に至るまでの経路および各機能のつながり」[1]の中の各参加主体（アセットオーナー，アセットマネジャー，企業などから構成される），特に企業の内部のステークホルダーである経営者・従業員から「ESG」がどう認識されているか，ESGに関する諸活動について本当に納得しているか，いまひとつ「腹落ち感」がないと思われる中，どうすれば納得感を高められるかについて論じたい。

まず，「企業と投資家の対話」の歴史を振り返ると，グローバル投資家の「長期的な資金を日本へ誘引することができなければ，日本企業の長期的な競争力の低下は避けられない」[2]という危機感から生まれたとも言える日本のガバナンス改革，その大きな主眼は「稼ぐ力」と「資本効率（ROE）」の重要性の再認識である。

ガバナンス改革推進のためには「企業と投資家との建設的な対話」[3]が必要との考えのもと，2012年7月，経済産業省が音頭を取り，企業と投資家が意見交換する常設の“対話の場”として「企業報告研究会（企業報告ラボ）」が設立

1　経済産業省『「持続的成長への競争力とインセンティブ～企業と投資家の望ましい関係構築～」プロジェクト（伊藤レポート）最終報告書』2014年8月，p.10。

2　同書，p.1。

3　同書，p.13ほか参照。ちなみに，「建設的な対話」をエンゲージメントと同義とする機関投資家もある。

され[4]，実務に即した任意開示のグッドプラクティスや企業報告に関する国際情勢の共有・意見交換が開始された。2013年７月より，経済産業省が主体となり，「企業報告ラボ」の中の特別プロジェクトとして，一橋大学伊藤邦雄教授を座長とする「持続的成長への競争力とインセンティブ～企業と投資家の望ましい関係構築～」プロジェクトが開始され，2014年８月に最終報告書『伊藤レポート』が公表された。

さらに，ESG課題に関する意見交換のため，2015年10月，環境省に青山学院大学北川哲雄教授を座長とする「持続可能性を巡る課題を考慮した投資に関する検討会（ESG検討会）」が設置され，2017年１月に『ESG検討会報告書』が公表された。

これらに見られるように，「企業と投資家との建設的な対話」に関するインベストメント・チェーン間の議論が重ねられておよそ10年経つが，未だに残る資本市場における諸問題，中でも「ESGカオス」の最大の要因は，相変わらずのコミュニケーションの機能不全だと思われる。カオスと言えば，旧約聖書における寓話「バベルの塔」の崩壊後の，人間たちの共通言語の喪失と離散が思い出されるが，企業を取り巻くステークホルダー間の問題は，昔も今も共通言語の不在，コミュニケーション機能の不全，そして他者への不寛容と言えよう。よって，カオスの収束には，課題認識の整理と共通言語の再構築が必要であり，そのために何をすべきか，というテーマについて考察し解決への道筋の一歩とするのが本章の狙いである。

第２節　ESGに関する共通言語の定義

日本のガバナンス改革の進展やESG投資の拡大，そして環境問題の悪化傾向などが金融経済活動に及ぼす影響に対する世界の市場関係者の「リスク認識の高まり」[5]により，資本市場のインベストメント・チェーンの構成員である規制当局，ESG投資家，企業のIR担当者やサステナビリティ部門，および一部の経営者にとって，ESGもしくはサステナビリティへの取り組みが重要な経営課

4　なお，英国では，2011年に，企業，機関投資家，そして個人投資家も含めた対話の場として，FRC（財務報告評議会）を運営母体とする“Financial Reporting Lab（財務報告ラボ）”が発足していた。

5　環境省『ESG検討会報告書』2017年，p.８。

題であるという理解はますます深まっている。

しかし，ESGに関する活動が企業の従業員の多くに腹落ち感をもって納得されているかどうか，議論の余地があるのはなぜだろうか。確かに，SDGsという言葉がマスコミを賑わせ，気候変動問題を中心に国際的に危機感をもって議論され，企業の中ではESG担当者が業務として社内浸透に躍起だが，他の従業員の中には，ともすれば，政府，自治体，企業の経営者，そして社外のESG専門家や社内ESG担当者などの「ESG村」の人たちにお任せという人もいるだろう。

また，従業員だけでなく経営者でさえ，ESGは植林活動や河川敷の清掃活動などボランティア的な社会貢献の一環として実施する「CSR（企業の社会的責任)」と認識している人はまだ多かろう。さらに，ESG活動に熱心な企業でも，自分たちが業務に携わっている自社の本業にどうつながっているのか，理解できていない従業員もいるかもしれない。

一方，投資家の多種多様なニーズや乱立するESG評価機関の評価軸の違いにより，過度の網羅性に合わせた開示を迫られることが，企業内各部署の業務負担を増大させ，逆にESG担当者が目指す社内の共感醸成への障害となりかねない。現在のESGに関する課題の１つは，こうした開示のための開示（「ESGウォッシュ」とも言えよう）のような形式主義からの脱却であろう。

ここではまず，従業員の納得感が得られない要因の１つとして，ESGの概念の幅が広過ぎて，関連する用語の定義が曖昧になり，言葉が混乱しているという課題認識を挙げておきたい。そしてESGの共通言語が議論されない理由の１つに，そもそも，一部の投資家の考え方として，あまり用語の定義にこだわらないこともあるかと思われる。特にアクティブ運用の投資家は，競争相手の投資家に先んじることで個別に「αのリターン」[6]を取りに行くのが仕事なので，企業への個別取材においてESGの定性的要素について理解してしまえば，業界全体における共通言語確立はインセンティブとなり得ないかもしれない。一方，企業側も自社を評価してくれる目の前の投資家に株式を買ってもらえばよいので，ESGの表現についても「自社らしさ」を表に出し過ぎて，投資家が重視する相互比較性に配慮しない向きもあろう。すなわち，資本市場の参加者の個別

6　ここでのα（期待収益率－予想収益率）は，株式運用が市場平均に対してどれだけ超過リターンを得られたかを表す指標。

最適な行動が全体最適な結果には必ずしもつながっていないのが現状である。こうして，ESGの定義を曖昧にしてきたことが，資本市場のステークホルダー間の混乱を生んでいる要因の１つと考える。

さて，ESGとは21世紀に入り海外から入ってきた言葉だが，そもそも日本では，社会と企業もしくは個人が関わる課題については，江戸から明治にかけて，近江商人の哲学「三方よし」，渋沢栄一が唱えた「論語と算盤」，松下幸之助の「企業は社会の公器」などの考えが唱えられ実践されてきたが，近代に入ってから公害の社会課題化もあって環境問題がクローズアップされるようになった。戦後に入ると「CSR：Corporate Social Responsibility（企業の社会的責任）」概念の広がりが見られ，今では，「サステナビリティ：Sustainability（持続可能性）」，「CSV：Creating Shared Value（共通価値の創造）」[7]，「SDGs：Sustainable Development Goals（持続可能な開発目標）」[8]などの言葉が世間を賑わしているが，これらの言葉の意味が類似していることが，混乱の一因と思われる。

そもそも，ESGについては，2006年に国連のアナン事務総長（当時）が中心となり金融業界に向けて提唱されたイニシアチブ「PRI：Principles for Responsible Investment（責任投資原則）」の中で唱えられたのが始まりとされる。PRIは「責任投資を環境（Environment），社会（Social），ガバナンス（Governance）の要因（ESG要因）を投資決定やアクティブ・オーナーシップに組み込むための戦略および慣行と定義」[9]しているが，対象者は機関投資家などの金融業界である。

なお，ESGの「Ｅ」，「Ｓ」，「Ｇ」については，レイヤー（階層）あるいはカテゴリーが違う概念が並列に扱われているという違和感は拭えない。伊藤（2018）は「ESGの関係性を見ると，ESGはパッケージであり，３つの相互作用によって成り立っている。傘を例にすると，一番先端の石突がＧ，左右の露先がＥとＳのイメージだ。ＥとＳのレベルをどのように引き上げるのか，ＥとＳをどのように設計し制御していくのか，全てはＧがカギを握っている」[10]と

7　2011年にハーバード大学のマイケル・Ｅ・ポーター教授等によってハーバード・ビジネス・レビューの論文にて提唱された。

8　詳しくは外務省のWebサイト「JAPAN SDGs Action Platform」を参照されたい。

9　PRI brochure 2021（Japanese）『責任投資原則』p.４。

10　伊藤邦雄「ESGと統合報告を巡る最近の動き」，『経済広報』（経済広報センター）2018年１月号。

説明している。

本章においては，「企業と投資家の建設的な対話」の観点に基づきESGの定義について示す。まず，「E」については，環境に関する諸問題（気候変動，温室効果ガスの排出，水を含む資源の枯渇，廃棄物および汚染）について，配慮し改善するための要素とする。それには，企業側がコストとして取り組むこと（リスク）と，ビジネスとして付加価値を高めること（機会）の両面がありうる。なお，公害問題への対応をきっかけに，従業員による環境保全活動などが社内に定着している日本企業も多く見られる。

「S」すなわち「社会」は，広義の「社会」から「地域コミュニティ」や「企業内コミュニティ」まで幅広く捉えられる概念であり，企業の社内と社外両方に関わる課題である。具体的には，従業員やサプライチェーンの，人権，労働環境，働きがい，アメニティ[11]，雇用条件，健康，安全，DEI（ダイバーシティ，エクイティ&インクルージョン）[12]，そして付加価値のあるアウトプット（商品・サービス）の提供，納税，社会貢献などから成る「社会への価値提供」とする。たとえば，働きがいなどは従業員にとって納得しやすいが，定量化による可視化が難しく，企業にとって進捗管理するのが困難な課題も多い。

「G」すなわち「ガバナンス」については，経営執行･牽制の観点での「コーポレートガバナンス」（役員報酬制度を含む），従業員の規律の観点での「コンプライアンス」（腐敗防止を含む），経営管理上の規律とも言える「リスク・マネジメント」とする。コーポレートガバナンスについては経営（取締役会，執行チーム）が意識すべき課題である一方，従業員が職場で働く上での規律，そして働いた結果としてのリスク管理を含む経営管理についても「G」の中に位置づけることで，従業員にとっても「G」は強く意識すべき課題となる。

なお，機関投資家の中には，日本の企業は「現場」は強いが，「コーポレート部門」が弱すぎるという意見もある。企業の経営基盤であるガバナンスを支えるコーポレート部門は，決して単なるコスト部門ではなく，収益のレバレッジを左右し，サステナビリティの実現に貢献できる重要な部門であることはあらためて強調しておきたい。

ところで近年，企業の長期的価値創造（LTVC：Long Term Value Creation）

11　心地よさ，快適性，快適に過ごすために整備された環境。

12　DEI：Diversity, Equity & Inclusionは，多様性，公平性，包摂性と訳される。

を掲げる経営の必要性が唱えられている中，キーワードとして広まってきた言葉に「Purpose（パーパス）」がある[13]。パーパスについては早くも1987年にP&Gが，「自社製品に最高のクオリティーと価値を与え，世界中の顧客のニーズを満たすこと」と示しており，パーパス経営の代表格とも言えるUnileverは，2012年のAnnual Reportにて，“Our Purpose : To Make Sustainable Living Commonplace”と発表している。

そのような昔からある価値観が近年再評価されてきた背景には，特に米国で「ミレニアル世代」[14]と呼ばれる，若い世代の価値観に合ったからとも言われている[15]。さらに，2018年，世界最大級の運用会社BlackRockのラリー・フィンクCEOが，毎年恒例の取引先企業CEO宛て書簡で，企業のパーパスは，「利益を達成するために必要な活力であり，投資における判断基準の１つになるだろう」と記したことも大きいだろう。

ところが，そもそも日本企業にはこうした理念系の言葉が溢れている。パーパス以外にも，企業理念，経営理念，ミッション，ビジョン，バリュー，プリンシプル，綱領，（社名）ウェイ，行動指針，等々。こうした日本企業の歴史の中で培われた理念体系に，新たにパーパスという言葉が海外から輸入されてきたという見方もでき，ステークホルダーから見ると企業理念と混同してしまうケースも少なくなかろう。よって，自社の理念体系の中でどう整理して，企業の内外のステークホルダー，特に従業員にどう理解してもらうか，自社に取り入れるときには定義を明確化しておくことが重要である。これらの用語の整理の一例として**図表３-１**を紹介する[16]。

13　小野塚惠美・貝沼直之「ESG開示からみる統合報告書のあり方」，『証券アナリストジャーナル』2021年11月号，p.30を参照されたい。

14　2000年代に成人あるいは社会人になる世代。

15　Facebook（現社名：Meta）共同創業者のマーク・ザッカーバーグは，2017年の母校ハーバード大学の卒業式で行った演説で，「ミレニアル世代にとってパーパスを持つことは当たり前であり，誰もがパーパスを持てる世界を創ることが重要」と述べている。

16　小野塚・貝沼，前掲書，p.31。

図表3-1　関係構築のためのパーパス，ミッション，ビジョンの整理

用語	意味	意義	関連する主なステークホルダー
パーパス	・存在意義 ・事業が人々の生活にもたらす価値 ・アウトサイドイン（外から見つめる）	・関係性の構築 ・自分ごとにする ・心と頭を結びつける	顧客，従業員，環境（NGO），資金提供者
ミッション	・事業の内容	・選択と集中 ・優先順位	顧客，従業員，環境（NGO），資金提供者
ビジョン	・なりたい姿	・未来志向を促進 ・バックキャスティング	顧客，従業員，環境（NGO），資金提供者
バリュー	・望ましい企業文化の定義	・行動上の指針	役職員
プリンシプル	・指示	・行動規範の明確化	役職員

（出典）『Harvard Business Review』2019年3月号を参考にカタリスト投資顧問株式会社作成。

ちなみにパーパスは，日本企業の理念体系では「存在意義」と訳されることが多いが，意味合いとして視点・立場から見た二面性があると思われる。それは，社内にとっての「目的」と，社外のステークホルダーから見たときの「存在意義」である。ちなみにユニリーバ・ジャパンはパーパスを「目的・存在意義」[17]と訳している。

さて，ESG開示に関わる実務担当者にとって，混乱や困惑の大きな要因となっているのは，ESG/非財務情報に関する開示基準やフレームワーク，そして評価の乱立であることは言を俟たない。ESG情報は範囲が広く，投資家の視点の多様性も相俟って網羅性を要求されがちであり，したがって実務担当者のよりどころはグローバル・ベースの開示フレームワークとなっている。

このフレームワークについては，ESG開示基準作成主体の乱立が問題となっていたが，最近になって，IIRCとSASB[18]の統一に始まり，これら主体の収斂・集約の動きが活発となってきた。次に，同様に乱立気味であるESG評価機

17　ユニリーバ・ジャパンWebサイト（https://www.unilever.co.jp/planet-and-society/）「地域と社会」（2021年11月30日閲覧）。

関の間での評価軸と結果のばらつきも大きな課題と言えよう。本件については，GPIF（年金積立金管理運用独立行政法人）が2017年，国内株式を対象としたESG指数を選定した際のプレスリリースで，ESG評価機関の間で評価基準に大きなばらつきがあることを指摘しており，毎年の定点観測でも状況はあまり変わっていない[19]。

なお，「サステナビリティ」という言葉は「ESG」より前，1980年代より唱えられていたが，最近になって再びクローズアップされてきた。サステナビリティ，すなわち中長期的な時間軸での「持続可能性」については，企業を取り巻く外部環境（地球環境，経済環境など）の持続性と，企業自体の持続性の２つの観点があると思われる。前者についてはTCFD[20]などのフレームワークにより環境への取り組みを企業が開示するようになってきた。後者については，企業が「稼ぐ力」を有するビジネスモデルを動かして，キャッシュフローを創出し続けないと達成は困難であり，その仕組みについて企業は説明を求められる。その説明では，ESG/非財務情報が，どういう時間軸およびプロセスで付加価値を生み，財務数値（財務情報）に転化するかが重要になってくる。この財務情報への転化の件は，本章のテーマである従業員の自分事としてのESGへの納得感と深く関わる問題であり，次節において取り上げたい。

第３節　ESG要素を価値創造ストーリーに織り込むためには

統合報告書[21]やサステナビリティ・レポートを活用した，企業と投資家との建設的な対話において，よく投資家から指摘されるのが「ESG要素がどう企

18　IIRC：International Integrated Reporting Council（国際統合報告評議会）。SASB：Sustainability Accounting Standards Board（サステナビリティ会計基準審議会）。両者は2021年，合併しVRF：Value Reporting Foundation（価値報告財団）となった。

19　GPIF『2019年度　ESG活動報告』pp.41-42。

20　Task Force on Climate-related Financial Disclosures（気候関連財務情報開示タスクフォース）。2015年，FSB（Financial Stability Board（金融安定理事会））により設立。

21　貝沼直之・浜田宰（2019）『統合報告で伝える価値創造ストーリー』商事法務，p.2によれば，「統合報告は，財務情報と非財務情報を統合し，また組織の戦略とビジネスモデル，ガバナンス，将来の見通しとを統合することにより，組織の短，中，長期の価値創造を伝える報告形式である」。

業の価値創造ストーリー[22]に織り込まれているのかわからない」とか，「非財務情報が財務情報につながる道筋が読み取れない」などの意見である。この点については，企業開示あるいはESG関係の組織，専門家や学識者により，多くの研究活動や開示実践の取り組みが行われている。

一例として，一橋大学の伊藤教授は「ROE経営とESG経営を高度なレベルで統合し，持続的な企業価値創造を実現できる経営モデルの構築と実践」を目指し，「ROESG®経営」[23]を提唱している。実際に明治ホールディングスは，2023中期経営計画において，「明治ROESG®経営の実践」を掲げ，「利益成長とESG指標の改善，さらに明治らしいサステナビリティの目標達成を同時に果たす」と表明しており，事業成長の指標であるROEの数値に，ESGの目標達成度を指数化したものを「明治ROESG®」としてKPI[24]に掲げている点が注目される[25]。

さて，本件の課題は，ESG/非財務情報から財務情報に転化する，言わば「稼ぐ力」の源泉と認識されるまでのプロセスとしてのパス（経路）の定義と可視化について，「風が吹けば桶屋が儲かる」の如く，関連性やつながりを明示・説明するのが難しいことにある。特に，「稼ぐ力」を有するビジネスモデルで事業を営む際に，将来価値を生み出すはずのESG/非財務要素を経営資源として投入してから効果発現までの「時間軸」がESG要素によってそれぞれ異なる，あるいはそもそも時間軸が明確にできないことにある。さらに，当該企業が属する業界・業種や，事業領域の特性によっても時間軸が違うなど個別性が強いため，標準的なロジック・フローを示すのは極めて困難である[26]。

なお，今までは便宜的に，ESG/非財務情報と記したが，そもそも，ESG情報と非財務情報の定義についても意見の違いがみられる。【ESG情報≒非財務情報】と単純化する論者もいれば，KPIとして可視化できるESG情報がまだ少

22　価値創造ストーリーとは，企業・組織体がビジネスモデルの実行と成果の産出（アウトプット）を通じて，自身の価値向上と社会への価値提供（アウトカム）を行っていく流れのnarrative（物語調）な表現である。詳しくは価値創造ストーリーについて詳述した，貝沼・浜田，前掲書，p.96～を参照されたい。

23　伊藤邦雄（2021）『企業価値経営』日本経済新聞出版，p.27。なお，「ROESG®」は伊藤教授が開発した経営指標である。

24　KPI：Key Performance Indicator（重要業績評価指標）。

25　明治ホールディングス『統合報告書2021』pp.20-21参照。

26　詳しくは，小野塚・貝沼，前掲書，pp.28-30を参照。

なく，ESG・KPIの影響が当該企業の業績に占める寄与度は未だ限定的で，業績に関する説明力が小さいのが現状であることを踏まえて，【ESG情報＜非財務情報】[27]という考え方もある。本章では，非財務情報を【ESG情報（人的資本など）＋研究開発（R&D）や知的財産（知的資本）などの無形資産＋経営力＋その他】と見なし，これらが総じて企業の中長期的な成長の源泉になる，という考えに基づき，非財務情報を「価値創造ストーリー」に有機的に織り込むことが，投資家に理解してもらうには適していると考える[28]。

さて，本節では，ESG情報を含む非財務情報をどう「価値創造プロセス」に組み入れ，「価値創造ストーリー」を表現するか，１つのアイデアとしてIIRCの価値創造プロセス図（オクトパスモデル）[29]をもとに作成した**図表３-２**を例にとって説明したい。

図表３-２　価値創造ストーリーの体系図の一例

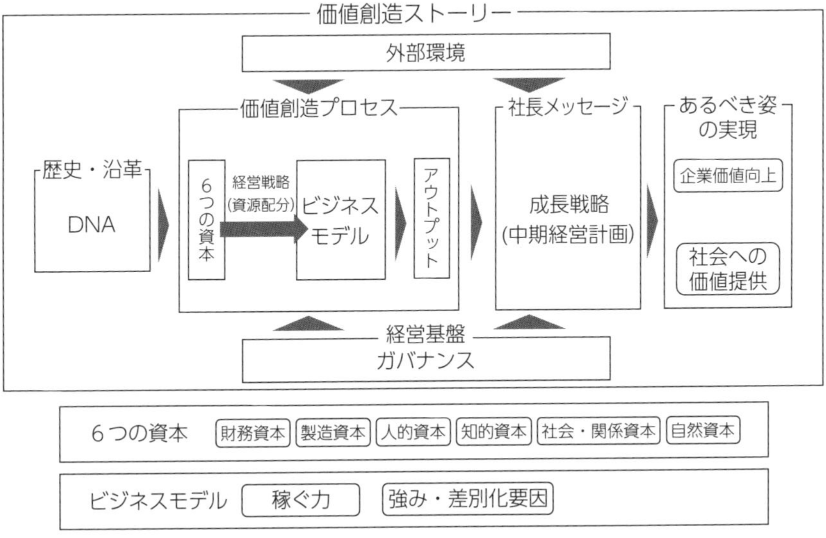

価値創造ストーリー
外部環境
歴史・沿革
DNA
価値創造プロセス
6つの資本
経営戦略（資源配分）
ビジネスモデル
アウトプット
社長メッセージ
成長戦略（中期経営計画）
あるべき姿の実現
企業価値向上
社会への価値提供
経営基盤
ガバナンス

6つの資本　財務資本　製造資本　人的資本　知的資本　社会・関係資本　自然資本

ビジネスモデル　稼ぐ力　強み・差別化要因

（出典）IIRCフレームワークを参考に筆者作成。

27 『ESG検討会報告書』（2017）では，「ESG情報を，非財務情報を構成する一連の情報群と位置付ける」とある。

28 IIRCフレームワークでは「統合思考」として説明される。IIRC『統合報告フレームワーク（日本語版）』2014年，p.２参照。

29 IIRC，同書，p.15。

この価値創造ストーリー体系において，非財務情報の要素を組み込むために必要なのは，マテリアリティ（重要度）の特定についての判断である。なぜなら，経営施策の重要性や優先順位に基づき，経営資源や投資の配分を決めるのが経営戦略である。よって，非財務情報の要素である経営課題や経営資源について，資源配分や投資配分の判断をするにはマテリアリティ（重要度）や重みづけの特定が必要不可欠である。配分が決まれば「稼ぐ力」を有するビジネスモデルを動かし経営執行を行い，付加価値を付けたアウトプット（製品やサービス）を創り出す。これが価値創造プロセスであり，価値創造ストーリー体系の中核をなす。

図表３-２の価値創造ストーリー体系の構成要素に，ESG情報を割り振ると，次のようになる。

① 「E」（環境）に係る情報は「外部環境」,「自然資本」,「ビジネスモデル」
② 「S」（社会）に係る情報は「人的資本」,「知的資本」,「社会・関係資本」
③ 「G」（ガバナンス）に係る情報は経営戦略（資源配分）や事業の計画と管理などを司る「経営基盤」

これらについて，いくつかの具体的な事例を以下に挙げる。

（1） 環境について取り組みが不足していると，国際的組織，諸外国政府や非営利団体に指摘され，社会的評判が低下し，その結果，企業ブランドイメージが悪化することで，社会・関係資本の項目でマイナスとなるほか，これらの要因による売上げ減少や将来の炭素税負担の増加によるキャッシュフローのマイナスで，ビジネスモデルの「稼ぐ力」が低下すると説明される。

（2） 環境における事業機会については，金融機関による環境重視ファンド（株式・債券）の組成・販売やグリーンボンドの組成・販売などのESG金融事業がビジネスモデルの構成要素として説明し得る。

（3） 企業の経営執行チームやモニタリングを行う取締役会が構成要素となる「経営力」，そして経営施策のPDCAをKPIに基づきモニターする「経営管理力」は，ガバナンス情報として経営基盤の範疇に入る。

（4） 人的資本に係る非財務情報として，従業員満足度調査，離職率，女性管理職比率などが挙げられるが，中でも「DEI」[30]については，考え方や文化的背景に多様性のある人材が集まることで，多様性を認める雰囲気や文化が社内に醸成され，それがイノベーションの源泉になりうる点では，ビジネスモデルの「差別化要因」の強化としても説明できる。「歴史・沿革」で語られる社風や企業のDNAなども「強み」，「らしさ」の源泉としてビジネスモデルの差別化要因と位置づけられる。

（5） 広告宣伝費については，コーポレートブランドおよび商品ブランドの価値を高めることが期待され，前者の場合は社会・関係資本，後者の場合はビジネスモデルの差別化要因の強化となろう。

（6） 成果が具現化する時間軸が読みにくいのは，研究開発（R&D）と人的資本への教育・採用コストの投入である。

（7） 非財務情報/KPIを役員報酬制度に導入する動きが，ガバナンス上重要な要素として世界的に注目されている。これは役員から従業員までの業績評価システムと表裏一体として，企業理念の実現と企業価値向上という目的に沿った制度設計が必要であり，人的資本や知的資本でも説明できるが，経営基盤の箇所でガバナンスの一環として説明するのがよいだろう[31]。

（8） 非財務情報のうち，定量化が困難な定性情報（戦略や方針など）が重要であり，これらを価値創造プロセスの箇所だけでなく，統合報告書の社長/CEOメッセージなどに成長ストーリーの構成要素として記載すべきである。

さて，ESG/非財務情報の開示について留意すべき点としては，まず，統合報告書が有価証券報告書と異なり任意開示であることや，企業の個別性や独自性が強いため，当該企業「らしさ」を強調するがゆえに，企業独自の言葉や解釈で説明し過ぎるケースも見られる。企業の独自性が過度に過ぎると，投資家側としては分析する情報の相互比較性が担保されず，企業内の時系列比較に留まるため，相対比較による投資先企業選択が困難になりかねない。

そして，それ以上に重要な点は，情報開示するために選定したESG/非財務情報・KPIについて「実効性」が担保されているか，すなわち「企業経営において足りないものは何か」についての企業・投資家双方のチェック機能を本当

30 本章脚注12参照。

31 詳しくは本章第５節「２ Evaluation：「株式の評価」と「人の評価」」を参照のこと。

に果たしているのかどうかである。

近年，「ESG」という言葉が「サステナビリティ」という言葉に置き換わりつつある。これは，ESG/非財務情報が中長期的にサステナビリティ/持続可能性を高め，企業価値向上につなげるストーリーが企業により説明されることが，今まで以上に期待されている現れと思われる。

そのためには，

①　優位性のある経営資源を非財務情報として表現し，

②　経営戦略の要諦である，経営資源の配分をどう行っているかを説明し，

③　【ビジネスモデルを差別化して，価格競争力を強め，利益率を上げ，「稼ぐ力」を強化し，付加価値を高めることで社会（の顧客）に評価され，収益が上がり，結果として増えた経営資源を再投資する】という自社の「価値創造プロセス」を可視化し，

④　そのビジネスモデルがESG的観点でもステークホルダーから評価されるよう，全体の仕組みを動かす原動力として，経営執行する経営陣と牽制監督する取締役会の両輪，これらをサポートするコーポレート部門が経営基盤を支えている

ことを示す。このロジック・フローのnarrativeな説明こそが，まさしく「価値創造ストーリー」である。

第４節　環境倫理学のアプローチでESG/サステナビリティを考える

これまで見てきたように，ESGの概念は，定義の曖昧さと関係する主体の思惑により拡散・発散しやすい性質を持っている。そこで，多様性を前提にわかりやすく課題を整理することが有用と考え，「ESGカオス」から脱却するためのアプローチの１つとして，論理的思考に基づく学問である倫理学の１つ，環境倫理学の考えを用いて説明する。

企業の開示という観点でESGをIR（投資家広報）と比較して考えると，IRは企業における「財務情報」すなわち「財務（諸表）数値」にまつわる評価であり，結果は株価という数値で，ある意味明確に表されるものである。

一方，ESGは企業における「人」にまつわる評価であり，数値化や可視化が困難な場合が多い。「Ｓ」は人が関わる社会であり，「Ｇ」は人が決め，人が従

う規律・規範である。「E」の環境でさえ，定義は「主体をめぐり囲むもの」であり，主体が「自然」でも「神」でもなく「人」であるという「人間中心主義」の考えに立つと，人にまつわるものと言えよう。

よって，ESG推進活動の必要性について企業内ステークホルダーが自分事として納得し，腹落ちするためには，規制当局や投資家の「あるべき論」や，社会や企業・組織体によるトップダウンの理念浸透や業務としての指示・命令だけではなく，「人」の倫理観に訴えかけることが必要と思われる。すなわち，地球温暖化による金融システミック・リスクへの危機感だけでなく，あるいは収益機会や企業価値向上の追求だけでもなく，倫理学的視点を個々人が持つ必要性を再認識すべきと考える。ちなみに本節の主題である環境倫理学は，1990年代より，サステナビリティ概念の始まりとほぼ同時期に，応用倫理学の１つとして唱えられるようになったものである。

そもそも，ESGやサステナビリティの考え方の源流は，西洋哲学・倫理学にあると思われる。元々，日本のガバナンス改革は英国のものを参考にしたためか，改革の中心「企業と投資家との建設的な対話」の中でも，「スチュワードシップ」や「エンゲージメント」など日本語に訳しにくい言葉が扱われているが，これらはキリスト教の考えにおいて使われていたものである。

ESG投資の源流として「SRI：Socially Responsible Investment（社会的責任投資)」という投資手法があるが，この起源は17世紀の英国と言われ，20世紀に入ると，英国メソジスト教会は長期的資金運用を目指し，キリスト教倫理に基づく株式投資を開始した。Niklas Kreanderほか（2003）は，メソジスト教会など英国の３つの教会にインタビューを行った結果，教会の倫理的投資はCreationism（天地創造説），Stewardship（管理者責任/精神），Agapism（神の愛/無償の愛），Witness（証人），Engagement（エンゲージメント）という聖書の５つの原理に基づくと論じている[32]。こうしたキリスト教倫理的理念が用語の背景にあることは考え方の本質を理解するうえで知っておきたい。

また，米国においては，環境問題の嚆矢として，20世紀初頭に「ヘッチ・ヘッチー渓谷のダム建設問題」などで，原生自然（人のいない自然）を人の手

---

32 N.Kreander, D.Molyneaux and K.McPhail（2003）“AN IMMANENT CRITIQUE OF UK CHURCH ETHICAL INVESTMENT”, *Department of Accounting & Finance, University of Glasgow Working Paper Series*, pp.1-36より筆者仮訳。

から守ることを訴える「保存」を主張する「非人間中心主義」と，科学的な生態学による自然の管理（人の手による管理）としての「保全」を重視する「人間中心主義」[33]との二項対立があったが，後者を正当化する理論として，パスモア（1979）は，従来のキリスト教倫理でも“stewardship”，すなわち「神の信託管理人思想」の考え方に基づき，人間が自然を管理するのは神から委託されていると説いており[34]，人間主導の「環境保全」の考え方とキリスト教倫理の考え方をつなげて考えている。

こうした環境問題と哲学・倫理学との関係性がより有機的に深まっていったきっかけの１つが，20世紀後半の国際機関による，「環境」課題にとどまらない地球・人類・社会の「サステナビリティ（持続可能性）」課題への危機感の表明だと思われる。1980年のIUCN/UNEP/WWF[35]による「世界自然資源保全戦略」での「持続可能な開発」についての提言に始まり，特筆すべき1987年の「ブルントラント委員会」の報告書公表を経て，1992年の「国連環境開発会議」では，21世紀に向け持続可能な発展を目指す地球規模の行動計画「アジェンダ21」が採択された。これらの会議で唱えられた「サステナビリティ」について，「なぜ地球が持続しなければいけないのか」という大局的な問いを倫理学の考え方から解釈するアプローチとして，1990年代になり，環境倫理学の流れの１つとして「世代間倫理」の考え方がK.S.シュレーダー=フレチェット，ハンス・ヨナス等によって唱えられた。

世代間倫理とは，将来世代の利益に配慮し，その利益を保護することを求める倫理であり，「未来の世代の生存条件を保証するという責任が現在の世代にある」[36]という主張である。そして，これはブルントラント委員会の「持続可能」の定義である「未来世代が自らの欲求を充足する能力を損なうことなく，今日の世代の欲求を満たすこと」[37]の説明にもなっている。すなわち，世代間倫理は長期間の時間軸に基づく議論であり，「不可逆の時間においては，長期的なリスクや負担は，後続世代に一方的に押し付けられる」[38]という配慮の一

33　吉永明弘・寺本剛（2020）『環境倫理学』昭和堂，p.８。
34　ジョン・パスモア（1979年）『自然に対する人間の責任』岩波書店，pp.48-56。
35　IUCN：国際自然保護連合，UNEP：国連環境計画，WWF：世界自然保護基金。
36　加藤尚武（2005）『環境と倫理［新版］』有斐閣，p.９。
37　外務省Webサイト「持続可能な開発」。(https://www.mofa.go.jp/mofaj/gaiko/kankyo/sogo/kaihatsu.html（2021年11月30日閲覧))。
38　吉永・寺本，前掲書，p.127。

方性に鑑み，将来世代への配慮の必要性を論じたものである。ちなみに，ハンス・ヨナスは，将来世代は弱い存在なので，現在世代は将来世代への責任があると主張している[39]。これらの考え方から，利害の「収支」を各世代で完結すべきであるという「世代間公平性」を担保するための政策が求められる一方，CO_2などの温室効果ガス排出削減と経済成長とのバランスについて先進国と新興国で必ずしも利害が一致しない「南北問題」に代表される「世代内公平性」に配慮した政策の必要性も議論されている。

結局，双方のバランスを取るべきであり，吉永・寺本（2020）によれば，①多くの選択肢を残す，②長期的リスクや負担への対応は漸進的最適化政策を取る，③それを施行するエンティティを選ぶ各個人の投票行動が民主主義の根幹である，④世代間の公平性は目指すべき理念であり，将来世代の決定権を奪わないことが必要だとしている。たとえば，現代の重要なESG課題である「地球温暖化問題」の解決手法の１つとして，CO_2削減を目指す化石燃料発電から原子力発電へのエネルギー政策転換がある。それを図るにあたり重要な論点として「高レベル放射性廃棄物問題」，すなわち，現在の主な廃棄処理方法である「地層処分」が「世代間の決定権公平性」を担保できないのではないか，という現実的な議論がなされている。したがって，「世代間倫理」を論拠としたサステナビリティの正当化の考えを知ることは，個人の納得感の醸成にとって必要と考える。

なお，こうした世代間倫理も含めた米国の環境倫理学の体系は，加藤尚武により1990年代に日本に紹介された。「環境倫理」の定義については，加藤（1991）によると，「環境という共同の世界から離れて生きる余地がない状況における倫理であり，社会契約の前提」[40]であり，吉永（2014）によると，「環境および環境問題に関する人間社会の行動規範」[41]とある。これらの定義を見ても，環境と人と社会の関係性を考察する際に環境倫理学が役立つ可能性が示唆されよう。

さて，環境倫理学的な考え方は，20世紀初頭の「自然保護問題」の解釈から始まったと言えるが，自然保護を正当化するアプローチとして主体（神，人，

39　ハンス・ヨナス（2000）『責任という原理―科学技術文明のための倫理学の試み』東信堂，pp.69-73, pp.228-230。

40　加藤尚武（1991年）『環境倫理学のすすめ』丸善，p.130。

41　吉永明弘（2014年）『都市の環境倫理』勁草書房，p. 2。

自然そのもの）についての神学論争的議論に終始したきらいがあり，1996年の『環境プラグマティズム』においてライトとカッツは「環境倫理学の学問領域が，環境政策の形成に対して何らかの実践的な効果をもってきたかを，見ることは難しい」[42]と批判し，それをきっかけにして，地球規模的な環境問題の議論だけでなく，「まず現実の自分たちの足元に目線を置いて環境倫理を考えようとする動き」[43]が広まってきた。増田（2015）によれば，「倫理学は，人間存在がより良く生きるためには『どう』すればいいのかを探求してきた。『どう』生きるかは時代ごとにその時代環境に左右される。現代日本社会を生きる私たちを取り巻く『環境』の問題とは，今や自然環境だけではなく，この『こころの病』の時代に『存在』が孤立無援化している社会環境の問題でもある」[44]としており，その課題認識はまさしく「サステナビリティ」を企業や組織が目指し，従業員が理解する際に必要なことと思われる。

現代の環境倫理学の概要については，前述の吉永明弘・寺本剛『環境倫理学』の中で，最近の環境倫理学の多様なテーマとして各章に分けて，「土地倫理」，「世代間倫理」，「環境正義」，「気候正義」，「食農倫理学」，「都市の環境倫理」などが紹介されている。これらのテーマが，国連が提唱して，政府，経済界，大企業がこぞって取り組んでいるSDGsの国際目標17項目の解釈とつながるかどうか，**図表３-３**にて整理を試みた。

それらの中には，一義的な正義論が必ずしも当てはまらないケースも存在する。たとえば，「気候正義」については，地球温暖化防止を目的とした温室効果ガス削減のため，化石燃料エネルギーから再生可能エネルギーもしくは原子力エネルギーへのシフトが国際的な政策として検討されているが，前述したとおり，①原子力廃棄物の処理に関する世代間公平性の問題，②再生可能エネルギーの供給安定性の問題，③化石燃料依存や環境対応コスト負担についての国家間の南北問題，④カーボン・プライシング・エネルギーへの炭素税課税が，収入に対するエネルギー消費への負担割合が増加する貧困家庭への波及効果をもたらすという，国家内における経済格差問題などについて，課題の整理と丁

42　アンドリュー・ライト，エリック・カッツ（2019年）『哲学は環境問題に使えるのか　環境プラグマティズムの挑戦』慶應義塾大学出版会，p.１。

43　増田敬祐（2015年）「環境倫理学における共生概念と〈持続可能な責任〉の検討」『立教女学院短期大学紀要』第47号，p.27。

44　同書，pp.24-25。

寧な説明，そしてステークホルダー間の対話が必要とされている。

CO_2排出にしても，現在は国単位の排出量が議論となっているが，１人当たり排出量については新興国より先進国の方が多く，「統計データの見方一つをとっても，前提条件が異なると見えてくる状況が異なる」[45]という見方もあろう。また，地球温暖化については，海水面上昇をリスクに抱える島嶼国の一部だけでなく，先進国の都市住民も気候変動に対して脆弱なインフラのリスクを抱えるなど，本件についてはものの見方によって，正義や公平性の観点が異なってこよう。

また，「食農倫理学」については，マルサス『人口論』（1798年）がすでに社会的観点からの食の公共的あり方を論じており，「食に関する節制の欠如は，個々人に悪影響をもたらすだけでなく，社会にも悪影響をもたらす」[46]ため，well-being[47]の追求にとって「よい食」が必要という観点と，レイチェル・カーソン『沈黙の春』（1962年）による食における残留農薬の危険性という観点が論じられている。また，サプライチェーンの問題として，児童労働などの倫理的問題の指摘のほか，サプライチェーンの非効率が膨大なフードロスを生み出しており，食料不足ではないのに，飢餓や分配的不正義が起こる要因の１つと言われている。

さらに，道徳的菜食主義による肉食の禁忌のほか，牛のゲップが温室効果ガスであるメタン排出の大きな要因としてドイツのように肉食に増税を検討していることなども，人によっては行き過ぎと捉えるだろう。これらも，まさに，「ESGは拡散しやすい」ことがカオスの要因という事例の１つであり，倫理学のアプローチで論点を整理して可視化しておくことは大事である。

45　吉永・寺本，前掲書，p.182。

46　吉永・寺本，前掲書，p.213。

47　well-being：1946年，世界保健機関（WHO）憲章前文にて提唱。日本WHO協会仮訳では「すべてが満たされた状態」。((https://japan-who.or.jp/about/who-what/charter/)（2021年11月30日閲覧))

図表３-３　SDGsの国際目標17項目とESG，環境倫理学との関係性

持続可能な開発目標（SDGs）		ESG要素			環境倫理学
目標	項目	E	S	G	
1	貧困		○（社会貢献）		世代間倫理
2	飢餓		○（社会貢献）		食農倫理学
3	保健		○（健康）		
4	教育		○（教育）		（ESD：持続可能な開発のための教育）
5	ジェンダー		○（DEI）		（エコフェミニズム）
6	水・衛生	○（水）	○（衛生）		環境正義
7	エネルギー	○（資源・エネルギー）			世代間倫理・環境正義
8	経済成長と雇用		○	○	世代間倫理・風土と環境倫理・エコツーリズムと環境倫理
9	インフラ，産業化，イノベーション		○（R&D）	○	世代間倫理・リスクと予防原則
10	不平等		（政府・自治体）		環境正義
11	持続可能な都市		（政府・自治体）		世代間倫理・風土と環境倫理・都市の環境倫理
12	持続可能な消費と生産	○（食・廃棄ロス）	○（サプライチェーン・バリューチェーン）		リスクと予防原則・食農倫理学
13	気候変動	○（GHG）			世代間倫理・気候正義
14	海洋資源	○（海・資源）			自然の権利・生物多様性・世代間倫理・環境正義
15	陸上資源	○（陸・生物多様性）			土地倫理・自然の権利・生物多様性・世代間倫理・環境正義
16	平和		（政府・自治体）		環境正義・リスクと予防原則
17	実施手段			○	

（出典）吉永明弘・寺本剛著『環境倫理学』（昭和堂），外務省「持続可能な開発目標（SDGs）と日本の取組」を参考に筆者作成。

さて，持続可能な開発目標（SDGs）におけるテーマは「誰一人取り残さない（leave no one behind）」，いわば，成果分配の公平性が前提にあるが，一方，17の目標は網羅的であり，項目それぞれの資源配分については明記されていない。資源に限りがあるため項目間のトレードオフがある中，配分を考えるのは政府であり，企業であり，国民であるとされている。国民個々人については大局的な問題は投票行動や消費行動などで意思を表明するしかないが，あまりに日常生活から遠い課題で，かつ一義的な正義が存在しない，すなわちクリアな解決策がないことに対するジレンマを感じざるを得ない。よって，どういう判断で配分をどう決めたか，政府や企業にはコンセンサス形成のための説明責任があろう。

もう1つ，倫理観に基づきESGを自分事として捉えるには，身近なこと，身の回りの環境問題を意識することが現実的な解と思われる。吉永（2014）は，「市民一人一人が環境倫理の重要性を実感できるようなアプローチを採用すること（環境倫理の自覚化）と，現実の環境問題に応答できるような議論を行うこと（環境倫理の具体化）」の必要性を論じ，「個々人の身近な環境とのかかわりを見つめ直すことから，環境に対する規範を作り出す」と述べて[48]，「都市の環境倫理」というテーマを展開している。吉永は，米国の大自然の保存・保全や日本の里山の復興というより，都市しかも大都市というよりコンパクトシティの環境整備が，環境配慮，アメニティ，そしてwell-beingの追求には適していると言う。CO_2排出に関しては，郊外居住の方がマイカー使用と一戸建てのエアコン冷暖房効率の悪さでかえってマイナスであり，かつ，大都市集中だと気候変動に脆弱であることを考えると，低階層集合住宅や公共交通機関を活用するコンパクトシティの提案により，CO_2排出削減だけでなく，地方の限界集落問題に代表されるような高齢者問題の解決にもなるとも思われる。まさに倫理学の観点を活かした，ESGの「Ｅ」だけでなく，「Ｓ」も含めた課題解決提案の1つと言えよう。

48　吉永，前掲書，はじめにⅠ。

第5節　まとめ：3つの「E」

本節では，「ESGカオス」の収束への一案として重要と考えるポイントを，「3つのE：Education，Evaluation，Ethics」として述べる。なお，“Education”は，金融リテラシーを高める「教育」の必要性のことである。また，“Evaluation”は「評価」であり，「株式の評価」すなわち「資本市場のValuation」と，「人の評価」すなわち「企業，組織，従業員の評価」から成る。最後に“Ethics”として，「倫理」的な観点の必要性について触れる。

1　Education：金融リテラシーを中心とした「教育」の必要性

ESGへの取り組みや開示に関する評価が，企業の株価形成にとって重要になってきているという理解が資本市場/株式市場において深まっており，そうした世の中の流れを社内ステークホルダー・エンゲージメントとして，経営者はもとより従業員に説明することによって，社内の金融リテラシーを上げる努力が必要である。

すなわち，「なぜESGが必要か」そして「ESGが中長期成長の源泉となり，将来の利益を生み出し，企業価値向上につながり，株価が上がるというプロセスがなぜ重要か」といった問いにどう答えるか。実は，「ESG」の必要性への答えは，「IR」の必要性，すなわち「自社が上場している意味は何か[49]」というテーマと大変似ている。すなわち，日本のインベストメント・チェーン各構成員の資本市場（特に株式市場）への理解不足が長年の課題であり，金融リテラシーの向上，すなわち「教育」の必要性を再認識すべきだろう。

企業経営者はもともと「稼ぐ力」についての認識が不十分だったことが「伊藤レポート」で指摘され，ガバナンス改革を経て資本効率の重要性についての理解は深まってきた。ところが，ESGの文脈で「企業が社会に価値を提供することが必要」と言われると，経営者には，日本人は昔から企業経営の中で意識して行ってきたという自負があり，今さら，なぜESGという言葉を新たに使うのか，今までやってきたことと何が違うのか，という意識が生じるように思われる。ESGが西洋からの黒船来襲であり，EU（欧州連合）主導のESGプラット

49　詳しくは貝沼・浜田，前掲書，p.266を参照。

フォーム戦略に乗らざるを得ないことへの心理的抵抗感，SDGsのロゴを自社の開示にちりばめる「SDGsウォッシュ」という形式主義があるほか，中には「稼ぐ力」より「社会への価値提供」が大事とばかり，これを資本市場へのexcuse（言い訳）に使いかねない本末転倒な企業経営者が出てきてもおかしくない。

今までも日本的経営の中に織り込まれていたはずのESGをなぜ，改めて再認識する必要があるのか。時代の変化に伴い資本市場に対する社会の要請も変化しているのは確かであり，「投資家や企業は，中長期的な視点をしっかり持って情報収集することにより，こうしたグローバルな潮流や方向性，その背景にある問題意識などを『察知できず，取り残されるリスク』を回避することが肝要である」[50]。言わば，ESGという概念の再評価が必要である。その大きな理由は，昔ながらの曖昧な日本的経営と違い，ESG課題の体系化・可視化を通じて，社内外からの経営のチェック機能に役立つからである。

また，社内のステークホルダーとしての従業員についても，

① ESGに関する取り組みや活動をすることで，中長期成長に向けた種が蒔かれ，
② 企業価値が高まり，社会や資本市場からの評価が上がり，
③ その結果，企業が中長期的に成長し持続するとともに，
④ 従業員個人の報酬が上がる。

この好循環プロセスについての説明責任（accountability）が企業経営者やESG担当者には求められよう。そして，ESGへの取り組みやESG情報の開示媒体でもある統合報告書についての社内研修，社内報での情報掲載，経営陣・ESG担当者・従業員間の対話の機会などを設定し，理解を深める必要があろう。それは，ESGだけでなく，IRの必要性を含めた資本市場への理解が深まることにもつながる。その結果，経営陣だけでなく，従業員にとってもESG活動を推進すると自分の仕事や業績がどうなるのか，上記の循環プロセスが中長期的な時間軸を要することを理解することで，短期的な視点から脱却し，ESGを自分事として考えることができよう。

---

50 環境省，前掲書，p.10。

2　Evaluation：「株式の評価」と「人の評価」

ESGだけでなく資本市場全体の課題の1つは「評価」である。まず，資本市場における「株式の評価」について，最も注目すべき点は「ESGにより資本市場のValuation形成の考え方が変わるのか」ということである。もちろん，ESG投資の増加が株式市場の需給に及ぼす影響[51]もValuation変化の要因である。ただ，それだけにとどまらず，開示されたESG情報が個別銘柄の株価形成にどこまで反映されるかが重要であり，ESG情報が企業の中長期的な収益成長に結びつく仕組みが定量化・可視化され，将来の成長率上昇としてValuation算定に組み込まれるかどうかがポイントであろう。たとえば，Valuation指標であるPERに置き換えると，PERの絶対水準が財務情報に基づく短期的なEPS上昇予想だけで構成されるのではなく，ESG/非財務情報がもたらす影響がPERの水準を高める要素として反映されよう。そうなるとまさしく，個別株式のリサーチの重要性が再認識され，ESG投資がパッシブ運用とアクティビスト運用の二極化の中で埋没しかねないアクティブ運用の救世主となるかもしれない。

なお，資本市場のValuationとESGとの関わりが重要である大きな理由は，インベストメント・チェーン各構成員（アセットオーナー，投資家，企業）それぞれの行動が，クライアント（顧客）のニーズ，そして評価に影響されるからである。すなわち，評価されるためには顧客の定める投資時間軸におけるパフォーマンス成果，つまり目標以上の売買収益を獲得することが必要となる。

よく，企業の経営者やIR担当者は，アナリストがショートターミズムに毒されていると不満を言うが，それは，顧客であるアセットマネジャーが短期的にパフォーマンスを上げたいからかもしれない。アセットマネジャーは，顧客であるアセットオーナーにともすれば四半期ベースでパフォーマンスを評価されている。企業年金のアセットオーナーの運用は，母体企業の人員・年齢構成など年金ALM（Asset Liability Management）によって投資期間や手法が定められ，運用成果で母体企業の経営者や人事部に評価される。企業の経営者は投資家から株価による評価を受ける。こうしたインベストメント・チェーンの構成員による評価サイクルが中長期的視点という共通言語を持たずに途中で歪ん

51　2017年のGPIFによるESG指数に基づくパッシブ運用開始などが挙げられよう。

でいる，あるいは機能不全に陥ってサイクルが回っていないという可能性はあろう。それだけではなく，「ショートタームの投資家も株式市場には必要であり，問題なのは短期志向に偏り過ぎること。株式市場の株価形成において，投資時間軸の分散は投資判断の多様性につながり，流動性を供給することにもなる。長期的にはリスク分散による市場の安定性をもたらす」[52]のが株式市場である。その理解に向けた金融リテラシーを高める必要がある。

また，アセットアネジャーとアナリストを合わせた「機関投資家」は，運用方針の違いによって，大きくアクティブ投資家とパッシブ投資家に分かれており，投資時間軸が異なるため，投資家のニーズや評価軸は多様である。企業がこうした多様な投資家の情報ニーズに網羅的に対応するにはコスト（人・時・金）がかかり許容しづらい。もしかしたら，ESG情報を強制/法定開示とすることで，増大する開示コストやリスク対応コストを必要経費として資本市場のValuationの前提に組み込むべきかもしれない。そうなるとESGコストが社内で許容され，担当者も社内各部署に協力を依頼しやすくなるだろう。

もう１つの重要なポイントは，ESGへの取り組みが，どう人事評価および報酬に影響するかである。その意味で，役員および従業員に関する報酬制度におけるESG情報の位置づけが重要になってきている。「Ｇ」のKPIとして，役員報酬制度の変動報酬部分（中長期インセンティブ）にESG/サステナビリティ関係の評価指標や評価項目，たとえば「従業員満足度に関する調査」の指標を入れるケースが増えており，例として英国のTesco[53]などが挙げられる。ESG指標（KPI）が役員報酬制度の項目からブレークダウンされ，役員管掌部門の業績目標・組織評価に組み込まれ，それが結果として従業員個人の目標設定と評価につながる。この仕組みが合理的な動機づけに基づいて制度として導入されていれば[54]，業績向上につながるはずである。これこそ，社内の従業員がESGを経営戦略の一環として認識し，ESG指標について目標設定，管理，評価のPDCAを回すことで自分事として身近に感じ，結果として企業価値向上に結び

52　マネックスグループ『統合報告書2016』pp.1-2＜「資本市場」があるからこそ世界は豊かになれる＞も参照されたい。

53　Tesco PLC（2021）"Our Big 6 KPIs, Colleagues recommend us as a great place to work and shop," *Annual Report and Financial Statements 2021, Strategic report*, p.11.

54　このプロセス（仕組み）について，トップダウンで拙速/強引に導入してしまうと，まさに「腹落ち感」が不足し，モチベーションが下がり，逆に受動的な「やらされ感」が横溢するリスクにつながりかねないことは留意すべきである。

付くという好循環が期待できよう。

3　Ethics：「倫理」と「リベラルアーツ」

とは言え，人は評価や報酬だけでは動かない。第4節で述べたとおり，世代間倫理などの「環境倫理学」による論理的思考を通じて，「人」としての規範の必要性を深く理解でき，自分自身の行動規範にESGの考え方を組み入れることへの納得性が高まろう。そして，倫理学やリベラルアーツ[55]などを学ぶことで，それらのアプローチ（大局観から身近な事象まで）を通じて，自分の目の前にある仕事でなくとも，サステナビリティ/持続可能性に関して，自発的に納得して，理解できる心の豊かさを得ることができるのではなかろうか。

たとえば，機関投資家に経済学部や商学部出身者が多い日本と異なり，世界最大の国際金融センターであるロンドンでは哲学科の出身者も珍しくないことや，ジョージ・ソロスが若いころ哲学を研究していたことなど[56]，欧米では資本市場と哲学・リベラルアーツの距離が近い印象がある。以前，ある企業の経営者にインタビューした際，「自社の社員にはリベラルアーツを学ぶことを勧めている。なぜなら，営業などの現場での対話力が高まり業績が伸びるから」という話を伺った[57]。「対話」や「コミュニケーション」は人として生きるための前提であり，その手段としての教養/リベラルアーツや倫理の重要性を再認識することが期待される。

4　コミュニケーション改善への道のり

企業がESG要素を有機的に価値創造プロセスに組み入れて表現すること，投資家サイドがESG評価の基準の統一を図ることで，「ESGカオス」からの脱却への一歩を踏み出したと言えるが，「企業と投資家との建設的な対話」によってインベストメント・チェーン全体の価値向上を目指すとき，「形式から実

55　山田順『リベラルアーツとは何か（下）』を参照されたい（東洋経済オンライン）（https://toyokeizai.net/articles/-/13769?page=2（2021年11月30日閲覧））。

なお，近年注目の「STEAM教育」（Science, Technology, Engineering, Mathematics, Artsを統合的に学習する教育手法）にも「リベラルアーツ」の要素が入っている。

56　ダイヤモンド編集部『日本人が知らない，ビジネスに「哲学」という学問が必要な理由』（ダイヤモンドオンライン）（https://diamond.jp/articles/-/204289?page=2（2021年11月30日閲覧））。

57　『日立キャピタルレポート2018』（p.15）トップメッセージ「リベラルアーツや人間力を養い，『この人と一緒に仕事をしたい』と思っていただけるような人財の育成に努めています」。

質」[58]，すなわちガバナンスはもちろんESGについても，形式主義的な開示で満足するのではなく，どう実効性を上げるかが，企業にとっても投資家にとっても未だ大きな課題である。

筆者は，機関投資家を皮切りに，企業のIRやESG担当，取締役や執行役員としての経営参画，取締役会事務局などのガバナンス業務，統合報告コンサルタントなど，資本市場のインベストメント・チェーンに多様な立場で関わってきた。これらの経験から感じるのは，企業（特に経営者）は機関投資家との対話の中で，「投資家の視点が企業経営にどう役に立つのか」について腹落ちしておらず，投資家は企業をはじめあらゆるステークホルダーに，企業経営における投資家視点の必要性について，より一層わかりやすく説明する責任，そして義務があるのではないか，ということである。そして，企業の外にいる投資家が，取締役会の実効性，企業理念の浸透，中期経営計画の進捗，ESG活動の実態など，企業活動の本質に迫るには，開示資料の読み込みと深い理解，企業経営者や開示担当者へのヒアリングでの深い洞察力，取材力，そして対話力が，高いレベルで必要になるはずである[59]。投資家の社外性の限界をカバーする方策としては，教育による投資家のレベルアップに加え，企業のIR/ESG担当が取締役会の実効性をよりリアルに投資家に伝えられるよう，取締役会に陪席するのはどうだろうか。そして，取締役のスキルマトリックスにも，情報開示（IR/広報/ESG）スキルを入れてはどうか。

一方，企業側もコーポレート部門，特に開示部門の人員や経験の不足もあり，投資家の事情への配慮が足りなくなっているのではないか。たとえば，投資家１人当たりの担当企業数が年々増加し，企業１社の調査にかけられる時間が短くなったにもかかわらず，網羅性重視の結果，企業の統合報告書，サステナビリティ・レポート，決算説明会資料，Webサイトのページ数や情報量が多すぎるケースも見られる。マテリアリティ（重要度）や優先順位が明確でない，言わば「読み手が読みたくない」統合報告書を多大な労力をかけて作成してはいないだろうか。お互いの配慮を高めるため，企業の担当者も機関投資家が作

58　2017年６月発表の安倍内閣「未来投資戦略」でも掲げられた。

59　『日本版スチュワードシップ・コード』原則７「機関投資家は，投資先企業の持続的成長に資するよう，投資先企業やその事業環境等に関する深い理解のほか運用戦略に応じたサステナビリティの考慮に基づき，当該企業との対話やスチュワードシップ活動に伴う判断を適切に行うための実力を備えるべきである」（2020年３月24日）。

成している「スチュワードシップ・レポート」を精読の上，質的向上のための提案や示唆を提供してはどうか。たとえば，企業側の統合報告書や情報開示の表彰制度とともに，投資家側にもスチュワードシップ・レポートの表彰制度があってもよいと思う[60]。

「企業と投資家との建設的な対話」を企業の持続的成長という「成果」につなげるためには，共通言語のさらなる改善や，開示媒体のユーザビリティへの配慮などを通じた，コミュニケーション不全の解消への努力が不可欠である。それにより，相互理解が深まり，お互いにリスペクトできる関係を構築することこそ，「ESGカオス」からの脱却のみならず，日本の資本市場のさらなる活性化に向けての手がかりとなろう。

60　英国では2016年よりFRCがスチュワードシップ・レポートのランク付けを行っている。

第4章

アクティブ投資家とESGカオス

第1節　はじめに
：アクティブ投資家を取り巻く環境変化

筆者は，過去30年にわたり株式運用に携わってきた機関投資家の現役ファンドマネジャーである。株式投資の基礎となる各企業の競争力や業界環境の調査・分析，経営者能力の査定，業績予想および企業価値の算定・評価を行った上で，投資先企業を選定する。そして，１つ１つの投資判断の結果として得られる運用パフォーマンスを年金基金等の顧客に提供するという任務を負っている。

筆者のようなファンドマネジャーを取り巻く環境は，この10年足らずの間に大きく変化した。変化の１つ目の契機となったのは，2014年から2015年にかけて，スチュワードシップ・コードとコーポレートガバナンス・コードが公表されたことである。これらの２つのコードの導入を通じて，各投資家に対してスチュワードシップ責任がより一層求められるようになった。具体的には，単に投資すべき銘柄を選択するという投資戦略だけではなく，経営者との対話（エンゲージメント）を通じて投資先企業に積極的に働きかけることが求められている。

２つ目の契機はESG投資の要請である。企業と投資家の双方が，環境や社会に対する責任をより一層果たしていくことが求められるようになったのだ。特に，気候変動への企業側の対応と，投資家の働きかけについては特に大きな関心事となっている。そして，ファンドマネジャーもESGに配慮した投資手法（ESG投資）に積極的に取り組んでいる。

また，このような運用環境の変化によって，機関投資家や運用者の間で分断が生まれ，それが現在では深く大きいものになってきていると感じている。もはやさまざまな議論において，「機関投資家」として一括りで捉えることには無理があると考えられる。筆者は，前述したように，投資先企業を選別した上で投資を実施し，市場平均を上回る運用パフォーマンスを追求する投資家であり，このような投資家はアクティブ投資家と呼ばれている。一方で，市場全体に投資し，投資先企業の分析・選別を行わないパッシブ投資家が存在する。いや，存在すると表現するだけでは全く不十分であり，その存在感は今日，アクティブ投資家を大きく凌駕している。

現在のパッシブ投資家の代表格は，世界の公的年金基金等のユニバーサルオーナーであり，彼らからパッシブ運用の運用委託を受けている機関投資家である。パッシブ投資家の中には，気候変動等の環境社会問題の解決に向け，また理想の社会経済の実現に向け，積極的にその関与を強めている向きもあり，彼らの発言力は非常に大きいものとなってきた。エンゲージメントとESG投資という２つの大きな潮流の中で，パッシブ投資家の声は大きくなっており，アクティブ投資家の考え方とは根本的に異なる場合が多くなっている。そして，このアクティブ投資家とパッシブ投資家の間の動機，視点，行動の相違と，その相違が生むさまざまな混乱，つまりカオスが看過できない水準にまできている。

本章では，アクティブ投資家とパッシブ投資家の立場や見解の相違を明確にし，経営者との対話やサステナビリティの追求において，両者間でどのような分断が生まれているのかを明らかにする。また，本書の共通のテーマとなっているカオスについて，筆者自身のアクティブ投資家としての視点から論じ，その収束に向けた提言を検討する。

第２節　アクティブ投資家とパッシブ投資家

1　アクティブ運用の本質とアクティブ投資家の行動

アクティブ運用とは，市場全体を指し示す株式指数などの投資インデックスを上回る投資リターン（超過収益）の獲得を目的とし，投資銘柄を選出して投資・運用を行うことである。また，そのような投資を行う投資家をアクティブ投資家という。したがって，アクティブ投資家は，自らが市場に勝つことを目的として，企業や投資環境の調査・分析を綿密に行い，適切なリスクを取ってより大きなリターンを狙う。

アクティブ投資家の投資リターンの源泉は，それぞれの個別銘柄の投資から得られる超過収益であり，さらにそれらを生み出す個別銘柄の選択能力ということになる。また，アクティブ投資家は，投資先企業に関して企業価値評価（適正株価算出）を行い，その企業（の株式）が割高なのか割安なのかを判断している。そのために，その企業の将来にわたる売上，利益，キャッシュフローなどの業績予想を独自に綿密に行っている。

そして，アクティブ投資家には，他者とは異なる視点を持つ強い動機が内在している。他者と同じことを考え，同じ投資判断を実施していては他者，つまり市場には勝てないからである。市場全体を上回る投資リターンを獲得するためには，他者がすでに考えていることを後追い的に考えても，すでにその考え方は株価に織り込まれており，超過収益は獲得できない。他の投資家が見逃している点はないか，気づいていない点はないかと，常に独自の視点から自問自答する。

アクティブ投資家が行う業績予想は，各投資家によって異なるため，その結果として算出される企業価値評価も各々で異なるものとなろう。企業価値評価が異なれば，現在の株価が割安と判断する投資家もいれば，反対に割高と判断する投資家もいるはずである。実際に，株式の売買が成立するということは，買い手がいれば必ず売り手がいるということでもあり，さまざまな意見・見解が存在して当然なのだ。そして，この独自性や他者に対する優位性を求める動機は，調査・分析や投資行動においてはもちろんのこと，投資先企業とのエンゲージメントやESG投資の実践においても発揮されることになる。つまり，アクティブ投資家は超過収益につながる独自のエンゲージメントや独自のESG分析を試み，それらを自己の運用の優位性につなげようと努めるのである。

2　パッシブ運用の本質とパッシブ投資家の行動

パッシブ運用の歴史はアクティブ運用と比較して浅く，パッシブ運用はアクティブ運用に対する否定形として本来は捉えるべきであろう。つまり，アクティブ運用のデメリットが大きすぎる，あるいはアクティブ運用の効果自体を信じないという視点からパッシブ運用が生まれてきた。

アクティブ運用のデメリットとしては，コストが大きいという点が挙げられる。個別銘柄の徹底的な調査には時間も人材も必要となるからだ。企業価値評価を行うためには組織としての膨大なリサーチ活動や評価のプラットフォームが必要となる。加えて，アクティブ運用には個別銘柄の株価変動という投資リスクが大きいというデメリットもある。保有銘柄数を増やすことでリスクの低減を図ることはできるが，市場全体（インデックス）に投資するパッシブ運用よりもリスクは大きい。そして，その高コストや高リスクを上回るベネフィット，つまり高い投資リターンが継続的にアクティブ運用から得られるのかということが問われているのであり，ここにパッシブ運用の存在意義がある[1]。

当然のことながら，パッシブ投資家の視点はアクティブ投資家のそれとは大きく異なる。パッシブ投資家は市場全体に投資することから，企業を選別する自由は基本的にはない。したがって，売却するという判断はできないのだ。また，結果として，企業価値を持続的に増大させる企業にも，企業価値を毀損し続ける企業にも，同じように投資することになる。したがって，個別銘柄の１つ１つの企業価値には留意をする必要はない（留意をしようにもできない）。自らの投資判断の独自性，優位性の概念は存在せず，最も重視されるのは運用の効率性となる。

しかしながら，パッシブ運用にはその運用が成り立つための重要な前提が存在する。つまり，その投資対象となるアセットクラスや市場全体が投資するのに十分魅力的であるという大きな前提があって，初めてパッシブ運用が成り立つのだ。アクティブ運用では，市場全体のリターンが不十分であっても，アクティブ投資家の銘柄選択能力により，個別銘柄のリターンを積み上げて，大きな投資リターンを継続的に上げることが可能となる。一方で，パッシブ運用では，市場全体の投資魅力度が重要である。たとえば，市場全体の平均ROEが資本コストを上回らないような株式市場では，パッシブ運用は成立しにくいだろう。また，その場合には市場全体のROEの底上げが必要となり，それを求める動機がパッシブ運用者には存在している。個々の銘柄の企業価値には留意できないが，市場全体の底上げがパッシブ運用者の動機となる。

このように，パッシブ投資家の動機や視点，目的はアクティブ投資家のそれらとは大きく異なり，それらをまとめたものが**図表４-１**である。一般的には

1　また，理論的な視点からは効率的市場仮説の存在が挙げられる。市場は効率的であり，十分な超過収益を得ることが難しいという理論的見解に立てば，パッシブ運用が選択される。

アクティブ投資家もパッシブ投資家も機関投資家[2]として総称されるが，二者間の相違は大きく，これが後述する投資家間の分断を生み出す根源であると筆者は考えている。

図表4-1　アクティブ投資家とパッシブ投資家の比較

	アクティブ投資家	パッシブ投資家
典型的な投資家像	各アセットオーナーから運用を委託されたアセットマネジャー	公的年金基金（ユニバーサルオーナー） 公的年金基金等から運用を委託されたアセットマネジャー
運用目標	市場ベンチマークを上回るリターン	運用資産の最大化・コストの最小化
投資対象	個別銘柄	市場全体に広範に分散
運用の前提	個別銘柄選択能力（企業価値算出能力）	市場全体のリターン
投資の時間軸	短期から長期まで（スチュワードシップ・コードでは長期を推奨）	超長期
運用資産規模	投資家によりさまざま	巨額（市場全体）
動機	独自性，優位性（他者との競争・差別化）	市場全体のリターン拡大への働きかけ（他者との協調）

（出典）筆者作成。

3　ユニバーサルオーナーの台頭

パッシブ投資家について議論する際，ユニバーサルオーナーの存在とその台頭にも触れておかなければならない。ユニバーサルオーナーとは，運用資金が巨額であるため市場全体に幅広く分散投資することが求められる最終投資家（アセットオーナー）である。**図表4-2**のように，現在のユニバーサルオーナーは，運用資産規模の大きい世界的な公的年金基金がその中心的な存在となって

2　機関投資家という言葉は，個人投資家が拠出した巨額の運用資金を運用するプロの運用者を指し示す言葉であり，投資顧問会社や投資信託，保険会社や信託銀行などのアセットマネジャーと，年金基金や財団などのアセットオーナー（最終投資家）の双方が含まれている。本章におけるアクティブ投資家やパッシブ投資家の議論においては，明示しない限りにおいて，アセットマネジャーとアセットオーナーの区別なしに議論を進める。

いる。

図表4-2 世界の運用資産額で見たアセットオーナー：上位10機関

順位	名称	所在国	運用資産額（百万米ドル）	PRI署名	ユニバーサルオーナー宣言*
1	年金積立金管理運用独立行政法人（GPIF）	日本	1,719,987	2015年	○
2	ノルウェー政府年金基金（GPFG）	ノルウェー	1,305,920	2006年	○
3	韓国国民年金基金（KPS）	韓国	765,446	2009年	○
4	米連邦政府職員退職年金基金	米国	651,124	-	-
5	オランダ公務員年金基金（ABP）	オランダ	607,367	2006年	○
6	中国全国社会保障基金（NSSF）	中国	448,427	-	-
7	カリフォルニア州職員退職年金基金（CalPERS）	米国	426,247	2006年	○
8	カナダ年金基金（CPP）	カナダ	390,503	2006年	○
9	中央積立基金（CPF）	シンガポール	349,787	-	-
10	オランダ厚生福祉年金基金（PFZW）	オランダ	306,893	2006年	○

＊ホームページ等でユニバーサルオーナー宣言が確認できる場合や，ESGに関する情報開示があり，かつESG開示に特化した年次報告書が発行されている場合を含む。
（出典）Wills Towers Watson（2021），各機関のウェブサイト等より筆者作成。

ユニバーサルオーナーは，巨額な運用資金ゆえに市場全体に投資する必要性があるため，アクティブ投資を行うには自ずと限界がある。つまり，前述したようなアクティブ投資の是非の議論ではなく，選択の余地がないためパッシブ投資を中心としている。**図表4-3**は年金積立金管理運用独立行政法人（以下「GPIF」）の国内株式および外国株式のアクティブ運用およびパッシブ運用比率の推移である。GPIFでは国内株式，外国株式においてパッシブ運用が主流となっており，パッシブ化の流れは世界のユニバーサルオーナーの間で概ね共通の傾向となっている。

ユニバーサルオーナーは，保有している個別企業の業績動向や株価動向（企業価値）のみに関心を抱くのではなく，市場全体のリターン（たとえば，市場の

図表4－3　GPIFのアクティブ運用・パッシブ運用比率の推移

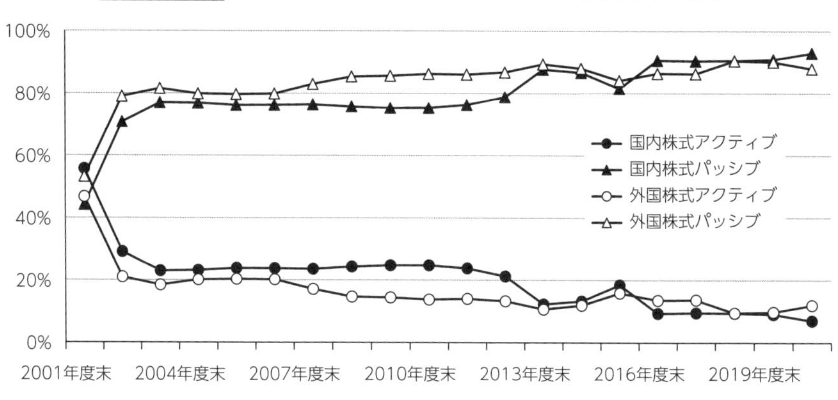

（出典）GIPF。

平均ROEが資本コストを上回っているかどうかなど）や，企業活動の結果として生じる地球温暖化などの社会経済活動全体の持続可能性に関わる問題に，責任ある投資家として一層関心を払うことになる。そして，このような巨額な運用資金を有するユニバーサルオーナーの存在によって，パッシブ投資家の存在感や投資における役割は非常に大きなものとなっている。

第3節　深刻化する投資家間の分断

前述のようにアクティブ投資家をめぐる運用環境の急激な変化には２つの契機があった。１つ目は２つのコードの導入に伴うスチュワードシップ責任とエンゲージメントの要請，２つ目はそれ以降のESG投資の要請である。

本節では，これらの２つの要請について，アクティブ投資家とパッシブ投資家に与えた影響という観点から論じ，結果として両者間の分断が一層深刻化したことを明らかにする。

1　スチュワードシップ責任とエンゲージメント

そもそも２つのコードの導入の目的は何だったのか，そしてアクティブ投資家に期待された機能は何だったのかを振り返る。2014年に導入されたスチュワードシップ・コードでは，アクティブ投資家をはじめとした機関投資家に対してスチュワードシップ責任が強く求められることとなった。スチュワードシップ責任とは，機関投資家が，投資先企業やその事業環境等に関する深い理解に基づく建設的な「目的をもった対話」（エンゲージメント）などを通じて，当該企業の企業価値向上や持続的対話を促すことにより，顧客・受益者の中長期的な投資リターンの拡大を図る責任を意味する[3]，とされている。つまり，スチュワードシップ・コードの導入の意義は，機関投資家が単に銘柄を選択して投資を実施するだけではなく，投資先企業との対話を重視し，その企業の持続的な価値向上に努め，結果として受益者の中長期的なリターン拡大を図るよう，機関投資家の働き方を変えることにあった。

一方，機関投資家側がその働き方を変え，企業経営者との対話を重視し，企業価値の持続的な拡大に注力したところで，企業経営者側にその意思がなければ，高質な対話や，その結果としての企業価値および投資リターンの長期的な拡大は実現しない。したがって，スチュワードシップ・コードで機関投資家側の働き方を変えるように促す一方で，コーポレートガバナンス・コードを導入し，企業経営者側の働き方もまた変えるように促したのである。これらの２つのコードはあくまでも１つのセットとして機能する。

筆者は２つのコードの導入は，アクティブ投資家によっては総じて歓迎されたのだと捉えている。前述のように，アクティブ投資家の動機は，独自性の発揮と優位性の確立である。そもそも経営者にどのようにエンゲージメントを実施するのか，エンゲージメントを通じてどのように企業価値を拡大し得るのかという新しい観点においても，アクティブ投資家の独自の視点，分析，対話能力などが，自身の競争力や機能発揮に直接的に結び付くからである。そして，エンゲージメントの巧拙がアクティブ投資家の競争力に直結する時代になったとも言えよう。

しかし一方で，スチュワードシップ責任の追及やその手段としてのエンゲージメントの実施において，アクティブ投資家とパッシブ投資家の間の分断はむしろ深まったと考えられる。アクティブ投資家には投資先を選定する自由があり，仮にエンゲージメントを実施したとしても投資先企業の長期的な企業価値拡大が見込めない，あるいは経営者との相互信頼関係が構築できないと判断された場合には，株式を売却することができる。一方で，パッシブ投資家にはそ

3　金融庁（2014）による。なお，スチュワードシップ責任の定義はこの後のコードの改訂により若干変更されている。

れが不可能である。この二者間の本質的な相違が，経営者とのエンゲージメントにおいてもそれぞれの考え方やアプローチの違いにつながっている。それらの相違をまとめたものが**図表4-4**となる。

図表4-4　エンゲージメントにおけるアクティブ投資家とパッシブ投資家の比較

	アクティブ投資家	パッシブ投資家
エンゲージメント手法	自己の独自性，優位性が発揮でき，個別銘柄のリターン（企業価値）拡大につながる手法	市場全体のリターン拡大や規律づけにつながる手法
エンゲージメントアジェンダ	自己の視点・分析に基づく，企業価値拡大につながる「秘策」	誰の目からも明らかな要改善点 他者の共感を得やすいアジェンダ
エンゲージメントのベース	経営者との相互信頼関係	保有比率（オーナーシップ）・議決権行使
エンゲージメントの基礎となる理論	スチュワードシップ理論	エージェンシー理論
エンゲージメントの対象	限定的な投資銘柄	広範囲にわたる投資銘柄（市場全体）
エンゲージメント不調時の対応	撤退（株式の売却）	エンゲージメントの継続 協調から圧力へ（議決権行使含む）
エンゲージメントにかけるリソース	多い	少ない
集団的エンゲージメントに対する態度	否定的	肯定的
パブリシティの利用	極めて消極的	積極的
敵対的アクティビストとの親和性	なし	比較的高い

（出典）筆者作成。

アクティブ投資家にとっては，エンゲージメントの実施は自己の独自性・優位性の発揮につながり，個別銘柄のリターン拡大につながる手段となる。したがって，他者にはない独自のアジェンダを設定し，企業経営者との対話を試みる。経営者とは相互信頼関係を構築し，経営者に「この投資家との対話は経営にとっても役に立つことが多い」と思わせることが重要となる[4]。仮に経営者との信頼関係が構築できなかった場合には，投資家の経営者に対する信頼や期待がないということになり，投資対象としての魅力度は下がることになる。その場合には，アクティブ投資家に売却する（保有しない）という選択肢があるため，相互信頼関係を構築し得る企業の株式のみを継続的に保有することが可能となる。また，アクティブ投資家は，経営者との信頼関係を重視するため，エンゲージメントはすべて非公開の個別ミーティングで実施される。対話内容は公にはされず，パブリシティを利用することはない[5]。

一方で，パッシブ投資家にとっては，投資対象が市場全体となるため，エンゲージメントは市場全体のリターン拡大や規律づけにつながる手法が必要となる。保有する銘柄が極めて多く，売却が困難なことから，たとえば企業価値拡大に関して熱心とは言えず，信頼関係が構築できない企業経営者に対してもエンゲージメントを広範囲に実施する必要がある。一方で，パッシブ投資家は報酬料率が低いため大規模なリサーチ部隊を社内に抱えることができない場合も多く，エンゲージメントにかけるリソースが一般的には豊富であるとは言えない。したがって，リソースが不足しているにもかかわらず，エンゲージメントの対象企業が多く，かつエンゲージメントから（売却によって）逃れることができないというジレンマが存在する。

ここで，パッシブ投資家，とりわけユニバーサルオーナーが取るべきエンゲージメント手法には次の２つがある。１つ目は，個々の企業の経営課題に対するエンゲージメントではなく，市場全体の底上げや課題解決につながるアジェンダを設定することである。社外取締役の増員，過大な現金保有企業に対する株主還元強化，二酸化炭素排出量の削減の取組強化などの，市場のコンセンサスを得やすいアジェンダを設定し，オピニオン・リーダーとして発信する手法である。

２つ目は，議決権の行使やアクティビスト・ヘッジファンドの採用である。

4　アクティブ投資家が企業経営者との相互信頼関係に基づき，協調的な視点からエンゲージメントを進めるとき，経営者と投資家の間には「相互スチュワードシップ関係」が成立しているといい，またその分析の理論的枠組みを「スチュワードシップ理論」と呼ぶ。スチュワードシップ理論や相互スチュワードシップ関係の研究としては，木下（2015），木下（2018），木下・森田（2019）を参照されたい。

5　集団的エンゲージメントが一般的に進まない理由は，アクティブ投資家がそれに否定的であるからと考えられる。エンゲージメントでも独自性や優位性を求めることや，経営者との信頼性を重視するためパブリシティの利用を避けたいと考えることが背景にある。

企業価値拡大に熱心とは言えない経営者に対しては，売却という選択肢が事実上ないため，エンゲージメントを継続していく必要がある。一方で，この場合には信頼関係に基づくエンゲージメントには限界があるため，議決権行使を含む圧力が有効な手段となり，パブリシティの積極的な活用や，アクティビスト・ヘッジファンドの採用を通じたエンゲージメント効果の増大が実際に行われている[6]。

このように，2つのコードの導入を通じて，機関投資家に対してはスチュワードシップ責任がこれまで以上に求められ，企業価値の拡大につながるエンゲージメントの促進が図られるようになったが，実際のエンゲージメントの目的や手段は，アクティブ投資家とパッシブ投資家の間で大きく異なっている。エンゲージメントにおいて二者間の分断は顕著なものとなっている。

2　ESG投資

(1)　アクティブ投資家とESG投資

ESG投資をめぐる一連の動向は，アクティブ投資家に対して大きな影響を与えている。ESG投資は，2006年に国連のアナン事務総長が提唱した「責任投資原則」(Principles for Responsible Investment：PRI) にその起源をさかのぼることができる。PRIは，機関投資家の投資の意思決定等に環境（E），社会（S），ガバナンス（G）の要因（ESG要因）を組み込むことを提唱し，このPRIの発足によってESG投資をめぐる動きが活発化した。そして，PRIではESG投資に関して6つの原則を定めており，これらの行動原則に賛同する世界の機関投資家やアセットオーナーがPRIに署名している[7]。日本でも2015年にGPIFがPRIに参加し，ESG投資への関心が一層高まったと言えよう。

では，アクティブ投資家はこのESG投資をどのように受け止めたのであろうか。そもそもESG要因は，アクティブ投資家にとっては非財務情報である。つ

6　米国カリフォルニア州職員退職年金基金（カルパース）が，いわゆる「物言う株主」として株主提案や議決権行使を通じて企業経営の是正を求めてきたことや，米国カリフォルニア州教職員退職年金基金（カルスターズ）がリレーショナルと組んでティムケン社の企業分割を成立させた事例，カナダ・オンタリオ州教員年金基金がパーシングスクエアを支持し，カナダ太平洋鉄道の経営陣を交代させた事例などが知られている。また，今後は従来のアクティビスト・ヘッジファンドだけではなく，環境アクティビストや人権アクティビスト等の市民団体との結び付きが注目されよう。

7　**図表4-2**に示した世界のアセットオーナー上位10機関のPRI署名動向を参照。

まり，企業側からの開示情報の中で，財務諸表で開示される情報（財務情報）以外のもので，自らの業績予想，企業価値評価，投資判断等の材料として活用される情報との位置づけである。PRI（2021）によれば，ESG要因の例は無数にあり，しかも絶えず変わっているという。一例を挙げれば，環境（E）要因としては，気候変動，温室効果ガスの排出，資源の枯渇（水を含む），廃棄物および汚染，社会（S）要因としては，労働条件，地域コミュニティ，健康および安全，従業員関係および多様性，ガバナンス（G）要因としては，役員報酬，賄賂および腐敗，取締役会/理事会の多様性および構成，税務戦略などが含まれている。アクティブ投資家は，これらのESG要因という非財務情報を有効に活用し，投資の意思決定を行っている。

ところで，アクティブ投資家の動機は，独自性の発揮と優位性の確立である。したがって，運用の高度化につなげられるのであれば，アクティブ投資家は自らの意思でこれらのESG要因を積極的に取り込もうとするだろう。また，ESG要因に対する姿勢，解釈，取り込み方は各アクティブ投資家によって本来はさまざまである。実際に，ESG要因の投資手法への反映方法はインテグレーションやエンゲージメントなど，投資家によってさまざまであり，各々の投資家が投資リターンの追求（投資リスクの低減）や企業価値の拡大を図っている。

また，一般的には短期志向の投資家ほど財務情報の重要性が高く，長期志向の投資家ほど非財務情報の重要性が高くなるということが指摘されている[8]。これは，短期の投資家は，たとえば四半期決算が市場予想を上回るかどうかにベットして投資判断を行うことがあり，この場合は四半期決算の財務情報が重要となる。一方，長期の投資家にとっては，投資スタイルや調査の視点が長期化するに従って，結果としては決算数値などの非財務情報だけでは不十分となり，非財務情報の活用が重要となる。実際に，長期のアクティブ投資家が企業の業績を長期（たとえば５年以上）にわたり予想する場合には，前述のPRIのESG要因等の非財務情報[9]を活用して収益成長の持続可能性や内在するリスクを検討している。したがって，アクティブ投資家の中でも長期的視野を持った投資家にとっては，ESG投資は取り組みやすい投資手法であったと考えられる。

8　たとえば，井口（2015）を参照。

(2)　パッシブ投資家とESG投資

アクティブ投資家に対して，パッシブ投資家はESG投資をどのように捉え，どのような取り組みを進めているのだろうか。ここでは，ユニバーサルオーナーのESG投資の動機や目的を考察する。ユニバーサルオーナーは，巨額の資金を運用しており，資本市場全体に十分に分散されたポートフォリオ運用をせざるを得ないというパッシブ投資家の側面を強く有している。

ユニバーサルオーナーは，主として財務的観点とユニバーサルオーナーシップの観点という２つの観点からESG投資を捉えている。財務的観点とは，ESG投資が投資先企業の企業価値拡大（投資リターン）につながる，あるいは投資リスクの低減につながるという観点であり，アクティブ投資家が個々の企業の分析・評価にESG要因を考慮していく考え方と同じである。

一方で，ユニバーサルオーナーシップの観点は，ESG投資を通じて地球環境や社会経済への影響を考慮し，働きかけるという考え方である。パッシブ投資家にとっては，投資対象の市場全体の投資リターンが重要となるため[10]，個別の投資対象企業の成長だけではなく，地球環境や金融市場の安定化，経済社会の持続的な成長を求めていく必要があるという観点である。

このユニバーサルオーナーシップの考え方は，本来はユニバーサルオーナー特有の考え方であり，従来のアクティブ投資家にはなかった考え方である。アクティブ投資家の存在意義は，個別企業から得られる超過収益の獲得であり，投資先企業の持続的な成長や企業価値の増大である。ESG要因を考慮し，自己の投資先企業が事業の成功を通じて，結果として地球環境や経済社会の持続的成長につながる可能性が高くなるだろうが，ユニバーサルオーナーのように積極的に市場全体への働きかけやESG実現を目的とした投資は本来目的としていない。

9　長期志向のアクティブ投資家が重要視する非財務情報としては，経営者能力に関するだけでもさまざまなものがある。経営者の経営理念，計画立案力，執行能力（困難を乗り越える意志や粘り強さを含む），ビジネスモデルの優位性，投資家との対話姿勢などがあり，これらはいずれも財務諸表等では得ることができない。

10　本来はユニバーサルオーナーシップの観点も財務的観点の側面を内包していたと考えられる。しかし，現実には，地球環境等の実現が目的化されており，財務的観点の側面が薄らいでいる。

(3) 加速するパラダイムシフト：インパクト投資の出現

前述したように，ESG投資を求める背景には，主としてアクティブ投資家が有する財務的観点と，パッシブ投資家特有のユニバーサルオーナーシップの2つの異なる考え方が存在している。ここでは，これらの考え方がどのように受け止められ現在に至っているかを明らかにするために，PRIおよびPRI関連団体[11]の3つの報告書を抜粋して考察する。

2005年に発行されたUNEP FI（2005）で，ESG投資は機関投資家が担う受託者責任と相反するものではないとの見解が示された。つまり，2005年以前には，ESG投資が受託者責任に反するかどうかということが主要な論点であった。受託者責任とは，資産運用に携わる者（受託者）が受益者に対して果たすべき責任のことであり，その責任の中には受益者の利益のためだけに忠実に職務を遂行する義務（忠実義務）が含まれている。もともとESG投資は運用母体の価値規範（たとえば宗教観など）を運用に反映することが多かったため，ESG投資の推進がそもそも受益者の利益のためだけに忠実の職務を遂行するという受託者責任の考え方に反するのではないかと捉えられていた。これに対して，UNEP FI（2005）では，投資家が財務的に重要なESG課題を考慮することは，受託者責任のもとで許容されるとの見解を示した。そして，この新たな見解が2006年のPRIの制定を後押ししたのである。しかしながら，ここでは「財務的に重要な」ESG課題と限定されており，財務的に重要でないESG課題であれば，投資家がそれを考慮していくことは受託者責任との関わりにおいてグレーと見なされていた。あくまでも，投資リターンの向上やリスク低減に対して有用であると判断される場合にのみ，ESG要因の投資への取り込みが許容されたのである。

2つ目の報告書はUN Global Compact, UNEP Inquiry, UNEP FI & PRI（2015）である。この2015年の報告書では，投資家が財務的に重要なESG課題を考慮しないことは受託者責任に反する，という点を指摘した。ここでの内容はUNEP

11　3つの報告書を発行した団体は以下のとおり。PRI（Principles for Responsible Investments；責任投資原則），UNEP FI（United Nations Environment Programme Finance Initiative；国連環境計画・金融イニシアティブ），UNEP Inquiry（United Nations Environment Programme Inquiry into the Design of a Sustainable Finance System；持続可能な金融システムのデザインに向けたUNEP調査），UN Global Compact（United Nations Global Compact；国連グローバル・コンパクト）。

FI（2005）を継承・発展させ，ESG要因の積極的な考慮を投資家に促している。しかし，一方では，「財務的に重要な」という但し書がこの段階でも存在していることにも注目すべきであろう。つまり，当報告書もアクティブ投資家が重要視しているESG投資の財務的観点との親和性は非常に高いと言える。

そして，注目すべき最後の報告書は，2021年に発行されたPRI & UNEP FI（2021）である。この報告書はインパクト投資に焦点を当てており，持続可能性へのインパクトを考慮することこそが投資活動において中核と位置づけられるようになったと論じている。投資家は今後インパクトを追求するよう求められていく可能性が高いと述べている。

PRI & UNEP FI（2021）を評価する前に，このインパクト投資について簡単に触れておきたい。インパクト投資とは，投資リターンの獲得に加えて，投資を通じた環境問題や社会的課題の解決を積極的に目指す投資のことである。つまり，従来のリターンの獲得，リスクの低減という２つの軸で評価していた投資に，環境・社会に対するインパクトという３つ目の評価軸を入れたという点で，従来の投資手法とは一線を画している[12]。その企業の事業活動の結果としての環境的・社会的な変化（インパクト）を定量的・定性的に把握し，投資判断を行う。たとえば，「気候変動」というインパクトを評価する場合には，その投資先企業が特定の期間に省エネ製品の販売を通じて，世界の二酸化炭素排出量をどの程度削減できるのかを定量的に把握することなどが含まれる。これは，アウトカムの定量的把握と呼ばれ，インパクト投資において重要なプロセスとなっている。

このように，PRI & UNEP FI（2021）では，環境問題や社会課題の解決を直接的に図る投資手法（インパクト投資）が新たなESG投資のあり方として推奨された。また，これはアクティブ投資家がリターンの獲得やリスクの低減を目的としてESG要因を重視してきた財務的観点からのESG投資ではなく，外部性の解決を目的としたユニバーサルオーナーシップの観点からのESG投資と捉えられる。今後はESG投資においても，アクティブ投資家とパッシブ投資家の

12　これは，マルコヴィッツの現代ポートフォリオ理論で提示されたリターンとリスクの二次元（二軸）評価から，それらにインパクトを加えた三次元（三軸）評価に移行することを意味する。三次元評価への移行については，Ｇ８議長国の英国によって設立された「社会的インパクト投資タスクフォース」が公表した報告書（Social Impact Investment Taskforce（2014））や，PRI（2017）で言及されている。

間の考え方の相違は一層顕著となる可能性がある。

第4節　分断が生み出すカオス

本節では，これまで議論してきたアクティブ投資家とパッシブ投資家間の分断が生み出す課題を，具体的事例を用いてアクティブ投資家の視点から説明していく。

1　アクティブ投資家に対する批判

エンゲージメントやESGを通じて環境や社会経済の持続的な実現を目指すパッシブ投資家やその行動を支持する論客には，アクティブ投資家の存在に否定的な向きが見られる。アクティブ投資家が超過収益の獲得を目指してきたその帰結として，資本市場の機能不全，格差の拡大，環境問題等の外部性の課題が指摘されている。彼らの批判は，アクティブ投資家の短期志向に問題があるのではなく，アクティブ投資自体が課題であると捉えている。超過収益の獲得を目的としたESG投資ではなく，ユニバーサルオーナーシップの考え方こそが望まれる投資の姿であり，持続可能な環境や社会を実現することを目的として投資を行うべきとの見解である。

一方で，アクティブ投資家には，投資の意思決定にESG要因を組み入れるだけでは不十分であるという考え方はなかなか受け入れられないだろう。超過収益の獲得を目指すという行為の否定は，自己の存在意義の否定であるからだ。また，アクティブ投資家にとって，投資の意思決定の基礎となるのは企業価値評価である。企業価値評価を行う過程で，経営のミッションに始まり，経営戦略の妥当性，役員や従業員の執行能力，そして外部性に対する取り組みなども財務的に重要と考えられる項目を広範囲かつ綿密に調査・評価するのだ。

一方で，パッシブ投資家は企業価値評価をアクティブ投資家と同様の形で行う必要はなく，また実際に行っていない。それは，投資の意思決定（つまり株式の売買）を行う必要がないからである。アクティブ投資すべてを否定することは，これらの調査・評価を長期的な視点から行う主体がなくなってしまうことをも意味する。その場合，各企業の成長力や競争力，効率性を考慮した価格形成を担う主体はいなくなり，企業の持続的成長が結果として一層損なわれることになるのではないか。

2　ユニバーサルオーナーとアクティブ投資家の関係

アクティブ投資家はアセットオーナーから運用を委託されるアセットマネジャーであることが多く，実際にユニバーサルオーナーである世界の代表的な公的年金基金から運用を委託される場合も少なくないだろう。また，ユニバーサルオーナーシップの考え方は公的年金基金だけではなく，より多くのアセットオーナーに共有されつつあるため，アクティブ投資家の顧客がユニバーサルオーナーシップの考え方を強く有していることも多い。そして，この場合，これまで論じてきたアクティブ投資家とパッシブ投資家の考え方の相違が顕在化することがある。

たとえば，アクティブ投資家が投資している企業が，対話によってESG要因の改善に取り組んでいるとしよう。つまり，現段階ではその企業のESG評価は高いとは言えない。しかし，アクティブ投資家はESG要因の改善を通じてその企業の収益改善や企業価値の拡大が中長期的に実現できると判断しており，それは市場のコンセンサスとは異なる。また，アクティブ投資家は経営陣との相互信頼関係を構築しており，その企業の取り組みは数年後果実をもたらすものと確信している。一方，アセットオーナーは，その企業のESG評価は現時点では非常に低いものであり，投資先となることが許容できない。すぐにでも売却してほしいということになる可能性があるのだ。

それとは逆に，その企業への投資を継続してもESG要因への企業側の取り組みはほとんど進まないだろうと判断した場合，アクティブ投資家はその企業を売却するかもしれない。その場合，アセットオーナー側が今度は売却ではなく企業とのエンゲージメントを継続すべきだと主張する可能性がある。ユニバーサルオーナーシップの考え方は，たとえその企業を売却して個別株の投資リスクを回避したとしても，社会経済全体の問題は依然として残るからである。

実際のところは，アクティブ投資家もアセットオーナーから露骨に投資の中身を指示されることは一般的には稀であると思われる。しかしながら，アクティブ投資家は，顧客であるアセットオーナーの言動には概して敏感に反応するものである。アセットオーナーとアクティブ投資家の相互信頼や，アクティブ投資家の確固たる運用哲学の確立・遂行が，ここではより一層重要となってくるだろう。

3 規制強化を通じた投資判断および投資対象の画一化

規制当局による地球環境保全や気候変動への対応に向けた取り組みは変化を続けており，投資家にも影響を与えている。筆者には，規制当局の動向は地球環境に関する取り組みの主導権を握るという政治的な意味合いが強く，当局間でのデファクトスタンダード作りが繰り広げられているように思われる。自らに有利なルール作りを行うことは自然なことであるからだ。そして，現在の主導権争いの中心に位置しているのはEUということになろう。

EUは2021年にEUタクソノミーを公表し，2050年までに温室効果ガス排出量を実質ゼロにするという目標を達成するために，環境目標や貢献する事業，判定基準を明確にした。これにより，「企業のサステナブルな経済活動とは何なのか」，「企業はどのような情報開示が必要なのか」ということにも基準が示された。アクティブ投資家にとっても，EUタクソノミーによって環境に積極的に取り組む企業はどのような企業かという判断基準が与えられたことになり，アクティブ投資家のESG評価や銘柄選択にも大きな影響を与えている。

また，EUタクソノミーと同等かそれ以上にアクティブ投資家に大きな影響を与える可能性があるのが，2021年に発効した「EUサステナブルファイナンス開示規制」（EU Sustainable Finance Disclosure Regulation：SFDR）である。SFDRは，運用会社のESG投資商品等の情報開示に関わる規則であり，運用会社のESG投資の透明性の向上を目的としている。運用会社は，自社の運用商品の１つ１つを，それがどの程度ESG要因を考慮して投資判断をしているのかという観点から分類するよう求められる。

具体的には，ESG要因を投資プロセスに取り込むなどESGへの取り組みを表明する金融商品（８条ファンド），社会課題の解決や持続可能性の強化（いわゆるインパクト）を投資の目的としている金融商品（９条ファンド），８条ファンドおよび９条ファンド以外の金融商品（６条ファンド）の３つに分類している。

では，SFDRを受けて，アクティブ投資家の動向はどのように変化するだろうか。まず，アクティブハウスの商品戦略の中心は今後，９条ファンドおよび８条ファンドが中心になることが予想される。９条ファンドは「濃いグリーン」，８条ファンドは「薄いグリーン」というラベルを貼られていることから，９条ファンドは８条ファンドよりも望ましく（環境に優しく），グリーンではない６条ファンドは望ましくない（環境に悪い）という「空気」が存在している。

さらに商品構成のグリーン化を進めるアクティブハウスが，欧州において，そしてグローバルに増えていくことになろう。

一方で，アクティブ投資家は，自己の運用戦略や投資対象の再考を求められることになる。8条および9条ファンドを運用している限りには，ESG運用の開示が求められ，ESG運用を適切に遂行していることを顧客に説明しなければならない。このため，ESG情報の開示に積極的ではない企業は今後，投資対象とならない可能性が高まってくる。企業側からのESG情報の開示が不十分だと，アクティブ投資家は自己のESG投資の妥当性を説明できないからである。したがって，たとえばTCFDの開示がそもそもあるかどうかといった視点が重要な投資判断材料になり，規制を通じた投資対象の画一化が進む可能性は排除できない。

実際に，アクティブ投資家が「グリーン」と認証できない銘柄を売るという，ダイベストメントの動きが始まっている。たとえば，化石燃料を使用し二酸化炭素を排出する機械を製造・販売する企業があるとしよう。その企業は，他社にいち早く脱化石燃料を見据え，エネルギーリソースの多様化のための研究開発を行っている。コスト低減が不十分という現状の課題はあるものの，画期的な新製品の開発・投入を通じて世界の二酸化炭素排出削減に貢献できる可能性がある。このような企業に対して，アクティブ投資家の中には株価が割安（買い）だと判断する向きもあるだろう。しかしながら，二酸化炭素の排出に関連する企業は一律投資不可として，このような企業の株式売却（ダイベストメント）に動く投資家が支配的になりつつある。また，アクティブ投資家の中には，売却に走る投資家が増加し，株価が下落するのを目の当たりにした結果，自らも他の投資家に追随して売却に向かうケースも増えていると思われる。その結果，この企業の株価は低迷し，今後は株式市場を通じた十分な資金調達ができなくなるかもしれない。そうなれば，この企業の新しい製品は世に出ない可能性もある。時間軸を冷静に定めて議論し，投資判断することも必要と思われる。

このように，アクティブ投資家の投資判断や投資対象が画一化されると，それはアクティブ投資家の一層の衰退を意味するとともに，市場の価格機能の衰退とダイナミズムの喪失，ひいては企業活動のダイナミズムの喪失につながりかねない。繰り返すが，アクティブ投資家の存在意義は独自性の発揮と優位性の確立である。デファクト化された基準値を単に受け入れただけの投資判断や商品戦略はハーディング[13]を招くだけに終わるはずである。

4 ESG評価機関の存在

ESG投資を行うアクティブ投資家にとって，ESG評価機関の存在はますます大きくなっている。ESG評価機関とは，各企業のESG評価・分析に必要なデータおよびレーティング（スコア）を機関投資家に提供している機関であり，格付け会社，投資インデックス開発会社，情報提供企業等がこのサービス提供に参入している。一説には世界のESG評価機関の数は数百に上るとも言われている。

アクティブ投資家は，自らインハウスで独自のESG評価を行う運用会社や，これらのESG評価機関の提供サービスに依存している運用会社などさまざまであるが，インハウスのESGリサーチ機能を充実させている運用会社でも複数のESG評価機関からデータ購入を行う場合が多いと思われる。それは，投資先企業から適切な開示データがない場合には，これらのESG評価機関から推定データの提供を受けた上で，自らの投資先企業やポートフォリオのESG開示を行っているからである。このように，アクティブ投資家にとって，ESG評価機関の存在はもはや必要不可欠となりつつある。

では，ESG評価機関はアクティブ投資家にどのような影響を与えているだろうか。前項で規制強化の影響について論じたように，アクティブ投資家の投資判断や投資対象が画一化されていく可能性がある。現在のところ膨大な数のESG評価機関が乱立しており，また評価機関の間でもレーティング（スコア）にはバラつきが大きいことが指摘されている[14]。しかし，評価機関の淘汰・集約が進み，少数の評価機関のレーティング（スコア）がデファクト化することは十分に予想されよう。一方，アクティブ投資家にとって，これはまさに投資価値，投資判断の画一化ということになり，ハーディングを通じたアクティブ運用の衰退につながる可能性が指摘できる。

実際に，一定の影響力を持つ有力評価機関によって低評価が付けられた銘柄については，アクティブ投資家にはダイベストメントの圧力がかかる可能性がある。そして，売却する投資家が増える前に自らが株式を売却しようと行動す

---

13 動物の集団や群れ（herding）のことであり，自らの合理的な判断や行動よりも，多くの人々と同じ行動を取ることに安心感を抱き，他人の行動に同調・追随してしまうこと。行動経済学においては，ハーディングによって集団として間違った方向に行くことが指摘されている。

14 たとえば，GPIF（2017），GPIF（2020），GPIF（2021）。

る投資家も現れるかもしれない。本来は売却ではなく，企業経営者とのエンゲージメントを通じて新製品開発などの企業のESG取り組みの改善を促し，企業価値の拡大を図るという選択肢もあると思われる。投資の時間軸や改善の確信度（つまり経営陣に対する信頼度）など，そのアクティブ投資家独自の判断が本来はあるべきで，そこにアクティブ投資家の存在意義があるのだ。しかし，現実には，ESG評価機関による低レーティング（スコア）を前にして，その銘柄を売ってしまおうとする投資家が増える可能性がある。

このように考えると，これはアクティブ投資家自身の問題ではあるが，同時にESG評価機関の問題という側面も意識されることになろう。今後はこれらの機関のレーティング（スコア）の透明性が問われることになり，各機関に対する規制の是非が議論されることになるだろう。

5　情報開示に疲弊する企業

アクティブ投資家にとって，情報開示に疲弊している企業の姿が散見される現状は，決して看過することができない。現在の企業経営者は過大とも思える情報開示の要求に直面している。有価証券報告書に加えて，サステナビリティ報告書，統合報告書，コーポレートガバナンス報告書等の開示をすでに実施している。それらに加え，乱立する数多くのESG評価機関からさまざまなESGデータの開示が要求されている。これらの機関に開示が不十分だと判断されてしまえば，低レーティング（スコア）に甘んじることになる。企業側からすれば，一体どこまで情報開示が要求されることになるのか不安になっていることだろう。しかも，それにもかかわらず，まだ情報が足りないと言っている「投資家」に不満を抱いている企業経営者も多いのではないだろうか。

アクティブ投資家の立場からすれば，確かにもう少し情報開示が進んだ方が企業価値評価に有用だと思われる情報もあるかもしれない。しかし，これ以上の「量」の開示が進んだとしても，それを有効に活用できるとは思えない情報も多い。特に，ESG（サステナビリティ）要因に関する情報に関しては，この傾向が強い。

そして，この課題は，企業の開示が誰のための開示なのかという問題に帰着する。開示の対象の１つの考え方は，シングルマテリアリティと呼ばれ，情報の発信先は投資家を想定している。開示情報のマテリアリティ（重要性）を財務的マテリアリティに置き，ESG要因がその企業の業績や財政，成長にどのような影響を与えるのかという観点から開示を行っていく考え方である。この考え方はIFRS財団などによって支持されており，アクティブ投資家の賛同もまた得やすいだろう。

一方，EUを中心とした情報開示の考え方にダブルマテリアリティがある。ダブルマテリアリティは，財務的マテリアリティと環境・社会的マテリアリティの２つの側面から重要性を検討し開示するという考え方である。環境・社会的マテリアリティとは，企業活動の結果が環境や社会に対してどのような影響を与えるのかという観点から行う開示であり，情報の発信先は，より幅の広

図表４-５　ESG投資におけるアクティブ投資家とパッシブ投資家の比較

	アクティブ投資家	パッシブ投資家
ESG投資の動機	財務的観点	財務的観点 ユニバーサルオーナーシップの観点
ESG要因の考え方	企業価値評価に不可欠な非財務情報	地球環境の改善・社会経済の持続性等の達成すべき目的
ESG投資の種類	ネガティブスクリーン，ポジティブスクリーン，ダイベストメント，インテグレーション，エンゲージメント　等	左記に加え，インパクト
ESGマテリアリティ	シングルマテリアリティ	ダブルマテリアリティ
企業の情報開示に対する考え方	財務的マテリアリティを重視する立場であり，開示は概ね十分との立場。開示に疲弊する企業の現状を懸念	環境・社会マテリアリティの一層の充実を望んでおり，開示は不足しているとの立場
規制に対する一般的な考え方	投資対象や投資視点の画一化につながるため反対の立場	地球環境の改善・社会経済の持続性を後押しすることが期待されるため，賛成の立場
SFDR対応	６条ファンド・８条ファンド・９条ファンド 商品のグリーン化の圧力を受ける	９条ファンド
ESG評価機関に対する一般的な考え方	必要不可欠な存在。ただし，カオスの一因との認識も	地球環境の改善・社会経済の持続性を後押しすることが期待されるため，存在を支持。一部で評価の統一化（画一化）を求める声も

（出典）筆者作成。

いステークホルダーである，一般市民，消費者，従業員，サプライチェーン関係者等が想定されている。つまり，情報開示をめぐって疲弊している企業の背景には，２つの異なるマテリアリティの視点と，膨張するステークホルダーという問題が存在している。

このように，情報開示においても，またアクティブ投資家とパッシブ投資家の視点の対立を指摘することができる。つまり，アクティブ投資家がESG要因を取り込んで最終的には企業価値を評価するための情報開示なのか，反対に，パッシブ投資家が企業活動の結果として生じる外部性（ESG要因への影響）を評価するための情報開示なのかという２つの対立軸が存在している。そして，この分断によって企業が情報開示に疲弊しているという現実があるのだ。

第５節　カオスの解消に向けて

本章では，アクティブ投資家が過去数年にわたって経験したエンゲージメントとESG投資のメインストリーム化に関する動向を説明し，その結果として現在アクティブ投資家が直面しているさまざまな課題について論じてきた。そして，その課題の多くには，アクティブ投資家とパッシブ投資家の間の本質的な相違が背景にある。

では，現状のカオスを解消していくには，どのようなことを行うべきだろうか。第１に，アクティブ投資家とパッシブ投資家の間の本質的な違いをお互いに認識した上で議論を深めることが重要である。現在のところ，関係者の間でこれらの相違が明確に意識された上で議論が進められているとは言い難い。両者の差異は，何を目的として投資を行うのかという投資の意義から始まり，企業経営者のエンゲージメントに対する考え方やその手法，規制当局の動向の受け止め方，ESG評価機関に対する対応，ESG投資やグリーン投資に対する考え方，そしてESG要因のマテリアリティの捉え方と要求する開示情報に至るまで，さまざまな点で大きな差異を生み出している。そして，規制当局の主導権争い，各種の市民団体の活動や，ESGを恰好の事業機会と考える各企業・団体の関与・参入が急激に進んだために，この差異が分断を生み出し，そしてカオスにつながっているとも考えられる。両者の差異を正しく認識し，建設的な議論を心がけることが肝要である。

第２には，両者の差異から生じる溝や分断を埋める努力を検討していくことである。つまり，歩み寄りができないかどうかを検討することだ。アクティブ投資家は，企業価値評価を（明示的に）行わない投資や，投資リターンの獲得を（明示的に）目的としない投資などは投資ではないと考えるかもしれない。一方，パッシブ投資家は，社会全体の底上げを考えない個別企業の利益最大化を目指す投資こそが現状の格差や不均衡，そして社会経済の持続性に対する外部性を生み出してきたのだと考えるかもしれない。しかしながら，企業経営者の視点では，持続的に企業価値を拡大させることを目的とする経営と，持続的な社会経済の実現を目的とする経営には，実のところ大きな差異はないのかもしれない。企業経営者は，期間収益を確保し，中長期的な持続的成長を実現し，企業価値の拡大を図りながら，その企業のミッションを果たした上で，経済社会の課題解決や持続的社会の実現に寄与していくのである。それが結果であるか目的であるかは，企業経営者の立場では厳密に分けることができないのかもしれない。このように投資家も企業経営者の視点から学ぶことは多く，ここに分断解決のヒントがあるのかもしれない。

そして最後の点として，アクティブ投資家の復権を挙げたい。ここでのアクティブ投資家とは長期のアクティブ投資家であり，短期筋を含んでいない。いわゆるペイシェント・キャピタルと呼ばれている投資家層を指している。ペイシェント・キャピタルとは，その企業や経営者が中長期的な企業価値を高めてくれるとの期待や信頼が揺るがなければ，短期的な業績の落ち込みや株価の下落を許容し，より高い長期リターンを狙う投資家であり，またエンゲージメントを通じて企業の持続的な成長に寄り添う投資家[15]のことである。

一方で，英国のケイ・レビュー[16]が指摘したように，長期のアクティブ投資家の不在，つまり市場のショートターミズム（短期志向化）によって，企業の持続的成長に必要な研究開発等の成長投資が阻害され，ひいては経済全体の成長が阻害される危険性がある。また，日本には特に長期のアクティブ投資家

15　コーポレートガバナンス・コード（2015）は序文［本コードの目的］8項において「本コードは，市場における短期主義的な投資行動の強まりを懸念する声が聞かれる中，中長期の投資を促す効果をもたらすことも期待している。市場においてコーポレートガバナンスの改善を最も強く期待しているのは，通常，ガバナンスの改善が実を結ぶまで待つことができる中長期保有の株主であり，こうした株主は，市場の短期主義化が懸念される昨今においても，会社にとって重要なパートナーとなり得る存在である」としている。

16　Kay, J.（2012）.

層がいない要因として，伊藤レポート[17]では，長年にわたる間接金融による資金調達，アセットオーナーの専門性や人員の弱さ，インデックス投資への偏重，独立したアセットマネジャーの不在，セルサイドアナリストの機能低下，人材評価の仕組みの未整備などが指摘されてきた。このように，長期のアクティブ投資家の不在は，従来から指摘されている世界的な課題であり，とりわけ日本においてはその傾向が強く，構造的な問題と認識されている。

このような日本の株式市場での長期のアクティブ投資家層の薄さが，株式市場のボラティリティを一層拡大させ，それが短期筋の収益機会を増大させ，そしてそれがさらにボラティリティの拡大と短期筋の流入を呼び込むという悪循環に陥っている。経営者からは，対話に応じてもまともな話ができるアクティブ投資家がいない，とりわけ時間軸が噛み合わないという不満が聞かれているのも事実である。

長期のアクティブ投資家（ペイシェント・キャピタル）に対する期待が高まり，アクティブ投資家の機能が再評価されれば，アクティブ投資家とパッシブ投資家の間の議論はもっと建設的なものになるのではないか。現在は，アクティブ投資家の存在感が低下しすぎており，議論にさえ辿り着いていないというのが筆者の実感である。自戒の念を込め，カオスの解消に向けては長期アクティブ投資家の復権が必要だという点を改めて指摘して，本章の結びとしたい。

（付記）　本章に示した見解はすべて筆者の個人的見解であり，筆者が所属または関係する企業・組織を代表する見解を示すものではない。

【参考文献】

井口譲二（2015）「企業価値向上のイメージを描写する情報開示」，北川哲雄編著『スチュワードシップとコーポレートガバナンス：２つのコードが変える日本の企業・経済・社会』東洋経済新報社，第５章，pp. 109-137。

木下靖朗（2015）「経営者とのスチュワードシップ関係を追求する機関投資家像」，北川哲雄編著『スチュワードシップとコーポレートガバナンス：２つのコードが変える日本の企業・経済・社会』東洋経済新報社，第６章，pp. 143-168。

17　経済産業省（2014）。

木下靖朗（2018）「なぜ投資家・経営者間の対話は失敗に終わるのか：コーポレートガバナンス理論を踏まえた一考察」，『経営哲学』15（1），pp. 4-17。

木下靖朗・森田充（2019）「企業経営者とのエンゲージメントを担うバイサイドアナリストの役割：いかにして経営者との相互スチュワードシップ関係を構築するのか」，『証券アナリストジャーナル』57（12），pp. 26-38。

金融庁（2014）「「責任ある投資家」の諸原則≪日本版スチュワードシップ・コード≫—投資と対話を通じて企業の持続的成長を促すために」。

金融庁（2015）「コーポレートガバナンス・コード～会社の持続的な成長と中長期的な企業価値の向上のために～」。

経済産業省（2014）「伊藤レポート『持続的成長への競争力とインセンティブ：企業と投資家の望ましい関係構築』プロジェクト最終報告書」。

GPIF（2017）プレスリリース「ESG指数を選定しました」2017年7月3日。

GPIF（2020）「2020年度ESG活動報告」。

GPIF（2021）「2021年度ESG活動報告」。

Kay, J.（2012）*The Kay Review of UK Equity Markets and Long-Term Decision Making, Final Report,* BIS, London.

PRI（2017）*The SDG Investment Case.*

PRI & UNEP-FI（2021）*A Legal Framework for Impact: Sustainability Impact in Investor Decision-Making.*

Social Impact Investment Taskforce（2014）*Impact Investment: The Invisible Heart of Markets.*

UN Global Compact, UNEP Inquiry, UNEP FI & PRI（2015）*Fiduciary Duty in the 21st Century.*

UNEP FI（2005）*A Legal Framework for the Integration of Environmental, Social and Governance Issues into Institutional Investment,* Freshfields Bruckhaus Deringer.

Wills Towers Watson（2021）*Global Top 300 Pension Funds,* A Thinking Ahead Institute and Pensions & Investments.

第5章

ESGインテグレーションとは何か

第1節　ESGインテグレーションの潮流

1　ESGインテグレーションの拡大と定着

近年，地球環境問題やさまざまな社会的課題，企業を取り巻くステークホルダーとの関係性，コーポレート・ガバナンスの状況等といった，いわゆるESG要因についての分析や評価を投資のプロセスにおいて実施・活用する動きが機関投資家の間に広がっている。

図表5－1は，ESG投資の代表的な運用手法別の投資残高の経年変化を示したものであるが，世界的にみても，日本だけを抜き出してみても「ESGインテグレーション」と呼ばれる手法が直近にかけて大きく拡大し，大きな割合を占めていることがわかる。ESGインテグレーションは今日のESG投資[1]において最も盛んに行われている手法の1つとなっている。

1　ESG投資という言葉に関して，本来は「ESG integration」あるいは「ESG incorporation」と呼ばれる特定の運用手法を指す言葉だという指摘（JSIF（2021a）「日本サステナブル投資白書2020」）もあるが，日本語の媒体においては，日系のメディアをはじめとしてESG投資という言葉がより広い意味で用いられている場合が少なくないことを踏まえ，本章では責任投資・社会的責任投資・サステナブル投資・インパクト投資などを含む投資活動を総称する言葉として用いる。

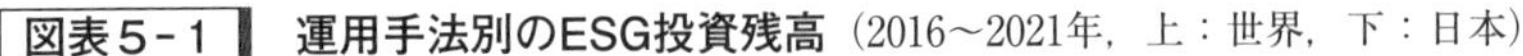

図表5-1　運用手法別のESG投資残高（2016～2021年，上：世界，下：日本）

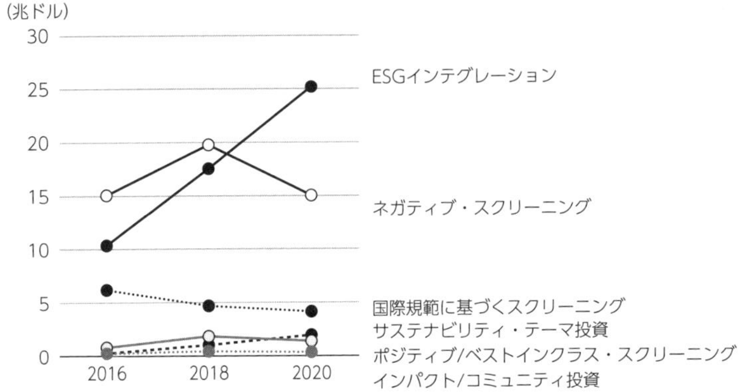

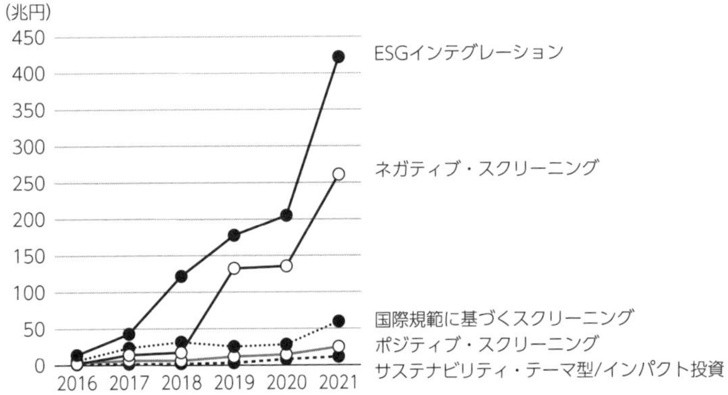

注：原典ではサステナブル投資と表記されているものをESG投資と読み替えている[2]。
（出典）GSIA（2021）“Global Sustainable Investment Review 2020”，JSIF（2021a），JSIF（2021b）「サステナブル投資残高アンケート 2021 調査結果」，同（2018）「日本サステナブル投資白書2017」をもとに筆者作成。

機関投資家がESGインテグレーションを行う動機は必ずしも単一のものではないと考えられるが，その多くは運用リターンの改善や，運用におけるリスク低減を狙いとしていると推察される。たとえば，わが国においても，気候変動などの地球環境問題への配慮，人権の尊重，従業員の健康・労働環境への配慮，公正・適切な処遇，取引先との公正・適正な取引，自然災害等への危機管理と

2　脚注1参照。

いったサステナビリティをめぐる諸課題は，2021年6月に改訂された「コーポレートガバナンス・コード」の中で，中長期的な企業価値向上の観点から取締役会が積極的・能動的に考慮するよう検討を深めるべき事柄として具体的に例示されている。多くの企業の経営にとって，これらが無視することができない事柄になってきているということは，すなわち，運用リターンの向上やリスク低減を目指す機関投資家にとっても無視できなくなってきている事柄であることを意味する。ESG要因に関する分析や評価の実施・活用が投資のプロセスにおいて重要である（すなわち，ESGインテグレーションが重要である）という認識は，一定程度で定着しつつあると考えられる。

ESGインテグレーションの定着を示唆する，もう1つの象徴的な出来事は，2019年に行われた年金積立金管理運用独立行政法人（GPIF）による「業務方針」の改定である。

GPIFといえば約199兆円[3]の運用資産を持つ世界最大の年金基金であり，また独立行政法人という行政機関に準ずる機関であることから，上述の業務方針をはじめさまざまな規程等が情報公開されている。その業務方針について，2019年8月に行われた改定の際に，運用委託先の運用プロセスの評価項目として「ファンド特性に適したESGインテグレーション（ESGを投資分析及び投資決定に明示的かつ体系的に組み込むこと。）を実施しているか」[4]という視点が追記された。これは，株式または債券運用の委託先の運用プロセス評価において，「ESGポリシー，ESG情報の収集と重要性分析，企業/セクターへの影響の変化，投資判断への活用等」を評価するということを明確化するものであり[5]，ESGインテグレーションが特定の運用委託先においてのみ行われることが期待される活動ではなく，基本的にはすべての運用委託先において適切に実施されることが期待される事項へと昇華したことを物語っている。

さらに近年，運用リターンの向上やリスク低減のみならず，ESG投資活動を通じた地球環境や社会経済システムのサステナビリティ向上への効果に対する関心や期待が高まっている。その代表例は，「インパクト」（投資先企業の企業

3　2021年9月末時点（GPIF「2021年度の運用状況」）。（https://www.gpif.go.jp/operation/the-latest-results.html（2021年11月13日最終アクセス））。

4　GPIF（2019）「業務方針」（令和元年8月1日改正）の「第5　運用受託機関の選定及び評価等に関する事項，4．総合評価の方法，（1）運用受託機関」を参照。

5　GPIF（2020）「2019/20年 スチュワードシップ活動報告」（2020年3月）p.18。

行動を通じて生じる地球環境や社会経済への影響を，投資行動を通じてより望ましい方向に変化させること）を創出しようという明確な意図をもって行われる「インパクト投資」と呼ばれる投資活動であるが[6]，その他にも，欧州で2021年３月に施行された「金融サービスセクターにおけるサステナビリティ関連情報開示に関する規則」（通称SFDR）[7]においては，インパクトを生み出そうという意図をもって行われるものではないが，結果として環境面や社会面の改善効果を伴う投資を区別して分類し，情報開示を求める仕組みが設けられている[8]。

通常，こうした投資のプロセスにおいても，Ｅ（環境）やＳ（社会）に関する要因についての分析や評価が必要であることを踏まえると，ここでもESGインテグレーションとの接点が生じる[9]。なお，**図表５-１**ではインパクト投資という分類が設けられているが，実際にはESGインテグレーションとインパクト投資の両方に重複集計されているインパクト投資が少なくないと推察される。本章の目的は，足許で拡大と定着が進みつつあるESGインテグレーションに焦点を当て，その実像に詳しく迫ることである。

2　ESGインテグレーションの定義と要素分解

まず，ESGインテグレーションの定義を確認するところから議論を始めたい。**図表５-２**はESG投資に関連する世界の主要な組織によるESGインテグレーションの定義を集約したものである。「Integrate」という英単語は「……を，……と統合する」という意味であるが，**図表５-２**を総合すると，ESGインテグレーションは，「ESG課題」，「ESG要因」，「ESGのリスクと機会」を，「財務分析」，「投資分析と投資決定」，「通常の運用プロセス」と，「体系的」，「明示

6　インパクト投資の詳細については，たとえば金融庁（2020）「上場株式投資におけるインパクト投資活動に関する調査」や，林寿和（2020）「上場株式におけるインパクト投資の潮流と可能性」『資本市場』（422），pp.28-36などを参照。

7　SFDRはSustainable Finance Disclosure Regulationの略である。正式名称はRegulation（EU）2019/2088 of the European Parliament and of the Council of 27 November 2019 on sustainability-related disclosures in the financial services。

8　こうしたファンドは，規則の該当する条番号を取って「８条ファンド」と一般に称される。「ライトグリーン」（うす緑）とも表現される。

9　８条ファンドとしての要件を満たすための方法論に関する業界のコンセンサスはまだ形成されていないものの，現時点で８条ファンドとして登録されているファンドにおいては，ESGインテグレーションが比較的よく用いられていることが報告されている（Bioy, H. Jmili, S. & Pettit, A.（2021）“SFDR: Four Months After Its Introduction? Article 8 and 9 Funds in Review”）。

図表5-2 ESGインテグレーションの定義

機関名称	ESGインテグレーションの定義
責任投資原則（PRI）	ESG課題を投資分析と投資決定に明示的かつ体系的に組み込むこと。
グローバル・サステナブル・インベストメント・アライアンス（GSIA）	資産運用管理者が，ESG要因を財務分析に明示的かつ体系的に組み込むこと。
US SIF	資産運用管理者が，ESGのリスクと機会を財務分析に明示的かつ体系的に組み入れること。
Eurosif	・資産運用管理者が，ESGのリスクと機会を伝統的な財務分析と投資決定に，体系的なプロセスと適切なリサーチ資源に基づいて，明示的に組み込むこと。 ・主流の投資のプロセスにおいて，財務的要因と並んでESG要因を明示的に考慮することを対象とする。 ・統合のプロセスでは，ESG課題の企業の財務への潜在的な影響（プラスまたはマイナス）に焦点を当てる。それは投資決定に影響する可能性がある。
日本サステナブル投資フォーラム（JSIF）	通常の運用プロセスに，ESG要因を体系的に組み込んだ投資。

（出典）PRI & CFA Institute（2018）"ESG in equity analysis and credit analysis", GSIA（2021），USSIF<https://www.ussif.org/esg>（2021年11月13日最終アクセス），Eurosif <https://www.eurosif.org/responsible-investment-strategies/>（2021年11月13日最終アクセス），JSIF（2021a）をもとに作成。英文は筆者による仮訳，下線は筆者が追加。

的」に統合するものと定義づけられている。用いられている表現に若干の違いはあるものの，概ね同じような概念を指していると考えられる（ただし，Eurosifに限っては，ESG要因が企業の財務に与える影響に焦点が当てられており，他の組織よりもその意味するところが絞り込まれている）。

このようにESGインテグレーションは言葉で定義づけられてはいるものの，単刀直入に言って極めて漠然とした定義でしかなく，ESGインテグレーションと「そうでない投資」の境界線は曖昧である。特に「体系的・明示的な統合」については，何をもって「体系的・明示的」とするか解釈の余地が大きい。

加えて，ESGインテグレーションを行う主な現場である資産運用会社の多くは，競争上の理由などからESG要因の分析や評価の詳細を公にすることは稀であり，ESG要因の考慮を統合することで投資ポートフォリオの構築結果やその運用成績にどの程度影響したかは，外部からはなかなか見えにくいという事情もある。これは構造上やむを得ないものと言えるが，「社会的スクリーンのような明示的なプロセスがないので，外部から見ても，なにをしているのかわからない。極端なことをいえば，統合評価を標榜しながらも実際には何もしていないかもしれない」[10]といった指摘はかねてより存在する。

さらに，ESG投資が急速に拡大し，巨額の投資資金が動くようになった昨今，いわゆる「ESGウォッシュ」（見せかけESG/名ばかりESG）に関する議論や懸念も高まっている[11]。

本章では，ESGインテグレーションの実像に迫る観点から，ESGインテグレーションをその主な構成要素に分解した上で考察するアプローチをとる。具体的には，「ESG要因を分析・評価する段階」（以下「ESG評価段階」）と，「ESG評価の結果を運用プロセスに組み入れる段階」を区別し，各々について次節以降で掘り下げて議論を進める。

なお，ESGインテグレーションについては，上場株式投資において，ポートフォリオマネジャーやアナリストによる判断を通じてTOPIXなどの市場ベンチマークを上回る運用リターンを目指す「ジャッジメンタル運用」において盛んに行われてきたという歴史的経緯があるものの，その定義に立ち返れば，特定のアセットクラスや運用手法においてのみ実施可能な運用手法ではない。今日では，ジャッジメンタル運用以外の「パッシブ運用」や「クオンツ運用」においても盛んにESGインテグレーションが行われている。さらに，アセットクラスについても，上場株式投資だけでなく，債券投資や不動産投資，未上場株式投資などさまざまな資産クラスにおいてESGインテグレーションの実践が広がってきている。

10　水口剛（2013）『責任ある投資―資金の流れで未来を変える』岩波書店，p.87。

11　一例として，金融庁は資産運用業の実態を調査した報告書で，国内株式型ファンドのESGスコアには，ESG関連ファンドとその他のファンドで「大きな違いは見られない」と指摘している（金融庁「資産運用業高度化プログレスレポート2021」）。

第２節　ESGインテグレーションの要素分解①：ESG評価段階

１　ESG評価の実施主体

資産運用会社におけるESGインテグレーションの土台となるESG評価は，資産運用会社自らが実施している場合のほかに，社外のESG評価機関のESG評価を活用している場合がある。後者は，通常，資産運用会社等向けに有償サービスとして提供されている[12]。

世界の資産規模上位50の資産運用会社に関する調査報告（**図表５－３**）によると，50社のうち46社，割合にして92％の資産運用会社が，少なくとも１社以上のESG評価機関またはESGデータ提供機関[13]を活用しているという。複数社を活用することも珍しくなく，４社以上を活用している資産運用会社が50社中20社を占めている。資産運用会社によるESG評価機関またはESGデータ提供機関の活用は相当程度，広まっているのが実態といえる。

他方，同じ調査報告によれば，この50社のうち実に30社において，当該資産運用会社独自のESG格付けが作成されているという。こうした調査結果から推察されるのは，資産運用会社の多くが，外部のESG評価機関によるESG格付けなどの情報を活用しつつ，そこに独自の分析を付加して自社独自のESG格付けを作成しているという点である。もちろん資産運用会社の中には外部のESG評価機関を一切活用することなく，独自のESG格付けを作成しているところもある。資産運用会社によるESG評価機関の活用の度合いはさまざまである。

12　ESGインテグレーションへの活用に特化した調査ではないが，ESG関連のデータやサービスの市場規模は2020年時点で22億ドル，2025年には51億ドルに達する見込みであると試算されている（UBS（2020）“Future Reimagined: Will ESG Data and Services Demand Accelerate Post-COVID & Who Will Win?”)。(https://www.ubs.com/global/en/investment-bank/in-focus/covid-19/2020/esg-data-and-services.html（2021年11月13日最終アクセス))。

13　本章においてESGデータ提供機関とは，企業等のESG格付けは提供しないものの，ESGに関する各種データや一次情報を提供する機関を意味する。

図表5-3 世界の資産規模上位50の資産運用会社のESG評価をめぐる現状

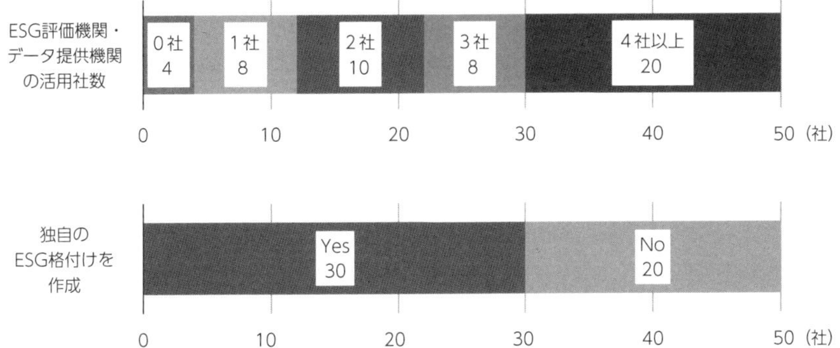

（出典）Hirai, A. Brady, A. & SquareWell Partners（2021）"Managing ESG Data and Rating Risk". https://corpgov.law.harvard.edu/2021/07/28/managing-esg-data-and-rating-risk/（2021年11月14日最終アクセス）をもとに筆者作成。

2 ESG評価は何を測るための「モノサシ」か

（1）「ESG的に良い」という言葉の多義性

さて，主にESG評価機関または資産運用会社において行われているESG評価であるが，そのESG評価は一体何を測るためのものであろうか。言い換えれば，ESG評価の基準という「モノサシ」を企業に当てはめることで浮かび上がってくる企業間の差異は何を意味するのか，すなわち，ESG評価が高い企業（あるいは低い企業）とは一体どのような企業なのであろうか（なお，ESG評価の対象は個別企業に限られるものではなく，国や産業などさまざまな対象が考えられるが，ここでは最も一般的な企業を評価対象とするものを念頭に置いて話を進める）。

昨今，「ESG的に良い企業行動」とか「ESGの観点から相応しくない企業行動」といった表現を目にすることがある。こうした言葉の使用者は，環境に対して優しい，ステークホルダーに対して誠実である，健全なガバナンスが機能している，といった意味合いで「ESG」という言葉を捉えているものと推察されるが，「ESG的に良い」，「ESGの観点から相応しくない」とは具体的にどういう判断基準によるのか。ESGインテグレーションの実務においては，この点をより明確化して捉えることが重要だと考えられる。

ここで，世界の代表的なESG評価機関における最も基幹的なプロダクトと考えられるESG格付けが何を測ろうとしているのかについて，公開情報を手掛かりに調べてみると，次のような記述を確認することができる。あくまで当該記述のみに基づく推察に過ぎないが，企業が晒されているESGに関するリスクに対して，企業がどの程度対処しているか，どの程度管理が行き届いているかを測ろうとしていると推察される。

図表５-４　ESG評価機関のESG格付けについての記述

評価機関	ESG格付けについての記述（原文ママ抜粋）
評価機関Ａ	「ESGレーティングモデルは，調査対象企業の事業特性をもとに潜在的なESGリスクに対する取り組みを評価します。」
評価機関Ｂ	「企業は，業界固有のESGリスクに対するエクスポージャーと，同業他社と比較した当該リスクに対する管理能力に応じて，「AAA」から「CCC」の尺度で格付けされます。」
評価機関Ｃ	「ESGリスクレーティングは，各発行体が産業特性，そして事業特性に固有のマテリアルなESGリスクに晒されている度合い（Exposure），そして各発行体におけるそれらのリスクの管理状況（Management）の把握を試みるものです。」

（出典）日本取引所グループ「JPX ESG Knowledge Hub：ESG評価機関の紹介」。https://www.jpx.co.jp/corporate/sustainability/esgknowledgehub/esg-rating/index.html（2021年11月13日最終アクセス）より抜粋し，筆者作成。

他方でESGに関する「リスク」ではなく，ESGに関する「ビジネス機会」により焦点を当てたESG評価というものも考えられる。一例に過ぎないが，筆者が所属するニッセイアセットマネジメントでは，企業のESGに関する取り組みと将来のキャッシュフロー創出力との関係に着目したESG評価を行っている[14]。この場合のESG評価が高い企業とは，ESGに関する取り組みを通じて将来キャッシュフローの創出が期待される企業ということである。

上記に加えて，投資家の間で，「（投資先の）企業活動に伴って生じる地球環境や社会経済への影響」を評価しようという動きが広がっている。その代表例が「インパクト投資」[15]と呼ばれる投資活動である。本章でインパクト投資の詳細について踏み込むことは控えるが，インパクト投資活動において重視され

14　ニッセイアセットマネジメント「スチュワードシップレポート2021」。

15　脚注６参照。また，環境省は2021年に「グリーンから始めるインパクト評価ガイド」を取りまとめて公表している。

る「インパクト測定・マネジメント」(Impact Measurement and Management：IMM)[16]と呼ばれるプロセスにおいては，投資先企業が企業活動を通じて地球環境や社会経済にどのような影響を及ぼしているか，さらには，投資活動によってその影響を投資家が望ましいと考える方向にどの程度変化させることができたか，といったことを定量的・定性的に測定し，PDCAサイクルを回しながら投資活動を進めていくことになる。

インパクト投資と銘打った投資活動以外にも，機関投資家の間で投資先企業における「ネットゼロ」(温室効果ガス排出量の実質ゼロ）への貢献を目指す動きも広がっている[17]。こうした活動の一環として，ネットゼロ貢献の進捗状況を測ることも，「投資先の企業活動に伴って生じる地球環境への影響」を評価しようという行為の一種と言える。また，欧州で導入されたSFDR[18]においても，一部の金融商品等について「投資先の企業活動に伴って生じる地球環境や社会経済への影響」を評価し，開示することが求められることになる。

このように，一口に「ESG評価」と言っても，何を測るためのものか，その中身は多種多様なものが考えられる。上記で述べた例もあくまで一部であり，この他にもさまざまな「モノサシ」が考えられる。「ESG的に良い/相応しくない」といった言葉では表現しきれない評価基準の多様性がそこに存在する。ESGインテグレーションに対する理解を深めるためには，そこで用いられるESG評価がいったい何の測定を狙いとしているのかという点を明確に捉えることが重要と考えられる。

(2) ESG評価機関による評価の「バラつき」

ここで，若干蛇足になるが，昨今，ESG評価機関による企業のESG評価結果のバラつきが極めて大きいことが指摘され[19]，一部の間で議論の的になっている。ESG投資の資産残高が拡大し，ESG評価機関の評価いかんで多額の投資資金の行方が左右されるようになってきているという背景も，こうした指摘への

---

16 IMMについては，GSG国内諮問委員会 IMMワーキンググループ「インパクト投資におけるインパクト測定・マネジメント実践ガイドブック (2021)」などを参照。

17 最近の代表的な投資家イニシアチブの例として，Paris Aligned Investment Initiative，Net-Zero Asset Owner Alliance，Net Zero Asset Managers initiative，Net-Zero Banking Alliance，Net-Zero Insurance Allianceなどがある。

18 脚注7参照。

注目が高まっている要因であることは間違いない。

たとえば，GPIFは毎年度，FTSE社とMSCI社のESG評価の相関係数について報告しているが，日本企業についてみると，ESG評価の相関係数は2017年３月時点で0.356，2021年３月時点で0.462となっている[20]。一定の正の相関は認められるものの，必ずしも高い相関があるとまでは言えない状況である。また，ESG評価のＥ・Ｓ・Ｇの内訳別の相関係数をみると，Ｓ評価やＧ評価において特に相関係数が低く，0.090（Ｓ評価），0.141（Ｇ評価）となっている（いずれも2021年３月時点）。

ただし，ESG評価機関によってESG評価結果のバラつきが大きいことに関して，「本来は一致すべきだ」と考えるのは，前述したESG評価の「モノサシ」の多様性を踏まえると，やや拙速な議論といえる。というのも，そもそもESG評価によって測ろうとしているものが違うのであれば，評価結果が異なるのは極めて自然なことだからである。

加えて，もし仮に測ろうとしているものが同じであったとしても，評価結果が一致するとは限らない。なぜなら，そもそもESG評価というのは単なるデータやファクト（事実）ではなく，それらに対して何らかの意見や判断が付されたものである。同じデータやファクトに対する意見・判断が人によって異なることは，現実社会においてよくあることである。この点に関して，オレゴン大学のデーン・クリステンセン准教授らによる実証研究[21]では，企業による情報開示の量が少ないほどESG評価の不一致が小さく，情報開示の量が増えるほどESG評価の不一致が強まる傾向が指摘されている。この結果について，データやファクト自体が乏しければ意見・判断は割れにくく，その逆もまた然りと見ることもできるのではないだろうか。

いずれにしても，ESG評価がいったい何の測定を狙いとしているのかという点を，まずはしっかりと意識することが重要であるのは間違いないと言える。

19　この点をいち早く指摘したのはGPIF（2017）「ESG指数を選定しました」。また，ESGスコアの違いに関する国内外の研究論文のレビューや，ESG評価機関５社間のESGスコアの相関係数等については湯山智教（2020）『ESG投資とパフォーマンス：SDGs・持続可能な社会に向けた投資はどうあるべきか』一般社団法人金融財政事情研究会に詳しい。

20　GPIF（2021）「2020年度ESG活動報告」。

21　Christensen, D. M. Serafeim, G. & Sikochi, A.（2021）“Why is Corporate Virtue in the Eye of the Beholder? The Case of ESG Ratings” *The Accounting Review*.

3　ESG評価のアプローチの違い

第２節２ではESG評価を通じて何を測りたいのか，すなわちESG評価の目的についてその多様性を確認したが，同時に，どのようなアプローチでそれを測るのかについても評価者によって違いが存在する。

図表５-５はESG評価における２つの異なるアプローチの内容や特徴等を整理したものである。これらは両極端に位置するものであり，実際にはグラデーション，すなわち両者の性質を併せ持つ中間的なESG評価も少なくないと考えられるが，ESG評価のアプローチの違いについて理解を深める上で，両極端に位置する２つのアプローチを比較して考察する意義は大きいと考えられる。

図表５-５　ESG評価のアプローチについての比較

	定式化されたスコアメーキング	ジャッジメンタルな評価
内　容	客観的・定量的な評価基準に則ってESGスコア・格付けを決定するアプローチ	評価の目的や考え方に照らして，ヒト（アナリスト等）が個別に判断を下して評価を決定するアプローチ
特　徴	評価結果の客観性・再現性が高い（誰が評価しても同じ結果が得られる）	個々の企業の特性・状況を勘案した柔軟な評価が容易
	評価結果が連続量に近い値で表現されやすい（たとえば0～100の範囲内でスコアを算出する，等）	評価結果が離散量で表現されやすい（たとえば評価が高い順にA，B，C，D等）
留意点	形式的な評価に陥らないための工夫が必要	評価が恣意的・属人的にならないための工夫が必要 評価者に相応の経験が必要

（出典）各種資料をもとに筆者作成。

まず１つ目のアプローチは「定式化されたスコアメーキング」である。これは客観的あるいは定量的な評価基準をあらかじめ設けた上で，そのルールに従ってESGスコアや格付けを決定する方式である。たとえば，日本の企業統治指針（コーポレートガバナンス・コード）[22]では「プライム市場上場会社は……（中略）……独立社外取締役を少なくとも３分の１（その他の市場の上場会社においては２名）以上選任すべき」との原則があるが，企業のガバナンスの良し悪しを測る指標の１つとして，この原則を満たしている企業はX点，満たして

22　東京証券取引所（2021）「コーポレートガバナンス・コード（2021年６月版）」。

いない企業はＹ点といったスコアリング基準を設けるのが「定式化されたスコアメーキング」である（この場合，Ｘ＞Ｙ）。ルールベースのESG評価であるがゆえ，基本的には誰が評価を行っても，同じ企業の評価は同じになるはずである（すなわち評価の再現性が高い）。また，最終的な評価結果が連続量に近い「スコア」として表現される場合が多いことも特徴の１つである（たとえば，先ほどのような取締役会の構成等に関するスコアリング基準を複数設け，その総合点によりガバナンスの良し悪しを測ろうとする場面を想像してほしい）。

もう１つのアプローチは「ジャッジメンタルなESG評価」である。この場合の評価基準は定性的なものである。たとえば，ガバナンスの良し悪しを見極めるために，独立社外取締役が有効に活用されているか否かを評価しようとする場合がこれに相当する。ここでは先ほどのようなスコアリング基準（３分の１のような閾値）は存在しない，ヒト（アナリストなど）がさまざまな情報を総合的に勘案しながら個別判断をしていくことになる。ルールベースの評価ではきめ細やかに反映することが難しい被評価企業固有の状況を十分に踏まえた柔軟な評価を下すことも可能である。ただし，定性判断であるがゆえ，的確な判断を下せるかどうかは経験がものをいう世界とも言える。評価結果が連続量に近い「スコア」で表現されることは少なく，むしろＡ・Ｂ・Ｃ・Ｄといった段階的（離散的）な形で評価結果が表現されることの方が多いと考えられる。

このように，一口にESG評価と言っても，その評価のアプローチは必ずしも同一とは限らない。同時に，定式化されたスコアメーキングとジャッジメンタルな評価のいずれかが絶対的に優位というものでもない。それぞれ強み/弱みがあるからである。重要なのは，ESG評価を行う，あるいはESG評価機関のESG評価を活用するにあたって，ESG評価のアプローチの違い，そのグラデーションを意識することだと考えられる。

4　ESG評価の情報ソース

本節の最後に，ESG評価の情報ソースについて述べる。一般にESG評価において評価者が活用する情報は，企業開示情報，企業以外の第三者が指摘や報告に基づく情報，評価者が独自調査により入手する情報の大きく３つに分類することができる（**図表５-６**）。

１つ目の企業開示情報については，企業による任意の（自主的な）ESG情報開示の拡大に加えて，ESG情報開示を求める規制強化の流れを踏まえると，情

図表５-６　ESG評価の情報ソース

分　類	媒体の例
企業開示情報	・アニュアルレポート，統合報告書 ・有価証券報告書，決算短信 ・CSR報告書，サステナビリティレポート ・その他IR資料など
企業以外の第三者由来の情報	・ニュースメディア ・行政機関による公表資料 ・NGOによる公開資料 ・SNS，Blog，その他ウェブページなど
評価者が独自調査により入手する情報	・企業に対する質問票（アンケート）調査 ・企業取材・対話，工場・店舗視察など

（出典）水口剛（2013），その他各種資料をもとに筆者作成。

報ソースとしての重要性は今後一層高まっていく方向にあることは間違いない。ただし，特に任意情報開示のみに基づいてESG評価を行う場合，企業の実態ではなく，情報開示の分量そのものが評価結果に影響してしまう可能性（企業における実態はあるにもかかわらず，情報開示がないがために実態よりも過小評価してしまう可能性）に留意が必要である。さらに，ナラティブ（記述的）な情報開示に基づいてESG評価を行う場合も，ネガティブな情報はできるだけ控えめに表示しようとする，あるいはポジティブな情報を強調して表示しようとするといった「印象操作」（Impression management）が行われる可能性があり，評価者が企業の実態よりも過大評価してしまう可能性があることに留意が必要である[23]。

同時に，２つ目として，企業以外の第三者由来の情報の利活用への注目も高まっている。企業開示情報からは得られない情報を活用することで企業の実態に迫ろうというものであるが，上述した情報開示の分量や印象操作の影響の軽減にも資すると考えられる。たとえば，ある大手のESG評価機関は，ESG格付けに影響する情報のうち45％は企業以外の第三者由来の情報，35％が企業による任意の情報開示，残り20％が法令等に基づく義務的な企業情報開示であると

23　情報開示の分量ならびに印象操作がESG評価結果に及ぼす影響の考察については，林寿和(2018)「開示情報量と企業による印象操作がESG評価に及ぼす影響についての一考察：シミュレーションモデルを用いて」『日本経営倫理学会誌』25, pp.111-127。

している[24]。さらに，衛星画像やSNSなどのいわゆる「オルタナティブデータ」を，人工知能（AI）等を用いて解析し，ESG評価に活用する動きも広がっている[25]。

３つ目の情報ソースである評価者が独自調査により入手する情報に関しては，かつてはESG評価機関やESGデータ提供機関が企業に対して質問票（アンケート）調査を実施し，その回答内容に基づいてESG評価を実施する例がよくあった。これは，そもそも企業によるESG情報開示が乏しい状況下においてESG評価を行うために考案されたものと考えられる。しかし，足元ではESG評価のための質問票調査の有用性は低下傾向にある。なぜなら，そもそも企業によるESG情報開示が拡大傾向にあるため，質問票調査でしか入手できない情報は相対的に低下しているためである。同時に，ESG情報は企業財務に関連し，投資判断に重要であるという認識の拡大とフェア・ディスクロージャーへの意識の高まりによって，質問票調査への回答という形で特定の評価者のみに対して重要なESG情報を提供する行為は憚られるようになってきていると考えられる。

評価者が独自調査により入手する情報のうち，企業への取材や企業経営者等との対話，企業が運営する工場や店舗への視察などを通じて得られる情報も，一部のESG評価において活用されている。これまで述べた情報と異なる特徴は，必ずしも文書化された情報ではないという点である。たとえば，経営者との対話を通じて得られた経営者のESG課題への認識や取り組み姿勢，店舗見学を通じて得られた従業員の雇用環境整備や顧客対応の状況といった，評価者が肌身で感じた情報を活用しようというものである。こうした情報はその性質上，第２節３で述べた「定式化されたスコアメーキング」には馴染みにくく，「ジャッジメンタルなESG評価」において活用される場合が大半だと考えられる。特に資産運用会社に所属するアナリストは，企業取材・対話，工場・店舗等への視察を行う場合が多く，彼ら/彼女らが行うESG評価においては，こうした情報が活用されるケースが少なくないと推察される。

24　Environmental Finance “ESG Data Guide 2021”.（https://www.environmental-finance.com/content/guides/esg-guide-entry.html?productid=431&editionid=5&planid=1（2021年11月13日最終アクセス））

25　日本経済新聞（2021）「ESG評価，AIでより客観的に　衛星画像など解析」（2021年８月16日）。（https://www.nikkei.com/article/DGXZQOUC103OO0Q1A810C2000000/（2021年11月13日最終アクセス））

第３節　ESGインテグレーションの要素分解②　：ESG評価結果の運用プロセスへの組み入れ

1　運用プロセスのどの段階で組み入れるか

本節では，ESG評価結果を運用プロセスに組み入れていく段階について詳しく見ていく。ここで，一般的な運用プロセスの例を示したものが**図表５-７**である。運用プロセスには段階があり，どの段階でESG評価結果を組み入れるかによってESGインテグレーションにはさまざまな違いが生じうる。本節では特に一般的と考えられる，運用プロセスの下流においてESG評価結果を組み入れる場合を取り上げる。

図表５-７　運用プロセスの一例

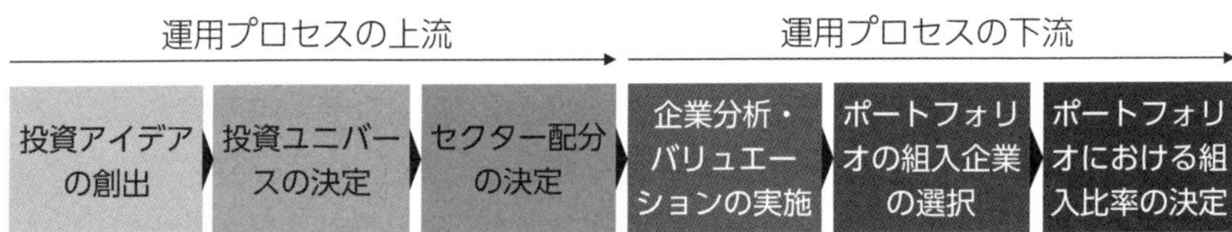

（出典）Vezér, M. David, T. Ranney, K. & Morrow, D.（2017）“How investors integrate ESG: a typology of approaches” をもとに筆者作成。

（1）　ポートフォリオ構築段階での組み入れ

はじめに，ポートフォリオの組入企業を選択する段階，もしくはポートフォリオにおける組入比率を決定する段階においてESG評価結果を組み入れる場合について述べる。その一例を示したのが**図表５-８**である。

ここで，縦軸は投資候補企業の財務面の評価（企業価値や株価に関する評価等）の高低を表している。横軸はESG評価の高低を表している。このとき，あらかじめ定めた一定のルールや規律に基づいて，財務面の評価とESG評価が両方とも高い企業群を優先的にポートフォリオに組み入れる，あるいは両方とも低い企業群のポートフォリオへの組み入れを抑制することを行えば，それは１つのESGインテグレーションの形と言える。

アクティブ運用を行っている資産運用会社においては，何らかの財務面の評価を表す格付けやそれに準ずるものを作成している場合が多い。そうしたものと，外部のESG評価機関から提供されたESG評価を組み合わせてポートフォリオの構築を行うといったアプローチが考えられる。

図表５-８　ポートフォリオ構築段階での組み入れ例（イメージ）

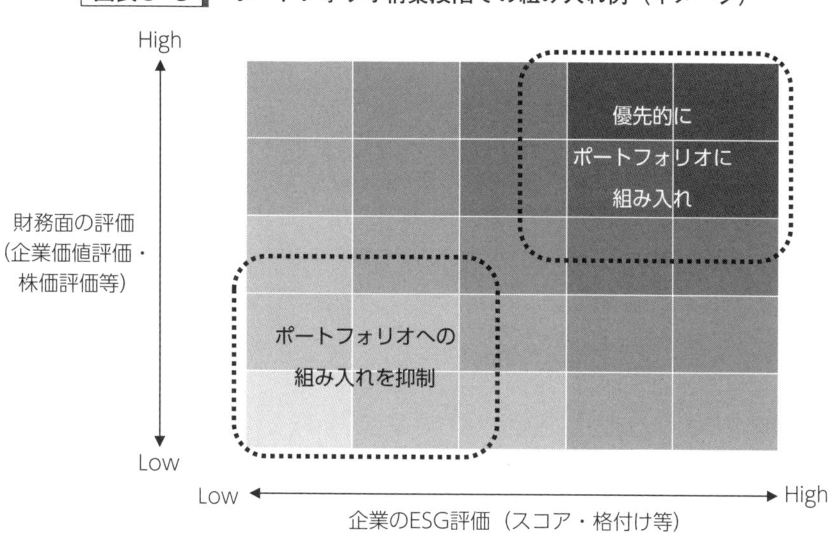

（出典）各種資料をもとに筆者作成。

（２）　バリュエーション・企業分析段階での組み入れ

本節で取り上げるもう１つの方法は，バリュエーション・企業分析段階においてESG評価結果を組み入れる場合である。**図表５-８**のように，財務面の評価とESG評価をそれぞれ縦軸と横軸に分けるのではなく，財務面の評価（縦軸）自体にESG要因による企業財務への影響を組み入れる方法とも言える。見方によっては，企業財務に関連するESG要因に着目するのであれば，あえて２軸に分けるよりもシンプルなアプローチと言えよう。

バリュエーション・企業分析段階の組み入れ例が**図表５-９**である。マルチプル法とDCF法は，いずれも実務においてよく用いられている方法であるが，ESG評価結果を反映するために一定の処置が行われている。

マルチプル法（類似会社比較法）においてESG評価結果を組み入れる場合，PERやPBR等を用いて比較可能な類似企業と比較した後，ESG評価に応じてプレミアムを上乗せする/ディスカウントするといったことが行われる。DCF（Discounted Cash Flow）法においては，キャッシュフロー予想にESG要因の影響を反映する[26]（たとえば，環境貢献型製品の売上高への寄与度の予想を反映する等），資本コスト（割引率）をESG評価に応じて調整する，継続価値（ターミナルバリュー）の想定をESG評価に応じて調整する，といった方法が考えられる。

キャッシュフロー予想に反映させる場合を除き，ESG評価結果に応じた係数等の調整を行うことになるが，その調整幅を決定するにあたっての理論的・学術的な拠り所が少なくとも本稿執筆時点において存在しないことから，実務においては試行錯誤しながら最適解を模索していく格好になると考えられる。キャッシュフロー予想に反映させる場合においては，多くの場合，定性的なESG情報をどのように定量的な財務予想の数値に変換していくかという点についてのノウハウの蓄積が実務におけるポイントになると考えられる。

図表5-9　バリュエーション・企業分析段階での組み入れ例

手　法	ESG評価結果の組み入れ方法	実務におけるポイント
マルチプル法（類似会社比較法）	PERやPBR等を用いて比較可能な類似企業と比較した後，ESG評価結果に応じてプレミアムを上乗せする/ディスカウントする。	ESG評価結果に応じた企業価値の調整幅の決定方法
DCF（Discounted Cash Flow）法	キャッシュフロー予想（財務諸表予想）にESG評価結果（ESG要因の財務影響）を反映する。	定性的なESG情報の数値（財務影響）への落としこみ
	資本コスト（割引率）をESG評価結果に応じて変化させる。	ESG評価結果に応じた資本コストの調整幅の決定方法
	継続価値（ターミナルバリュー）をESG評価結果に応じて変化させる。	ESG評価結果に応じた継続価値の決定方法

（出典）各種資料をもとに筆者作成。

26　一例であるが，筆者が所属するニッセイアセットマネジメントにおいてはこのアプローチが採用されている（詳しくは，ニッセイアセットマネジメント（2021）「スチュワードシップレポート2021」参照）。

なお，キャッシュフロー予想へのESG評価結果の組み入れに関連して，株式アナリストの主要業務である企業業績の将来予想について，企業が開示する非財務情報の活用が予想精度の改善にプラスに作用することを示唆する実証結果の報告が増えている。特に世界に先駆けて，財務情報と非財務情報を関連づけ，中長期の企業価値向上ストーリーやビジネスモデル等を開示する統合報告を義務化した南アフリカ共和国のヨハネスブルク証券取引所の上場会社はこうした実証研究の格好の題材になっており，統合報告によるアナリスト予想精度へのプラスの効果が報告されている[27]。他にも，非財務情報の中でもフォワードルッキングな情報の開示が，アナリスト予想の精度改善のカギを握ることを示唆する実証結果も報告されている[28]。また，企業によるCSR報告書の発行とアナリスト予想の関係について，ステークホルダー指向の国ではプラスの関係がより強く，株主指向の国ではその関係が弱い傾向にあることも指摘されている[29]。

アナリストが行う業績予想は，基本的に「ジャッジメンタル予測」(Judgmental forecasting) である。たとえば，ある日の電力需要を，過去の時系列データやその日の曜日，天候などのデータを用いて，計量経済学的なモデルを駆使して予測を行う「統計的予測」(Statistical forecasting) とは，そもそもアプローチが異なる[30]。統計的予測は，過去の時系列データが十分に得られ，かつ過去のパターンのある側面が将来も継続すると仮定することが妥当な場合においては有効であるが，企業業績を予想する場合には通常当てはまらない。十分なデー

---

27 Bernardi, C. & Stark, A. W. (2018) "Environmental, social and governance disclosure, integrated reporting, and the accuracy of analyst forecasts" *The British Accounting Review*, 50 (1), pp.16-31. Zhou, S. Simnett, R. & Green, W. (2017) "Does integrated reporting matter to the capital market?" *Abacus*, 53 (1), pp.94-132.

28 Orens, R. & Lybaert, N. (2007) "Does the financial analysts' usage of non-financial information influence the analysts' forecast accuracy? Some evidence from the Belgian sell-side financial analyst" *The International Journal of Accounting*, 42 (3), pp.237-271. Vanstraelen, A. Zarzeski, M. T. & Robb, S. W. (2003) "Corporate nonfinancial disclosure practices and financial analyst forecast ability across three European countries" *Journal of International Financial Management & Accounting*, 14 (3), pp.249-278.

29 Dhaliwal, D. S. Radhakrishnan, S. Tsang, A. & Yang, Y. G. (2012) "Nonfinancial disclosure and analyst forecast accuracy: International evidence on corporate social responsibility disclosure" *The Accounting Review*, 87 (3), pp.723-759.

30 Hyndman, R. J. & Athanasopoulos, G. (2018) *Forecasting: principles and practice*, OTexts. (https://otexts.com/fpp2/ (2021年11月13日最終アクセス))

タが得られない場合も多い上，新しい製品・サービスの市場投入や，新しい規制の導入などによって企業業績を取り巻く環境は変化し，過去のパターンが継続する場面は限定的だからである。とりわけ日本を含む世界の経済社会が脱炭素経済（カーボンニュートラル）に向けて大きく変化しつつある昨今の環境下においては，企業経営にも前例のない大きな変化が予想される。こうした状況下ではジャッジメンタル予測が有力な選択肢であると同時に，想定される外部環境の変化を早期の段階から織り込んだ予測が可能であるというジャッジメンタル予測ならでは強み[31]が活きてくる場面でもある。

こうしたジャッジメンタル予測の精度に関する先行研究[32]によれば，予測対象についての過去データに加えて，予測タスクに関連する過去データ以外の情報（ドメインナレッジ）を予測者が有していることが，予測精度の改善において重要であることが指摘されている。これを踏まえると，ESG評価結果を活用してキャッシュフロー予想の精度改善を目指す場合，（当然ではあるが）アナリストが各企業のESG要因の財務影響に関して十分な理解を有していることが重要だということになる。

また，別の指摘として，ジャッジメンタル予測の精度を改善するためには，適切に構造化された体系的なアプローチに基づいて行うことが重要との指摘もある[33]。具体的には「予測タスクを明確かつ簡潔に設定する」，「体系的なアプローチを実施する」，「文書化し，正当化する」，「予測結果を体系的に事後評価する」，「予測者と予測結果のユーザーを分離する」といったことが重要だと指摘されており[34]，ESG評価結果を活用してキャッシュフロー予想の精度改善を目指す場合においては，ESG評価やその予想への反映方法・プロセスをしっかりと体系化・構造化することが重要と考えられる。

2　資産運用会社におけるESGインテグレーションの実施体制

本節の最後に，資産運用会社におけるESGインテグレーションの実施体制に

---

31 Ibid.

32 Lawrence, M. Goodwin, P. O'Connor, M. & Önkal, D. (2006) "Judgmental forecasting: A review of progress over the last 25 years" *International Journal of forecasting*, 22 (3), pp.493-518.

33 Hyndman & Athanasopoulos (2018).

34 Ibid.

ついて述べる。実施体制は組織によってさまざまであることは言うまでもないが，ESG評価のみを行う専任チームを設ける集中的体制と，財務分析を行うアナリストやポートフォリオマネジャーが担当業務の一部としてESG評価を行う分散的体制に大別することができる（**図表5-10**）。

図表5-10　**ESG評価の実施体制**

分　類	内　容	特徴・留意点
集中的体制	ESG評価のみを行う専任チームと，財務分析を行うアナリストやポートフォリオマネジャーが連携することで，ESGインテグレーションを実施。	ESG評価担当者がESG評価業務に集中的に取り組むことができる。 専任チームとアナリスト/ポートフォリオマネジャーの間で実質的な連携が行われるよう留意が必要（ESG評価業務がサイロ化してしまわないように留意が必要）。
分散的体制	財務分析を行うアナリストやポートフォリオマネジャーが，担当業務の一部としてESG評価を実施することで，ESGインテグレーションを実施。	同一人物がESG評価と財務分析を実施することにより両者の接続が意識されやすい。 担当者ごとのESGインテグレーションの深度にバラつきが生じないように留意が必要。

（出典）Vezér, *et al.*（2017）をもとに筆者作成。

それぞれ強み/弱みが考えられる。集中的体制においては，ESG評価担当者がESG評価業務に集中して取り組むことができる反面，ESGインテグレーションの観点からは，いかにESG評価担当者によるESG評価結果が，アナリストやポートフォリオマネジャーが行う業務の中で実質的に活用されるかという点に気を配る必要があろう。

一方の分散的体制においては，同一人物がESG評価と財務分析を実施するため，ESGインテグレーションの観点からは両者の接続が自ずと意識されやすいという特徴がある一方，アナリストやポートフォリオマネジャーの間でESGインテグレーションの深度にバラつきが生じないように留意が必要と言える。

なお，あるべき体制について2018年に日本証券アナリスト協会においてアンケート調査が行われている。企業との建設的対話に関するアンケート設問ではあるが，「アナリストが所属する部署（企業調査）とESG情報（非財務情報）を担当する部署（新設を含む）が連携を取って対応する」（集中的体制）が43％，

図表5-11　あるべき体制に関する投資家アンケート調査の結果

その他　8％
外部の第三者機関によるESG情報（非財務情報）を活用する　10％
アナリストが所属する部署（企業調査）とESG情報（非財務情報）を担当する部署（新設を含む）が連携を取って対応する　43％
同一のアナリストが企業の財務情報に加え，その企業のESG情報も担当する　39％

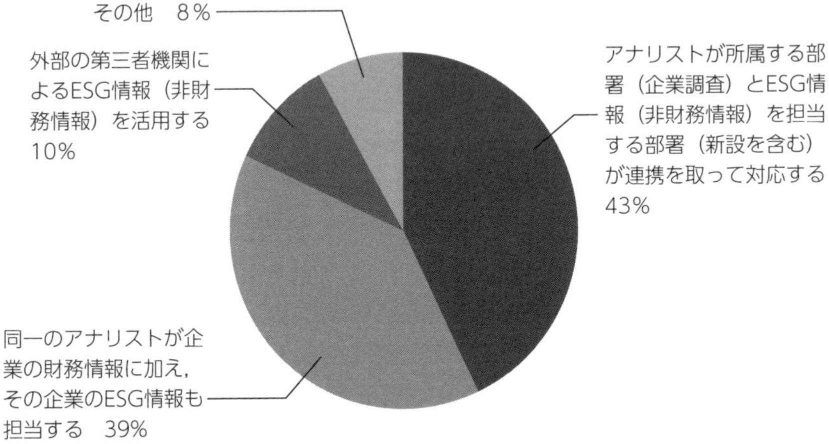

注：「投資家サイドにおいては，財務情報とESG情報（非財務情報）を横断的・統合的に分析し，企業との建設的対話に結び付けることが不可欠」に対してYesと回答した者に対する「具体的な態勢はどうあるべきと思いますか」という設問への回答結果。

（出典）日本証券アナリスト協会（2018）「「アナリストを巡る最近の動向」に係るアンケート調査結果」をもとに筆者作成。

「同一のアナリストが企業の財務情報に加え，その企業のESG情報も担当する」（分散的体制）が39％となっており，両者がほぼ拮抗している状況がうかがえる。実際，集中的体制と分散的体制のいずれかが絶対的に優位ということはないと考えられるが，実務においては各々の強み/弱みを踏まえた体制の選択と留意点を踏まえた組織運営が重要と考えられる。

第4節　おわりに

本章では，近年，ESG投資の中でも極めて大きな存在感を放っているESGインテグレーションに焦点を当て，「ESG評価段階」と，「ESG評価の結果を運用プロセスに組み入れる段階」に要素分解し，各々の段階において代表的なものと考えられるアプローチを解説した。

国連が支援する責任投資原則（PRI）への署名機関は世界で4,500機関を超えているが，そのうちの約75%（数にして3,363機関）が資産運用会社である[35]。**図表5-1**で確認したようにESG運用全体に占めるESGインテグレーションの割合の高さを考えると，こうした資産運用会社の多くがその運用哲学や得意とする運用スタイル（ジャッジメンタル運用・パッシブ運用・クオンツ運用など）の中で，必要に応じて外部のESG評価機関やESGデータ提供機関の力も借りながらESGインテグレーションを実践し，また，より良いESGインテグレーションを目指した創意工夫が行われている状況である。ESGインテグレーションは，その定義自体も幅が広いが，その中身も多様化していると考えられる。こうした多様性を理解する上で，本章で行ったESGインテグレーションの要素分解と整理の枠組みが少しでも役に立つことを筆者としては願うばかりである。

同時に，足元でESG投資の「付加価値」に関する議論が高まっている。世界の運用資産に占めるESG投資の割合は2020年時点で35.9%に達したことが報告[36]されており，少なくとも数字上は，ESG投資はもはやニッチな存在ではなくなっている。莫大な投資資金をベースにESG投資が行われるようになった今，ESG投資が「そうでない投資」と比べて，どのような付加価値をもたらす存在であるのかについて議論が高まるのは必然とも言える（いわゆる「ESGウォッシュ」（見せかけESG/名ばかりESG）に関する議論が高まっているのも，その根っこにあるものは同じだと考えられる）。もっとも，ここで言う付加価値とは，運用リターンの向上やリスクの低減，地球環境や社会経済システムのサステナビリティ向上への効果（すなわち，インパクト創出）や，これらに限らずさまざ

35　PRI "Signatory directory".（https://www.unpri.org/signatories/signatory-resources/signatory-directory（2021年11月14日最終アクセス））

36　GSIA（2021）.

まなものが考えられるが，いずれの付加価値の実現を目指すにあたっても，多くの場合，ESG要因の考慮を運用プロセスに組み入れることが不可欠ないし効果的だと考えられる。かかる観点からも，本章で行ったESGインテグレーションの要素分解と整理の枠組みが，今後のESG投資のさらなる発展に何らかの形で貢献することができれば筆者としては望外の喜びである。

（付記）本稿の内容はすべて筆者の個人的な見解であり，所属する組織の見解を示すものではない。

第6章

技術経営の視点から ESGカオスを考える

カオス（chaos）とは，混沌として無秩序な状態，大混乱を意味する。ESGは基本的に投資家が使う用語であるが，本章では投資対象となる企業側の立場に立って，何がカオスの状態で，その原因は何なのか，どうすればカオスの状態から抜け出せるのかを，「技術経営」[1]の視点で考えてみたい。

上場企業は，E（環境），S（社会），G（ガバナンス）に関してステークホルダー，とりわけ投資家に対して情報開示義務を負っている。米国S&P500における無形資産の市場価値は年々増加し，2020年は90％を超えた[2]。無形資産の開示（≒非財務情報）に関するフレームワークや基準を提示する団体が乱立したことで，かつてはIR担当者から「開示疲れ」といった愚痴も聞かれた。しかしながら，2020年９月に主要５団体が「包括的な企業報告」の実現を目指す共同声明を出し，2021年６月にはIIRCとSASBが合併してVRFが誕生，さらにVRFはCDSBとともにIFRS財団によって新設されるISSB（国際サステナビリティ基準審議会）に統合された。実態に即した方法で比較可能性が高まる方向に向かいつつある。すべての非財務情報項目が定量的に測定できるわけではないが，たとえばSASBは多数の実務家を巻き込み科学的根拠に基づくさまざまな指標を開発してきた[3]。また，マテリアリティの捉え方については議論があるが，人々の価値観が変化することによるサステナブル・ファイナンスの進展に伴い，自ずと収束していくと考えている。

1　技術シーズの新事業化から産業レベルまでの波及効果（技術革新）のマネジメント（日置・川北，2004，pp.1-3）。
目的は，単なる技術開発や工場の生産性を向上させる「価値創造（value creation）」だけではなく，創造された価値を事業価値（付加価値・利益）として獲得する「価値獲得（value capture）」にこそある（延岡，2006，pp.11-15）。

2　Ocean Tomo Releases Intangible Asset Market Value Study Interim Results for 2020.

3　加藤晃（2019）pp.301-350。

むしろ，今あるカオス問題の本質は，与えられた高い目標をクリアする道筋（ロードマップ）が見通せないということではないだろうか。投資家からは，企業は2030年あるいは2050年のカーボンニュートラルを宣言しているが，本当に達成可能なのかという疑問が呈せられている。

EUに本拠を構える企業は，化石燃料から風力発電などの再生可能エネルギーにシフトして生産できるように，長年，計画的に取り組んできた。その背景には負の外部性（外部不経済）を内部化させる仕組みとしての排出権取引や炭素税の存在がある。もちろん，各国の発展段階，地理的条件，産業特性，エネルギー事情などがあることから，EU域内でも個別には反対があるが，全体としてESGの議論をリードしている。換言すれば，日系企業にとって，E・Sとも想定より速いスピードでの対応を求められ，困惑しているというのがカオスの正体ではないだろうか。それは資金を提供する投資家にとっても同様にカオスと言えよう。

第１節では，カオスにつながる要因，多くの日系企業が直面しているIR・情報システムの課題，第２節は突破口としてのビジネスモデル変革（BMX），第３節はBMXの成功事例「Novozymes」の紹介，第４節ではまとめを行う。

第1節　カオスにつながる要因

1　技術的イノベーション

ESGは，2006年の責任投資原則（PRI）によって投資業界で着目されるようになったが，失われた30年が始まったとされる1990年頃から使われるようになった。2015年に国連で採択されたSDGsよりも長い歴史がある。終戦後，アジアの奇跡と呼ばれ長年にわたって高い経済成長率を誇り，バブルに沸いた日本が，なぜ失速したのか。さまざまな切り口，議論があると思われるが，「技術経営」の視点から分析を試みた橘川武郎教授（現，国際大学副学長）は「２つのイノベーションに日本企業が挟み撃ちにされるようになったからだ」[4]と述べている。すなわち，日本企業が得意とするインクレメンタル・イノベーション（累積的・連続的イノベーション）は，技術革新のスピードが相対的に

4　橘川（2019）pp.238-244。

ゆっくりとした事業環境において，先発企業が開発した製品に改善を加える「後発優位」な戦略であった。ところが，ICT（情報通信技術）革命に伴うブレークスルー・イノベーションは，先発企業がデファクトスタンダードを確保し，ネットワーク効果で圧倒的な市場シェアを一気に獲得してしまう「先発優位」の時代を到来させた。他方，C.M.クリステンセンが『イノベーションのジレンマ』で提唱した「破壊的イノベーション」は，既存製品の価値を破壊してまったく新しい価値を生み出すイノベーションで，その担い手は主に後発国（企業）である。持続的な品質改善が進む既存製品の市場において，新しい技術を使った低価格の新製品の品質改善が進み，市場のボリュームゾーンが求める最低限のニーズに合致するレベルに達した時，価格競争力を発揮して市場シェアを奪う現象である。少なくとも，製品アーキテクチャにおけるモジュール化と水平・垂直分業の動きは，商品のコモディティ化とオープンイノベーションを加速させることで，日系企業の価値創造と価値獲得に大きな影響を与えてきた。

多くの日系企業は，パラダイムシフトが起きたにもかかわらず，1960～80年代に成功した「良いものを造りさえすれば必ず売れるという，供給側の論理に基づいた固い信念」[5]に基づくインクレメンタルなモノ造りに励むことで，ここ数十年間苦戦を強いられてきた。

2　ルールメイキング

ESGはEUが作った規格・ルールではないが，EUが推進するグリーンディール政策と方向性では合致しており，国際的な議論はEUがリードしている。グリーンディールの具体策として推進しているサステナブル・ファイナンス，EUタクソノミー規則（ルールベース）とも整合的である。日本は，タクソノミーについては，かつては反対，現在ではトランジション・ファイナンス（プリンシプルベース）に軸足を移している。

一方，「EUは，域外国からどれだけ特殊に見えるルールであっても，良いと信じて導入したものについては，域外とのレベルプレイングフィールドを確保する観点から，遅かれ早かれ国際標準化しようと試みる」[6]。当然のことである

5　諸富（2020）p.6。
6　金子（2021）p.236。

が，ルールメイキングする側は，自己にとって都合が良いようにルールを作り上げるのが通例である。先端者自身がストレッチした目標を前提に策定されたルールは，フォロワーにとっては極めて高いハードルとなる。力関係によるであろうが，ルールメイキングに携われないフォロワーは示されたルールの範囲内でプレイするしかない。

EUタクソノミーは，サステナビリティや気候変動に貢献する活動かどうかの基準リストであり，企業の良し悪しを格付けするものではないが，日系企業にとってEU域内での活動，輸出，資金調達にも大きな影響を及ぼすと考えられる。ちなみに，EUタクソノミーがグローバルに拡大した場合は，どのような影響があるであろうか。「金融機関の自己資本規制等で勘案される可能性，民間分野のみならず公的分野でも適用される可能性，ローン等のファイナンス全般で活用される可能性，企業開示の進展等により対応不十分な企業へのダイベストメントが発生する可能性」[7]が挙げられている。

3　投資の低迷

経済成長には，投資が欠かせない。資本の蓄積が進む国は成長率も高い傾向にある。しかるに，「経済協力開発機構（OECD）の生産的資本ストックデータによれば，日本はハードとソフトを合わせた資本ストックが00～20年に９％しか伸びなかった。米国48％，英国59％，フランス44％，ドイツ17％をも下回る。……教育訓練など人的資本投資も伸び悩んだ。OECDによると，企業が生む付加価値額に対する人材投資の比率は英国が９％，米国が７％に対して，日本は３％に過ぎない。……日本企業は1990年代のバブル崩壊後，過剰な設備・人員・負債に苦しみ，厳しいリストラに生き残りをかけてきた。過剰な設備への警戒感が今なお残る」[8]と報じられている。かつては，経営が苦しい時も従業員を解雇しないで皆で耐え忍ぶ姿が美徳とされ，労働政策も企業にできる限り労働者を抱え込んでもらうことに主眼が置かれていた。しかしながら，産業構造が大きく変化する時代にこうした対応では成果は出せない。失業給付は基本として，生産性の低い企業から生産性の高い企業へと労働者が移動できるように，教育訓練制度をより充実すべきではないだろうか。

7　みずほ銀行産業調査部（2020）p.８。

8　日本経済新聞2021年12月５日。

企業価値を向上させるものは，「新しい製品を生み出す研究開発であり，新しいアイディアとイノベーションを引き出す環境の整備であり，全世界に広がるネットワークの構築であり，それらを支える制度構築と人的資本への投資である。……したがって物的な製品ではなく，非物質的なサービスこそが価値創出の源泉となる時代における最重要投資とは，人，組織，そして制度への投資に他ならない」[9]。

企業の未来の競争力を左右する研究開発費の国際比較（**図表６-１**）を見ると，１人当たりの研究開発費は，１位は韓国，２位以下はアメリカ，シンガポール，台湾，イスラエルの順である。半導体や最先端技術への投資と思われる。残念ながら，日本は12位（1,375ドル）である。

他方，セブン&アイ，ソフトバンク，ユニクロなど投資抑制を行わず業績を伸ばした企業も存在する。いわゆる終身雇用，解雇規制の厳しい労働法など諸外国とは条件が異なるとは言え，企業の内部留保は大きく増えている。日系企業の経営者の内向き思考が，停滞の20年を招いたとの批判は避けられないだろう。

図表６-１　研究開発費の国際比較

総額（億ドル）		対GDP比（%）		１人当たり（ドル）	
アメリカ	6,127.1	イスラエル	4.9	韓国	1,935
中国	5,148.0	韓国	4.6	アメリカ	1,866
日本	1,726.1	台湾	3.5	シンガポール	1,832
ドイツ	1,319.3	スウェーデン	3.4	台湾	1,822
韓国	1,000.6	日本	3.2	イスラエル	1,810
フランス	636.6	ドイツ	3.2	スウェーデン	1,707
インド	586.9	オーストリア	3.2	オーストリア	1,672
イギリス	517.0	フィンランド	3.2	スイス	1,648
台湾	429.5	アメリカ	3.1	ドイツ	1,586
ロシア	385.5	デンマーク	3.1	デンマーク	1,450

（出典）東洋経済ONLINE デービッド・アトキンソン　2021年７月28日（2019年，購買力調整済み）。

9　諸富（2020）pp.45-46。

バブルの崩壊後は，終戦後に形成された昭和時代には経済合理性があった終身雇用と年功序列型賃金体系を前提に，生き残りのためのリストラが主流となった。賃金は抑制され，経済成長に必要な投資（設備・教育訓練・研究開発）が相対的に細り，グローバルでの企業競争力が次第に落ちていった。そこに，脱炭素に象徴される環境問題（E）や人権問題等（S）に加え，企業の統治（G）のあり方までもが，金融市場からサステナブルファイナンスの一環として問題提起された。企業統治関連では，過去の成功体験を引きずる多くの日系企業は，社外独立取締役・女性役員（人数や比率），スキルセットなど，矢継ぎ早に繰り出される投資家からの要求に戸惑ったここ十数年だったと言えよう。形式要件を満たすことでお茶を濁す企業がある一方，経営改革に真剣に取り組む企業も現れた。

このような企業を取り巻くグローバルな環境変化を踏まえると，カオスとは，日系企業の相対的な地位が低下する中，日本がルールメイキングに関与していない，かつ準備が十分に整っていない状態で，与えられた高いハードルを目の前にして，先が十分に見通せない状況と考えられる。よって，非財務情報をめぐる情報開示の諸課題は，海面上に現れている氷山の一角と捉えるべきではないだろうか。企業の業績が良く余裕があれば，アップルが2030年までに（IPCC目標を20年前倒し）サプライチェーンの100％カーボンニュートラル達成を宣言したように（対応できないサプライヤーは外される可能性あり），ユニリーバがパーム油問題で円卓会議を設立したように，グランドデザインを描いて情報発信することでルールメイキングをリードすることができるようになる。

それでは，どうすれば良いのか。企業が「価値獲得」（付加価値・利益）するには，さまざまなデータを活用するデジタルトランスフォーメーション（以下「DX」）を加速することで収益性の高いビジネスモデルに創り変える必要がある（第２節参照）。次項以降，日系企業が抱える課題として，（1）目的の手段化と手段の目的化，（2）情報システム部門における役割の変遷，（3）近未来のシナリオ分析について議論してみたい。

4　目的の手段化と手段の目的化[10]

ビジネスの現場はバズワードで溢れ，対応しなければならないリストの観がある。SDGs/ESGおよびDXもそれらの１つで，重要な経営課題となってきたことから，多くの企業が真剣に取り組んでいる。しかしながら，経営における本来の位置づけは全く異なるように思えてならない。**図表6-2**を参照されたい。SDGs/ESGは，株主を含むステークホルダーからの要請事項であり，中長期的に達成すべき課題（経営目標・目的）である一方，経営を変革させるための技術的な「手段」(enabler) である。

図表6-2　重要テーマの整理

	SDGs/ESG	DX
位置づけ	経営目標	手段
担当部署/役員管掌	SDGs推進室（旧CSR推進室），広報IR部等	DX推進室，情報システム部等
共通性	現業から離れている	
大学入試区分	文系的	理系的

（出典）筆者作成。

担当部署の名称は組織によって異なるが，経営戦略上の重要課題であることから，上場企業では部署を設置していることが多いようである。また，担当する役員も，業界特性や企業規模等によると思われるが，SDGs/ESGとDXでは異なるのではないだろうか。一方，共通性は，どちらも現業から一般的に離れているということである。なお，日本独自と言われているが，大学入試において文系と理系に分かれることが遠因となって，従業員や担当役員のキャリア形成に影響している可能性がある（もちろん，例外はありえる)。

さて，読者の中には，なぜ性質の異なるテーマを並列に扱うのかと思われている方もおられると推察する。その理由は，SDGs/ESGは経営目標であるはずなのに，IRにおいては「取り組んでいる観」を醸し出すための手段となっている現象が観察されるからである。他社に比べて特に優れているとも思えない項目まで17個のアイコンで飾っている。役員紹介の頁を見ると，職務経験のプロフィールは貧弱でも，その顔写真にはSDGsバッジが付いているものが目につく。バッジを付けることそのものは悪いことではないが，個々人の心情に任せるべきではないか。海外のIRを見ている筆者からすると不自然さを禁じ得

10　加藤晃（2021）「SDGs/ESGとDXの交点を考える～目的の手段化，手段の目的化を越えて～」，『市場アップデート』。みずほ証券の許可を得て転載，修正。

ない。

一方，DXは手段（enabler）のはずなのに，多くの企業がバスに乗り遅れまいと急遽取り組み始めたことからか，導入することが目的化している。SDGs/ESGを達成するアプローチは種々あるが，手段としてのDXが貢献できる分野は国連が指摘しているとおり（UN 2011, 2021参照）大きいと思われる。なぜなら，業種・企業規模によるとは言え，DXは企業の生産性を高める手段だからである。DXの提唱者であるM.ウェイドは，「竜巻と同じく渦巻は，回転によって周囲の物体に力をおよぼし，渦の中心に引き寄せる。デジタル・ボルテックス（渦巻）は市場に起きる破壊現象であり，デジタル化できるものはすべてデジタル化されるという一点に向かって，企業を否応なしに引き寄せる性質を持っている」[11]と述べている。しかるに，いずれも重要な経営課題であるSDGs/ESGおよびDXは，別々の文脈で語られることが多いように感じられる。もしそうであれば，そもそもこのような取り組みは，統合報告書で説明しているように成果を挙げることができるのか。

5　情報システム部門における役割の変遷

本項では，多くの日系企業が持つ問題点を共有するために，DXを担う情報システム部門の役割（期待）の変遷を，年代に沿って確認してみたい。1950〜1960年代は，手作業の定型業務（会計・経理，販売業務の一連の管理など）を効率化・省力化するための情報システム部門であった。1960年代半ば以降，産業界でMIS（経営情報システム）研究が進められ，業務管理や財務会計・管理会計などの管理が，情報システム部門の業務となった。1970〜1980年代にかけてコンピューターの技術は進化し，対話型ユーザーインタフェース・非定型的な業務支援もできるようになり，DSS（意思決定支援システム）が注目され，分散処理がシステム部門の役割を変化させた。1980年代初頭から，パソコンの価格性能比は急激に向上し，大型汎用機による集中処理から多数の小型機をネットワークで接続する分散処理への移行がみられた。「LAN管理者の設置が普及するにつれて，情報システム部門では現業部門にはない情報システムに関するノウハウやオペレーションを提供する業務は減少し，代わってどのような情報システムを導入することが自社にとって最善かを考えることにウェイトが置かれ

11　Wade et al.（2019）邦訳 pp.15-16。

るようになった。さらに，情報システムの企画立案・管理という業務を担う部門という位置付けへと変化してきたのである」[12]。

1980年代後半から1990年代初頭にかけて経済環境が厳しくなり企業間競争が激化すると，コスト低減，製品革新，顧客サービス向上などによって競争優位を築こうとするSIS（戦略情報システム）の重要性が高まった。ITは競争戦略の武器と言われ，投資が進んだ。「情報システム部門をIT業務に専心させるため，DP業務を切り離して情報子会社化したり，アウトソーシングしたりするようになった。戦略部門になったIT部門は，システム開発やコンピューター運用などの業務から遠ざかるにつれて，情報技術能力の空洞化が起こり，ITの素人集団になる傾向が進んだ。そのような部門が適切な戦略を提案することはできない。結局は予算管理部門，子会社・アウトソーシング先のコスト監視部門になってしまうことも多かったのである」[13]。

1990年代後半，国産のERPパッケージの導入が進むと，ベンダー側の技術者と利用部門だけでシステム開発が可能になり，IT部門参加の必然性はなくなる。「日本企業では，ITに関する施策はITベンダーに丸投げする文化が根付いている。このため，社内のエンジニアリング力が低下してしまい，また新しい技術を使ってビジネスを変えていくという意識や役割も弱くなり，結果としてITを統括する部署であっても，単なるベンダーマネジメントに終始している企業が多い」[14]。さらに，インターネットの普及は，ウイルス，サイバー攻撃，不正アクセスによる個人情報漏洩などが大きな社会問題となり，ERP部門の最大の任務がシステム構築や経営との連携よりも，セキュリティ対策になったと言われている。

近年では，人事労務，税理士や社労士が担ってきた日本固有の商習慣・雇用慣行や法令に準拠したパッケージソフトがベンチャー企業によって開発され，クラウドで提供されている。中小企業のみならず大企業においても採用が進んでいる。また，複雑なプログラミングが不要なローコード・ノーコードが普及することで，ウェブやアプリを簡単に開発できるようになってきた。一般的には，情報システム部門はコストセンターと認識されているので，これらをでき

12　廣松（2011）p.10。

13　木暮「経営とITの関係の歴史的変遷」。経営とITの関係の歴史的変遷＜経営とIT＜歴史＜木暮仁（kogures.com）。

14　黒川・他（2021）p.98。

る限り少人数でこなすことが要求され，付加価値の小さい業務の外注化は首肯できる。企業によって状況は異なると思われるが，このような状況が30年余り続いているとしたらどうなるであろうか。

さて，クラウド技術を使ったベンダーからサービスの提供を受ける企業は，ベストプラクティスではあっても，どの企業も同様のメリット（業務効率）を享受できるので，競争優位性を獲得し，かつ維持することは困難である。どの会社にもあり，必要とされる基本的な機能は，歴史的に企業固有のやり方（仕様）に拘ることは，時間とコストがかかるわりには付加価値を生まない可能性が高い。そういった分野はサービス内容がアップデートされるサブスクリプション，クラウドサービスを活用する方が，コストが低く業務効率も高い。換言すれば，そうした分野でのアウトソーシング導入は，コスト上の競争劣位に陥らないという意味では必要条件であるが，戦略的な競争優位性を構築する十分条件を満たすDXとは言えない。DXを企画・実行する上で多くの日系企業が抱える問題点について歴史的な視点による整理を試みた。次に，今後の展開を展望してみたい。

6　近未来のシナリオ分析

シナリオとは単一の未来予測ではなく，不確実性を前提とした「起こる可能性のある複数の未来」のことである。シナリオ・プランニングを導入することで，外部環境の世界観を共有することが可能になり，議論がしやすくなる効果がある。未来において起こり得る世界の可能性を複数描き，その結果をもとに不確実な未来に備える対応策を検討する。**図表６-３**は，システムインテグレーター（以下，SIer）の視点による事業会社との関係をシナリオ分析したものである。導出過程は，ファイブフォース分析から14項目，PEST分析から43項目の要因を導き出した結果，業界を動かすドライバーとして，横軸に雇用の流動性，縦軸に経営者のDXに対する理解度（リテラシー）を選定している。なお，雇用の流動性は，労働法，労働者の価値観，リモートワーク，賃金水準，海外労働者を対象にしたコミュニケーションツール（AI翻訳・通訳機能）の進歩などを視野に入れている。

図表6-3　SIerの視点による事業会社との関係のシナリオ分析

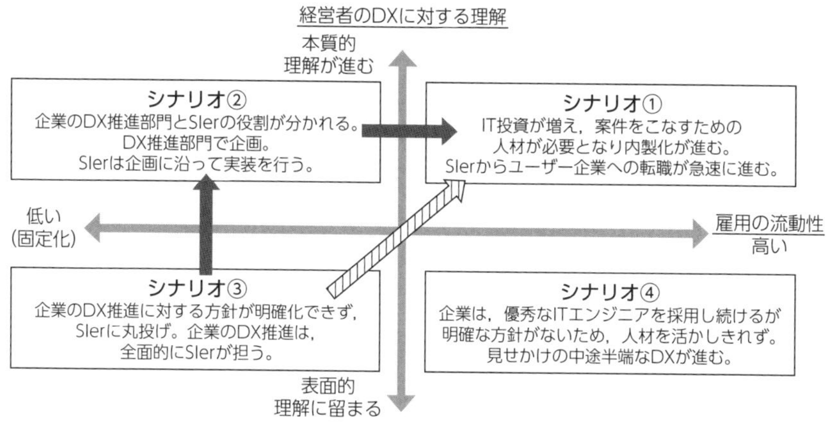

（出典）今井・加藤（2021）。

図表6-3を参照されたい。現況は第3象限のシナリオ③と考えられる。「日本企業がAI分野のグローバル競争でも周回遅れの状況にあるのは，データサイエンスと最先端の技術によってビジネスモデルが変革されつつある，というイメージが出来ていないトップ層が多いことが要因のひとつ」[15]との指摘がある。DX推進に対する方針が明確化せず，SIerに丸投げの状態が多いのが実態である。

経営者のDXに対する理解が進むとシナリオ②に移り，これまで実質的にシステム企画を担ってきたSIerは，企業独自の競争力を左右するシステム企画から外され実装に特化，または必要な機能のみ受注するように変化すると予測される。この段階に至ると，かなりの事業会社が実績のあるCTO（最高技術責任者）の外部からの採用，社内での人材登用が盛んになるが，必要な人材（質と人数）を自前ですべて揃えることは簡単ではない。なぜなら，既存のITスキルでは対応できない高度人材（AIスペシャリストやデータサイエンティストを含む）の供給が追い付かない可能性が高いからである。

さらに，DXニーズが高まり，労働環境における諸条件がクリアされると，

15　山本（2021）p.73。

シナリオ①の段階に至る。IT投資が増え，事業会社におけるシステム開発の内製化が進展する一方，高度な人材の獲得競争は激化する。英語でコミュニケーションができてコンピューターサイエンス教育に熱心なインドなどの海外ベンダーとの提携も考えられる。

シナリオ④で，中途半端な見せかけDXを続ける企業は，ITに投資するも競争優位性を構築できないので淘汰されるかもしれない。経営層のDXに関するリテラシー，組織慣性に負けない胆力，そして最後までやり切るリーダーシップは会社の命運を左右すると考えられる。

第2節　DXとBMX

1　日系企業の強みと弱み

終戦後，日系企業は，米国人のW.E.デミング博士から設計・製品品質・製品検査・販売など品質管理に関わる多くのノウハウを勤勉に学び実践してきた。カイゼン，すり合わせなど，現場のオペレーションから主として生じるインクレメンタル・イノベーションは，技術革新のスピードが比較的ゆっくりとしていた時代，優位性を獲得する源泉であった。あるいは，研究者個人の努力によってイノベーションが生まれてきた（たとえば，製薬業界におけるメバロチン）。小グループ・個人レベルの「匠の技」の積み重ねである。とは言え，ICT・DXがいくら発達しても，モノ作りはなくならない。こうした強みは一朝一夕に模倣できるものではないので，手放してはならない。

一方，ITベンチャーに象徴されるスタートアップは，重厚長大産業のような大きな資本を必要としない。後発国，ベンチャー企業にとって，参入障壁は必ずしも高くない（事業をスケールする段階は別）。そういう意味では，グローバルなあらゆる企業が競争相手となる。新しい概念でもないのにH.チェスブローが提唱したオープンイノベーションが注目されている。社外に目を向け，広く情報を求めて互恵的に知識を創造していくには，グローバルなネットワーク構築と見せかけでないダイバーシティが求められる。

また，研究開発を通して創造された価値を事業価値として獲得すること（=利益化）が重要であり，その手段としてのDXは外せない。

2　生産性を高めるDX

本項では，無形資産に対する投資の中でもDXを中心に検討を進める。DXについては，数多の書籍が出版されており，人工知能などの新技術，アジャイルな方法論，データ活用など個別のテーマを取り上げているものが多い。その背景には，導入に成功している企業は少ない（3割，16％など）という問題意識が共通して見られる。

DXの導入を目指す場合，初期のDigitizationのレベルからDXへ一挙には進めない。それは従業員のDXへのリテラシーとスキルアップが必要だからである。第1段階は，Digitizationで，組織的には個人や小グループがデジタルツールを使いはじめる。わかりやすい事例としては，各種管理台帳の表計算ソフトへの入力や請求書の電子発行など，既存業務の一部をデジタルで置き換える段階である。第2段階は，紙媒体の広告からSNSの活用，顧客に対応するAI機能の導入等，設定したタッチポイントで顧客情報など有用なデータが取れる仕組みが組織的に導入され活用される段階（Digitalization）である。第3段階が，いよいよDXである。従業員全体の理解が深まって習熟することにより，全社的にデータの利活用が高度化することで競争優位性を確立する段階（Digital Integration）である。組織のあり方も，単純な機能別から顧客視点でデータを共有して利活用できるように進化する。製造業で言えば，サプライチェーン全体を視野に入れたものになる。そこで大切なことは，正確なデータをどのように獲得し，高速かつ適切に利活用するかである。そうすることでビジネスモデルが変革されることを，デジタルトランスフォーメーション（DX）と呼んでいる。製品を売り切りしていた製造業が，顧客データを活用したサブスクリプションなどにビジネスモデルを変えるイメージである。他方，すべての企業がビジネスモデルを変えるわけではないので，同じビジネスモデルのまま高度化する企業がある。逆に，ビジネスモデル変更後も，データを利活用することでさらに新たなビジネスモデルを模索する企業もあるかもしれない。

DXの導入が上手くいくと，企業の生産性は高まり収益性が向上する。ある調査によれば，コスト削減では，収集したデータの利活用によって需要を予測することで，過剰生産を抑え廃棄量を減らすなどで改善が期待できる。一方，売上高向上では，ECサイトでの検索動向からAI分析によるお勧め品の提案，検索パターンから解約しそうな顧客に対して個別に特別なインセンティブプランをオファーするなどによって改善が期待できる。DXに成功することで，営業利益率における差分は，コスト削減で潜在利益率を23～27ポイント，売上高向上では８～24ポイントと報告されている[16]。SDGsやESGを実施するコストを十分にカバーして，競争優位性を獲得し，業績の向上が期待できる。

3　DXの究極はBMX

DXは，ビジネスのコアをデジタル化することで業務の取り組み方が変わり，ビジネスモデル変革（ビジネスモデル・トランスフォーメーション，以下「BMX」）に結び付くことが本質である。つまり，現在のビジネスのやり方にDXを使うのではなく，顧客目線で価値創造を行い，価値獲得するためにビジネスをデザインし直すイメージである。DXは経営戦略を実現するための手段の位置づけである。それでは，なぜDXの成功率は低いのか。組織は過去に成功した経験やそこから学んだ方法を踏襲することで業務を行っている。社内手続，行動様式，思考法，組織文化といった「組織慣性」を変えることは容易なことではないからである。

一方，市場で認知されている「確立された企業は，市場の既存製品と顧客を熟知しており，多くの場合，自由に使える重要な能力と経営資源を有しているため，新規参入者よりも有利である。既存企業の専門的知識を複製するのは通常困難であり，データ，知識，最高の立地にある旗艦店のような有形資産といった決定的な経営資源へのアクセスを制御することがよくある。また，徹底（radical）したビジネスモデル変革は，組織を大きく変え，しばしば企業のミッションや価値提案をも含む変革である」[17]との見解がある。すなわち，既存の企業はカオスで戸惑っている場合ではなく，十分に巻き返しのチャンスはある。

16　則武（2021）pp38-41，n＝1,200。

17　Carsten（2021）p.３.

図表６-４　ビジネスモデル・タブロー

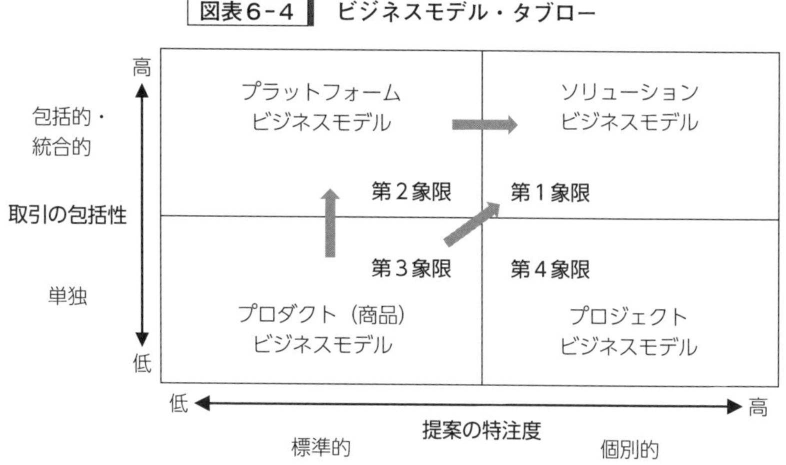

（出典）Carsten（2021）p.48を修正。

図表６-４を参照されたい。大量生産を行っている製造業であれば，左下の第３象限に位置してビジネスを行っている企業が多いだろう。すなわち，特注度は低く自社商品のみを取り扱っている。それがBMXによって顧客目線でプラットフォームを立ち上げて他社の商品・ソリューションも取り扱うようになると，第２象限に移行する。あるいは，サブスクリプションという選択肢もある，さらに，顧客の要望に応えるべくソリューション提供を強化するようになると，第１象限に移行する。その場合，個別の顧客ニーズへの対応が高度化するので特注度が高くなる。DXによって顧客のデータが取れるので，それを分析・活用することで付随するサービスでも利益を上げられるビジネスモデルに進化するのである。

次節では，洗剤メーカーから酵素の研究開発によって顧客の脱炭素やエネルギー消費の削減を支援するソリューションビジネス，農業の収穫量を増やすソリューションビジネスなどへ，顧客データを活用したBMXに成功したデンマークのNovozymesという企業のケースを見てみよう。

第３節　BMXの事例「Novozymes」

Novozymes A/S（以下「ノボ社」）は，デンマークにある産業用の「酵素」

を開発・販売するバイオテクノロジー会社である。高い技術力で世の中に貢献し，BMXに成功した好事例として，『Novozymes Annual Report 2020』（以下「アニュアルレポート」）からそのエッセンスを紹介する。

1 パーパス，事業と業績

ノボ社は，製薬会社ノボノルディスクの糖尿病薬インスリンの酵素部門が分離・独立したバイオテクノロジー企業である。現在では，洗剤を含む家庭用品事業をはじめ，食品・飲料・健康事業，バイオエネルギー事業，穀物・技術工程事業，農業・動物健康栄養事業の５つのビジネスを有し，売上高140億デンマーククローネ（約2,500億円），EBIT26.1%，ROIC18.9%の，巨大企業ではないが，欧州のESGをリードする超優良企業である。

ノボ社のパーパスは，Together we find biological answers for better lives in a growing worldで，直訳すると，「私たちは共に，成長する世界で，より良い生活のために，生物学的な答（解決策）を見つけます」となる。筆者が着目する１つ目のキーワードはbiologicalで，生物学的な方法で貢献する，自社のドメインを示している。２つ目はfindで，研究開発型企業であること，３つ目はfor better livesで，より良い生活の実現，企業の向かうべき方向性を示している。会社の姿勢が出ていると思うのは，冒頭にTogetherを持ってきている点である。誰と共になのか，株主だけではなく，企業を取り巻くすべてのステークホルダーとの協業を大切にしているとのメッセージと解釈される。アニュアルレポートの「もくじ」は，①全体像，②われわれのビジネス，③ガバナンス，④会計と業績の４つで構成されている。

2 全体像：The big picture

アニュアルレポートの冒頭にある取締役会会長とCEOの共同メッセージの中で，ソリューションビジネスについて，「何年もの間，当社は主に酵素の商品提供に従事してきましたが，実はバイオテクノロジーの分野でのさまざまなソリューション領域を提供しています。お客様が必要とするのは，酵素，微生物，酵母あるいはデジタルソリューションかもしれません。たとえば，バイオエネルギーでは，お客様にバイオエタノール生産のための酵素や酵母を提供するだけでなく，その生産プロセスにおいて，当社のソリューションを適用するにあたって，最適化の条件を確実にするためのデジタルツールも用意しています。私たちはいつも市場ニーズに対して総合的なアプローチを取り，お客様に適したソリューションまたはその組み合わせを提供します。それがお客様の成功に役立つからです」と述べている。これは提供した商品が最適化される状況を作り出す情報の提供で，過去からのデータの蓄積・分析によって生み出されたソリューションである。DXという用語こそ使っていないが，商品とソリューションを組み合わせて提供することで差別化に成功し，顧客ロイヤリティを高め，価格競争を回避していると思われる。

持続可能性ハイライト（**図表６-５**参照）では，SDGsに関連する指標の2020年度実績値を示し，さらに2022年度の目標値も開示している。着目すべきは，ノボ社が削減に貢献した世界中の運輸に関わる二酸化炭素排出の削減量である。これは自社の操業で排出されるスコープ１＋２（46％）とは別で，本業で研究開発して製造販売している商品によって，二酸化炭素を削減できた量である。ノボ社は，世界の輸送で4,900万トンの二酸化炭素を削減することを可能にしたのである。達成された削減量は，約2,000万台の車を道路から撤去することに匹敵すると説明している。IR・統合報告書でしばしば目にする自社の商品やオペレーションをSDGsの17目標に根拠を示さず無理繰り当てはめて，さも多くに該当しているように取り繕う姿勢との違いがある。換言すれば，開示すべきは，該当する項目の量（数）ではなく，質（深さ）と言えよう。

ノボ社の分野別売上げでは，家庭用品事業の35％（SDGsインパクトの該当ターゲット：６, 13, 14）が最も大きく，食品/飲料/健康20％（同：２, 12），バイオエネルギー18％（同：７, 13），穀物・技術工程14％（同：６, 13, 12, 14），農業/動物の健康栄養13％（同：２，12，13）と続く。

注目すべきは，有機関連商品の売上高成長率で，ノボ社がこだわっている項目と思われる。家庭用品５％，食品/飲料/健康および農業/動物の健康栄養は１％伸ばしているが，コロナ禍のために営業が不振となったバイオエネルギーと穀物・技術工程事業がそれぞれマイナス９％とマイナス１％となったことで，2020年度は差し引きゼロ成長となった。SDGsインパクトの該当ターゲット項目を示しているが，５分野で合計６項目である。以下，各事業分野を簡潔に説明する。

①　家庭用品事業

新興国への注力と新商品発売効果で増収。新商品は２件で，Remify Everis（酵素による外科手術用具の洗浄剤），Microvia（細菌バイオ溶剤）。

図表6-5　持続可能性ハイライト

使用電力（再生可能資源由来）	69%
女性の上級管理職	33%
欠勤を伴う労働災害/100万時間*	1.5
化学洗剤に代わり水質に良い洗剤の使用者数	39.8億人
ノボ社が削減に貢献した世界中の運輸に関わる二酸化炭素排出削減量	4,900万ｔ
自社の二酸化炭素削減量（Scope１＋２）	46%
その他の指標（本稿では省略）	９件

＊2018～2020年の移動平均。

② 食品/飲料/健康事業

2020年度は５件の新商品を発売。トレンドは，新しい植物ベースのプロテインに強い消費者の需要，ヘルスケア業界は，症状の治療から生物学を応用した予防策への転換など。

③ バイオエネルギー事業

運輸業界向けの低炭素燃料の開発および酵素と酵母菌は穀物と茎をエタノール燃料に変えることで，ガソリン1,000ℓ当たり1,100～2,200kgの二酸化炭素の排出削減に貢献。新商品はFortiva Hemi（エタノールプラントのトウモロコシ油の生産量を10%以上増加させ，より多くの繊維結合デンプンを利用してエタノール変換を行う）。

④ 穀物・技術工程事業

穀物の産出とエネルギー削減に貢献するソリューションを提供。新商品は，Auara boost（ゴムの分流過程で通常廃棄される油を保持することで，植物油処理業者の収益性を向上させるソリューション），LpHera（化学薬品の必要性を減らし，より高い発酵収率をもたらすデンプン加工のための次世代酵素），Frontia GlutenEx（より良い小麦分離は，穀物製粉においてグルテン蛋白質回収を２%増加させる）。

⑤ 農業/動物の健康栄養事業

土壌中の栄養素への植物のアクセス，飼料中のエネルギー，蛋白質，ミネラルへの動物のアクセスを改善することで，農業の収量を向上させ，家畜生産における糞尿からの環境への排出が削減。酵素は，動物の飼料中のデンプンへのアクセスを増加させることで，鶏1,000羽当たり約130kgの二酸化炭素排出を削減。新商品はTaegro（化学負荷なしに，果実・野菜を病気から守り成長させる）。

上記の事業領域②～⑤は，①の洗剤に関連する酵素の研究開発から広がった事業領域であり，現在ではそれぞれのセグメントの顧客に特化したソリューションを提供している。

3　われわれのビジネス

（1）　経営戦略

経営戦略の開示では，「当社の戦略は，生物学の利用による優れたビジネスであり，明確な優先順位と各事業分野の成長性と収益性の目標を導くものです。コア事業の事業化を通じた価値創造の最大化を図るとともに，コア以外の研究開発パイプラインや新たな戦略的機会にも投資しています」と述べている。

策定した経営戦略が成功したかどうかは，財務あるいは非財務目標の達成度合いで測定しており，2022年度の目標値に対する見込みを公表している。2030年のコミットメントを達成するために重視する分野として，①気候，②きれいな水，③製造と消費，④従業員を挙げている。

☑気候では，低炭素燃料の技術によって，2020年に二酸化炭素削減を4,900万トン達成，2022年度までに6,000万トンをコミットしている。達成に向けて2022年度までに，自社の操業で40％の削減を掲げている。

☑きれいな水では，化学洗剤に代わる酵素洗剤の提供で，きれいな水の確保に貢献。2022年に40億人以上への普及が目標。

☑製造と消費では，農場から食卓への食料の供給過程でバイオマス技術を使うことで2022年に50万トンにすること。自社では包装材などでゼロ廃棄100％を目指す。

☑従業員では，会社の持続的な成長と世の中に貢献するためには，社内調査で，学習支援項目では80，ダイバーシティ項目の指標では86を目指すとしている。

これら４つの重点項目では，なぜその目標を掲げ，何を，いつまでに，どれだけ（目標数値）を経営として約束しているかを挙げ，毎年，達成度を検証・開示することで透明性を担保している。経営陣が何を考え，どのような施策を実行に移しているのか，経営戦略のストーリー性が見えてくる。これらはさまざまなコミュニケーション手段を使って現場で働く従業員にも共有され，強固な企業文化が形成されていると思われる。

新型コロナウイルス感染症関連では，「パンデミックが発生したことで，ロックダウンや移動制限を克服するためのデジタルコミュニケーションの必要性が高まっています。デジタルツールの使用を強化および拡大することで，組織内のコラボレーションを向上させ，顧客との関係を強化し，顕著な中断なしに新しいリードを推進することができました。当社のウェビナープラットフォームは，従業員が既存のお客様や潜在的なお客様のためにウェビナーを実施するのを支援するツールであり，これまでは達成が困難であったリーズ（見込み客）を獲得する上で効果的であることが実証されています。ウェビナーから収集したデータと洞察は，新しいお客様の意思決定過程における既存のお客様のニーズに対応します。醸造所関連では，より多くの人に手を差し伸べることに努めました。デジタルツールを使った小規模醸造所Brewing with enzymeというウェブサイトでは，クラフト醸造プロセスに酵素を導入するメリットを共有しており，潜在顧客は専門家とのライブチャットに参加できます。また，多くの顧客の関心を集めており，私たちはクリーニングや購入の習慣，パンデミックによって形成された傾向についての記事やウェビナーで，アメリカのクリーニング市場に接触しました。中国では，パンデミックの最中にオンラインに移行することで，顧客エンゲージメントの新しい効果的な方法を取り入れました」と述べ，「2020年は特別な年でしたが，顧客に迅速に対応するために，アジャイル（俊敏），効率的であり続けるべく，私たちは学んできました」と結んでいる。歴史のあるBtoB企業なのに，まるでITベンチャーの企業マインドのようである。

また，デジタルテクノロジーを使いこなせるように教育プログラムを提供している。人事関連のページでは，「年間の従業員調査では，学習に関して78点を達成しました。年間を通じて，新しいオンライン学習プラットフォーム，リーダーシップ開発プログラム，学習文化に関するウェビナーを通じて，学習と開発を奨励しました」と報告している。

（2）リスクマネジメントとステークホルダーへの経済的貢献

リスクマネジメントについては，取締役会が全責任を負ってリスクに目配りし，リスクマネジメントと内部管理システムを維持していると報告している。手法的には，統合リスクマネジメント（ERM）を採用している。分析の結果，リスク評価ヒートマップ（横軸：潜在的インパクト，縦軸：発生確率）を使って，4つのリスク要因を洗い出している。なお，新型コロナウイルス感染症の感染拡大による業績への影響は大きいものの，発生確率が低いことから引き続き監視を行う対象とし，リスク要因には含めないという経営判断をしている。

① 競争と市場統合

潜在的な影響として，新たなソリューションまたはより広いプラットフォームを提供する競合出現の可能性を挙げている。対策として，顧客との関係強化に向けた組織再編，顧客志向，顧客に近い地域への権限移譲によって機敏さを加速させるとしている。

② 農業関連ビジネスの変動性

農業関連は，天候・商品価格・政治的要求などにも左右される。新型コロナウイルス感染症の感染拡大によるガソリンの需要低迷と価格下落によるバイオエネルギービジネスの急下降を挙げており，対策としてはエタノールおよび農業関連への複数の新商品投入を挙げている。

③ サイバー攻撃

技術志向型企業の業績は，誠実さ・コンピューター・ネットワーク・データ共有に依存している。短期間でのデジタル化はサイバーセキュリティへの脅威が生じる可能性があり，万一，独自技術が盗まれれば，その影響は計り知れない。デジタル化やデータ分析への依存度が高まる中，対策の強化，生産設備の操業技術に注力することで，常に稼働状態を維持するという強い意志表示をしている。

④ グローバルな政治・経済的不安定

グローバル経済と政治状況における不安定性は続いており，新型コロナウイルス感染症の感染拡大による需要の減退，外国為替の変動，顧客・サプライヤー等の破産リスクに言及している。対策としては，米中の貿易交渉の推移，価格の透明性・ガバナンス，関税取扱いの適正化への注力などを挙げている。

すなわち，経営層が業績に影響を与えるリスクがどのようなものかを認識し，その具体的対策を，すべてのステークホルダーに対して開示している。ステークホルダーへの経済的な貢献については，円グラフを使って視覚的に説明している。特徴的なのは，会社が創造した価値（売上高）をステークホルダー間に配分することで貢献するという発想である。全体では90％を社会に還元，10％を再投資に充てている。社会還元の内訳は，サプライヤーに43％，資本の提供者に12％（主に配当），各種税金・寄付など地域社会に10％，従業員に25％である。残る再投資の10％は，会社の発展，競争力の構築，未来の価値創造を確実にするためであるが，その目的は複数の主要ステークホルダーへの配分である。

（3）研究開発，持続可能性目標と進捗

①　研究開発

ノボ社は新商品を矢継ぎ早に投入している。その源泉は，研究開発にある。時系列および分野別に特許出願件数を観察することで，ある程度，研究の方向性・テーマは見えてくる。第１位はバイオインフォマティクスである。これは生物が持っているさまざまな情報をコンピューターで解析する分野のことで，バイオロジー（生物学）とインフォマティクス（情報学）の融合分野である。第五次産業革命では，バイオインフォマティクスで得た生物の構造情報を用いて新たな工業製品を生み出せる可能性に期待が集まっている。安定的な業績を支えているのは先に見てきたように新商品・サービスの市場投入であり，それを可能にするのが，差別化の源泉となる特許である。その背景には，売上高・EBITに多少の変動があっても，対売上高14％前後の経費を研究開発に投資し続ける経営方針がある。

②　持続可能性目標と進捗

持続可能性目標は，⑴世界（３項目），⑵操業（５項目），⑶従業員（５項目）に区分され，2022年度目標値とともに達成状況が開示されている。たとえば，⑴世界では，(i)運輸部門における低炭素燃料実現によるCO_2排出削減として2022年度目標に対してCO_2削減量6,000万トンで順調，(ii)化学洗剤に代わる洗剤ソリューションの提供者数40億人で順調，(iii)農場から食卓への効率改善による穀物食品，食料50万トンでさらなる取り組みが必要と開示している。

4　ガバナンスおよび会計と業績

「革新的で透明性のあるコーポレート・ガバナンス構造は，責任ある持続可能なビジネス行動と長期的な価値創造を促進する」から始まり，「取締役の構成は，その一体化した専門的能力が，ノボ社の発展を刺激し，指導・監督を行い，ノボ社が常に直面する課題と挑戦に熱心に取り組み解決を可能にするものでなければならない」としている。

取締役属性のダイバーシティ目標として，①独立性（法制）最低50%，②国際的経験は最低40%，③女性は最低33%を挙げており，2020年度はクリアしている。同社のガバナンス構造は，監督と執行を完全に分離，併任者はいない。ここは議論が分かれるところであろう。取締役会は，指名委員会，報酬委員会，監査委員会を設置している。2020年には，「イノベーション委員会」を新設した。その使命は技術・科学・イノベーションの分野における全般的な専門的能力（capability）と戦略の方向性を検討することで取締役会を補佐することにある。取締役の属性は，国籍割合（５カ国），性別，任期別，独立/非独立，職務経験は10項目に分けてカラフルにわかりやすく開示している。執行役（ExecutiveLeadership Team）では，名前・職位・担当・学歴に加えて，特定分野の能力（Special competencies）として，職歴・専門性について職務との関係で専任理由を説明している。

財務ハイライトとして重視している指標は，①EBIT利益率：26.1%，②売上高増加率：有機０%（コロナ禍で未達），③ROIC：18.9%，④フリーキャッシュフロー：3.4百万DKKである。

重要なステークホルダーという位置づけなのか，従業員に関するコストをさまざまな視点から開示している。「会計と業績」は，最もページ数を割いている項目であるが，紙面の制約から財務ハイライトの簡単な記述に止める。詳しくは，アニュアルレポートをご覧いただきたい。

5　ノボ社の事例から得られる示唆

ノボ社は，酵素技術を使った家庭用洗剤に始まり，BtoCセグメントにおける食品・飲料・健康事業に横展開，さらに，バイオ分野における継続的な研究開発によって，BtoBセグメントであるバイオエネルギー事業，穀物・技術工程事業，農業・動物健康栄養事業へと，あたかも階層を累積するように縦方向にも展開してきた。「層累的展開」と呼んでよいだろう。しかも，製造業としての物的な商品だけでなく，それぞれの領域で顧客が持つ課題を解決するソリューションを併せて提供している。顧客から得られる各種データを蓄積・活用することで，ビジネス領域を縦横に広げてきたのである。ノボ社は，DXという名称は使っていないが，ビジネスモデルの変革に取り組み，**図表6-4**の第３象限から第１象限への移動に成功したビジネスモデル変革企業なのである。それを可能ならしめたリーダーシップ，企業文化，コミュニケーション，社内研修，リスク管理，ガバナンス体制などは，日系企業の参考になると考える次第である。

第4節　おわりに

ESGのカオスとは，表出している情報開示関連の問題だけでなく，日系企業の競争力低下が原因との仮説を提示した。その背景には，戦後に形成された終身雇用・年功序列型賃金制度，家族主義的な企業文化と解雇規制が厳しい労働法，バブル崩壊後にリストラに生き残りをかけた経営者が必要な投資（設備・教育研修・研究開発）を抑えている時期に，ICT革命が重なったと考えられる。一部の先進国企業によるネットワーク効果による市場を席巻するブレークスルー・イノベーションと後進国発による破壊的イノベーションに挟撃された日系企業は，得意としてきたインクレメンタル・イノベーションを磨き続けたが，相対的にポジションを落としていった。少し厳しい見方ではあるが，資本主義におけるパラダイムシフトを経営者が十分に理解していなかったと考えられる。

情報開示では非財務情報の重要性が増し，開示をめぐるフレームワークや基準を策定する民間団体が乱立した。ESGは新しい概念ではないが，2015年に採択されたSDGs，EUのグリーンディール政策とも相まって，資本市場で脚光を浴びるようになった。ルールメーカーは，自己にとって都合の良い内容でストレッチしたものを作り上げる傾向があり，フォロワーにとっては，とても高いハードルと映る。情報開示をめぐっては，目的の手段化/手段の目的化現象が見られ，専門性による効率化を追求した組織のサイロ化に起因する。業務効率のためのDX技術導入は経費削減の必要条件であっても，競争優位性確立の十分条件とはならない。

スポーツの世界では，選手は競技のルールを変えることはできないが，自分の得意技を磨いて試合に臨む。DXはあらゆる産業の生産性を高め，創造した価値獲得の可能性を秘めている。グローバルに事業展開する企業は，無形資産への投資を増やすことでICTを使いこなす術を得意技に追加して磨きをかけなければ勝ち残れない。そのためには社員のリテラシーを高めることですそ野を広げ，特定分野においては専門的能力（capability）を有するエキスパートの採用・育成が欠かせない。教育訓練にはコストが掛かるが，人的資本の価値が高まればいずれ業績に反映される。中には，ビジネスモデル変革（BMX）に成功して，競争優位性を獲得するケースも出てくるだろう。新しい時代に合ったビジネスモデルへの移行は，本稿がテーマとするESGカオスに対する有力な「解」だと考える。

多くの日系企業は，レガシーシステムを抱え，長年，基幹システムの開発を外注化してきた。他方，大企業は蓄積してきた強み（経営資源）があることを再認識すべきである。技術進歩は速いが，持てる経営資源を有効活用することで競争優位性を獲得してほしい。変化の激しい時代に対応するBMXへの移行の成否は，経営層のDXに関するリテラシー，異業種との協業も視野に入れたグランドデザイン（ロードマップ），そして組織慣性に負けない胆力とリーダーシップにかかっている。カオス状態からの早期脱却を願ってやまない。

【参考文献】

今井佳和・加藤晃（2021）「SIerのビジネスモデル転換によるIT人材の活用～次世代IT人材への転換～」第15回研究発表大会予稿，日本価値創造ERM学会。

歌代豊（2008）「経営への貢献から見た情報システムの変遷」明治大学経営学部。

加藤晃（2019）「SASBの提唱するサステナブル経営」，『サステナブル経営と資本市場』日本経済新聞出版社。

加藤晃（2021, 2022）「経営戦略と先端的情報開示」連載記事①～⑧，東海愛知新聞社。

菊地正俊（2021）『カーボンゼロの衝撃』中央経済社。

橘川武郎（2019）『イノベーションの歴史』有斐閣。

栗山敏（2021）「デジタル・トランスフォーメーションを成功に導くための経営者の役割と責任に関する考察」，『情報システム学会誌』Vol.17, No.1, 情報システム学会。

黒川通彦・平山智晴・松本拓也・片山博順（2021）『マッキンゼーが解き明かす生き残るためのDX』日経BP。

金子寿太郎（2021）『EU　ルールメイカーとしての復権』日本経済新聞出版。

木暮仁「経営とITの関係の歴史的変遷」。（www.kogures.com/hitoshi/history/keiei/index.html）

デジタルトランスフォーメーションに向けた研究会（2018）「DXレポート」経済産業省。
デジタルトランスフォーメーションの加速に向けた研究会（2020）「DXレポート２」経済産業省。
延岡健太郎（2006）『マネジメント・テキスト　MOT［技術経営］入門』日本経済新聞出版社。
則武譲二（2021）『戦略論とDXの交点：DXの革新を経営理論から読み解く』東洋経済新報社。
日置弘一郎・川北眞史（2004）『日本型MOT　技術者教育からビジネスモデルへ』中央経済社。
藤井良広（2021）『サステナブルファイナンスの攻防―理念の追求と市場の覇権』金融財政事情研究会。
みずほ銀行産業調査部（2020）「みずほ産業調査」Vol.65。
諸富徹（2020）『資本主義の新しい形』岩波書店。
山本康正（2021）『世界を変える５つのテクノロジー』祥伝社。
Carsten Linz, Günter Müller-Stewens, Alexander Zimmermann（2021）“RADICAL BUSINESS MODEL TRANSFORMATION　2 nd Edition” KoganPage.
EFRAG（2021）“Towards sustainable Business: Good Practices in Business Model, Risks and Opportunities Reporting in the EU” European Financial Reporting Advisory Group.
Marco Vacchi, Cristina Siligardi, Fbio Demaria, Erika Iveth Cedillo-González, Rocío González-Sánchez and Davide Settembre-Blundo（2021）“Technological Sustainability or Sustainable Technology? A Multidimensional Vision of Sustainability in Manufacturing” Sustainability.
Novozymes Annual Report 2020.（https://report2020.novozymes.com/#home）
Porter Michel（2001）“Strategy and the Internet” Harvard Business Review.（編集部訳（2011）「戦略とインターネット」『Harvard Business Review』ダイヤモンド社）
Schoemaker Dirk & Schromade Willem（2019）“PRINCIPLES of SUSTAINABLE FINANCE” Oxford University Press.（加藤晃監訳（2020）『サステナブルファイナンス原論』一般社団法人金融財政事情研究会）
UN System Task Team（2011）“Science, technology and innovation for sustainable development in the global partnership for development beyond 2015” United Nations.（https://www.un.org/en/development/desa/policy/untaskteam_undf/thinkpieces/28_thinkpiece_science.pdf）
UN Inter-agency Task Force on Financing for Development（2021）“Financing for Sustainable Development Report 2021” UN.（https://www.un.org/en/development/desa/policy/untaskteam_undf/thinkpieces/28_thinkpiece_science.pdf）
Wade Michael, Macaulay James, Noronha Andy and Barbier Joel（2019）『ORCHESTRATING TRANSFORMATION　How to Deliver Winning Performance with a Connected Approach to Change』IMD.（根来龍之・武藤陽生・デジタルビジネス・イノベーションセンター訳（2019）『DX実行戦略』日本経済新聞出版社）

第7章

ビジネスと人権を両立させるサステナビリティ経営とは

：ネスレの児童労働撲滅の取り組みからの示唆

第1節　はじめに

2011年に国際連合は「ビジネスと人権」指導原則を制定した。同指導原則は，第1に人権を保護する国家の義務，第2に人権を尊重する企業の責任，第3に救済へのアクセスという3つの柱で成り立つ文書である。つまり，人権は保護され，尊重され，救済されなければならない，とされた（ラギー，2014）。また，国連・責任投資原則（Principle for Responsible Investment：PRI）においても，最優先課題の気候変動とともに，人権を重要課題としている。日本政府においても，2020年10月に「ビジネスと人権に関する行動計画」を策定した。このような内外の流れに対応し，日本でもビジネスを国際展開している企業を中心に，発展途上国における人権問題への認識が高まりつつあると言えよう。

また，国連に限らず，欧米では企業に対する人権の対応に厳しい目が向けられている。最近の事例として，中国の新疆ウイグル自治区の人権侵害の疑いがある組織が生産に関与していることを理由に，米国税務当局が日本企業製シャツの輸入を差し止めたニュースは記憶に新しい[1]。英国では，2015年3月に「2015年現代奴隷法」が制定され，同年7月末に施行されている。2015年10月から，サプライチェーンにおける奴隷制排除のため，年間売上高が一定規模を超え，英国で活動する営利団体・企業に対し，奴隷労働や人身取引がないことを確実にするための声明の公表を義務づけた[2]。

1　2021年6月15日付，日経産業新聞2面による。

2　日本貿易振興機構（JETORO）のウェブサイトに掲載された「2015年現代奴隷法」の和訳による。（https://www.jetro.go.jp/orld/ports/021/01/aa1e8728dcd42836.html（検索日 2021年11月16日））

人権問題の中でも，特に批判が強いのが発展途上国における児童労働である。最近，日本企業においても，サプライチェーンの川上にある調達・加工過程が発展途上国にある場合は，自社のみならず，業務委託先や購入先などにおいても児童労働を排除する取り組みがみられる。また，製造現場における強制労働や児童労働がないか，労働環境を調査するソーシャル・オーディットについての認識も徐々に広まりつつある。さらに，グローバルなサプライチェーンで影響を受け，世界中の労働者とコミュニティの権利と福利を支援することを目的とする国際的な非営利団体RBA（Responsible Business Alliance[3]）に加盟する日本企業もある。また，RBAの監査に積極的に応じる日本企業もみられる。しかし，多くの日本企業は日本国外のサプライチェーンで起こる人権問題，特に児童労働に対する認識が弱いと批判されている。

そこで，本章では，さまざまな困難や失敗を経験しながらも，児童労働撲滅に取り組むネスレの事例を考察する。ネスレの児童労働撲滅は単なる寄付行為や活動ではなく，本業の一環として取り組んでいることは注目に値する。ネスレは，自社の事業を通じて児童労働撲滅という社会課題に取り組むことにより，社会的価値と経済的価値を創造する経営戦略を実践している企業と言えよう。

本章では，３つのパートに分けて児童労働について考える。第１に児童労働の問題点を検討する。第２に「共通価値の創造」戦略の一環としての，ネスレの児童労働撲滅の取り組みを検討する。第３にネスレの「共通価値の創造」を可能としている経営力について考察する。これらの３つの視点から児童労働について検討する。これらは，サプライチェーンの児童労働問題への対策に悩む日本企業の参考になると考える。

第２節　児童労働はなぜ問題か

１　児童労働の現状

2020年時点の世界の18歳未満の児童労働数は，ILOとユニセフの統計によれば約１億6,000人である。そのうち，本章で対象とする，カカオの２大生産地

3　RBAのウェブサイトによる。（http://www.responsiblebusiness.org/about/rba/（検索日2021年11月16日））

であるコートジボワールとガーナの児童労働数は合わせて約156万人である[4]。内訳はコートジボワールで79万人，ガーナでは77万人である[5]。コーヒー豆と並びカカオの栽培においては，児童労働が生まれやすいと言われている。2019年のカカオ生産量でみると，世界最大の生産地であるコートジボワールは218万トン，第２位のガーナで81万トンであった。2019年の両国の合計生産量299万トンは，カカオ生産上位20カ国の合計550万トンの54.3％を占めている[6]。このような理由で，児童労働撲滅に取り組む国際機関や非営利の市民団体から，コートジボワールとガーナのカカオ農園は監視の的となっている。

図表７－１　就職または就労の最低年齢

	先進国	開発途上国
軽易な仕事	13歳	12歳
通常の仕事	15歳	14歳
危険な仕事	18歳	18歳

（出典）国連グローバル・コンパクト・ネットワーク・ジャパンのウェブサイトによる。

国連は，児童労働について，若年層雇用や学生労働とは異なる人権侵害を構成する搾取の一形態であると明言している。「児童」には18歳未満のあらゆる男女が含まれるものの，18歳未満の子どもをすべての労働から解放するのではない。**図表７－１**が示すように，年齢および発育段階によって，子どもが許容できる仕事と許容できない仕事に関する国際基準に基づくルールがある。ILO条約第182号は，各国政府に対し，18歳未満のあらゆる子どもの最悪の形態の児童労働の廃絶を優先課題とするよう要求している。国連は最悪の形態の労働を下記のように定義している[7]。

4　児童労働の撤廃と予防に取り組む国際協力NGOであるACEのウェブサイトによる。（https://acejapan.org/choco/childlabour（検索日2021年11月28日））

5　Ibid.

6　国連食糧農業機関（The Food and Agriculture Organization, FAO）データベースによる。（https://www.fao.org/faostat/en/#rankings/countries_by_commodity（検索日2021年11月28日））

7　国連グローバル・コンパクト・ネットワーク・ジャパンのウェブサイトによる。（https://www.ungcjn.org/gc/principles/05.html（検索日2021年11月18日））

〈最悪の形態の労働〉

・あらゆる形態の奴隷制度―子どもの人身取引，債務による拘束，強制的労働と強制的労働，および武力紛争における子どもの使用。

・売春，ポルノ制作またはポルノ目的のために，子どもを使用，斡旋，提供すること。

・薬物の生産と密売をはじめとする不正な活動のために，子どもを使用，斡旋または提供すること。

・仕事の性質や働く環境の結果として，子どもの健康，安全または道徳に害を及ぼすと予想される労働。

2　児童労働の問題点

国連は，「児童労働は低年齢の子どもに作業を強いるため，子どもの身体，社会性，知性，心理，精神の発達を阻害する。また，児童労働は子どもから幼年時代と尊厳を奪うことになる。（中略）児童労働により，初等教育を修了していない子どもたちは，読み書きができないまま取り残される。そのため，仕事を得て経済発展に貢献するために必要な技能が，全く身につかない傾向にある[8]」と報告している。このように，国連は，発展途上国における人権と経済開発の両面から，児童労働を厳しく非難している。

児童労働のため教育を受けることができなかった子どもが成人しても，賃金の低い単純労働にしか就くことができない。家庭を持ち親になったとき，貧困による生活苦のために，自分の子どもにも児童労働を強いることになる。このように，世代を超えて貧困と児童労働が繰り返され，いつまでも貧困から抜け出せないのである[9]。

この負の連鎖を断ち切るため，国連は「持続可能な開発目標（Sustainable Development Goals, SDGs）」では，目標１で「貧困をなくそう」を掲げ，貧困の撲滅に強い決意を表している。また，目標１に限らず，SDGsの17目標の根底には，国連憲章の３つの重要な目標の１つである「人権」がある。日本企業は，SDGsに賛同するのであれば，17目標のいずれに注力するかに関係なく，人権問題である児童労働に強い関心を持つべきと考える。

8　Ibid.

9　Ibid.

3　企業が児童労働問題に取り組む理由

国連グローバル・コンパクト・ネットワーク・ジャパンのウェブサイトには，児童労働に関与すれば企業の評判に傷がつく危険性が高まると警鐘を鳴らしている。そして，特に，大規模なサプライチェーンとサービスチェーンを有する多国籍企業に当てはまることを指摘している[10]。今回，児童労働撲滅に積極的に取り組む企業の事例として，本章で取り上げるネスレにおいても，児童労働に関わる訴訟を経験している。

2005年，アフリカ人男性６人は，（子供のときに）マリから人身売買されコートジボワールのカカオ農園で強制的に働かされたと主張した。そして，その農園からカカオを調達したという理由で，ネスレ（Nestlé USA）などを訴えた。訴訟は長期化し，2021年６月に米国の最高裁判所が原告の訴えを却下したことによりようやく決着した[11]。ネスレに対する訴訟は，自社内で児童労働を排除していても，調達先で児童労働があれば責任を問われるという，サプライチェーンに潜むリスクとして教訓とするべきである。

しかし，企業ブランドの毀損，評判リスク（reputation risk）という後ろ向きの対応ではなく，企業は事業を通じて児童労働という社会課題を解決し，社会的価値と経済的価値を創造する戦略を立案し実践するべきと考える。法律や規制を乗り越えて，事業を通じて社会課題を解決することが，企業の持続的成長を実現するドライバーになると考える。

ポーター・クラマー（2011）により，ネスレは共通価値の創造に取り組んでいる企業として広く知られている。しかし，ネスレが共通価値の創造の一環として，2008年から現在に至るまで，NPOとの協働で児童労働撲滅に取り組んでいることはあまり知られていない。

ネスレは，先に述べた訴訟を経験するものの，国際機関や市民団体からの働きかけに受動的に対応するのではなく，彼らと協働で能動的に児童労働撲滅に取り組んでいる。しかも，ネスレの児童労働撲滅の取り組みは，法律や規制を乗り越えた取り組みである。このようなネスレの共通価値の創造としての児童

10　Ibid.

11　BBC Newsのウェブサイトによる。（https://www.bbc.com/news/world-us-canada-57522186（検索日2021年11月29日））

労働撲滅の取り組みは，日本企業の参考になると考える。

第３節では，ネスレの創業，事業内容，業績などを概観した上で，ネスレが共通価値の創造そのものと考える，児童労働撲滅を含む農村開発を目的としたカカオ・プランについて概観する。

第3節　ネスレの児童労働撲滅の取り組み

1　ネスレの創業

ネスレの歴史は，アングロ・スイス煉乳会社がスイスでヨーロッパ初の煉乳生産工場を開業した1866年に始まる。アンリ・ネスレは1867年に画期的な乳児用食品を開発し，1905年にはアングロ・スイスと合併し，これが現在知られているネスレグループとなる。ネスレの日本での事業展開は，1913（大正２）年にネスレ・アングロ・スイス煉乳会社が横浜に日本支店を開設したことに始まり，1922年，日本支店を神戸に移転した。現在のネスレ日本株式会社の本社所在地も神戸市にある[12]。

2　ネスレの事業内容

2020年12月期のネスレの連結売上高は843億スイス・フランで，日本円に換算すると約９兆8,000億円である[13]。世界に186の販売拠点があり，273,000人の従業員を雇用している。製品セグメント別に売上高をみると，粉末・液体飲料222億スイス・フラン（全売上げに対する割合26.3％），ペットケア140億スイス・フラン（同16.6％），ニュートリション/ヘルスサイエンス122億スイス・フラン（同14.5％），調理済み食品・調理用食品115億スイス・フラン（同13.6％），乳製品・アイスクリーム110億スイス・フラン（同13.0％），菓子類70億スイス・フラン（同8.3％），水64億スイス・フラン（同7.6％）である（Nestlé, 2021）。

12　ネスレ日本のウェブサイトによる。（https://www.nestle.co.jp/aboutus/global/global-History（検索日2021年11月23日））

13　三菱UFJリサーチ＆コンサルティングのウェブサイトによる。2020年12月30日の対円スイス・フランTTM117.15で計算した。（http://www.murc-kawasesouba.Jp/fx/past_3month_result.php?y=2020&m=12&d=30&c=333153（検索日2021年11月22日））

図表7-2 ネスレ製品別売上（2020年1月-12月）

製品	売上	シェア
粉末・液体飲料	22.2	26.3%
ペットケア	14.0	16.6%
ニュートリション/ヘルスサイエンス	12.2	14.5%
調理済み食品・調理用食品	11.5	13.6%
乳製品・アイスクリーム	11.0	13.0%
菓子類	7.0	8.3%
水	6.4	7.6%
合計	84.3	100.0%

（注）売上単位：10億スイス・フラン。
（出典）Nestlé Annual Review 2020.

図表7-3 ネスレ製品別売上比率（2020年1月-12月）

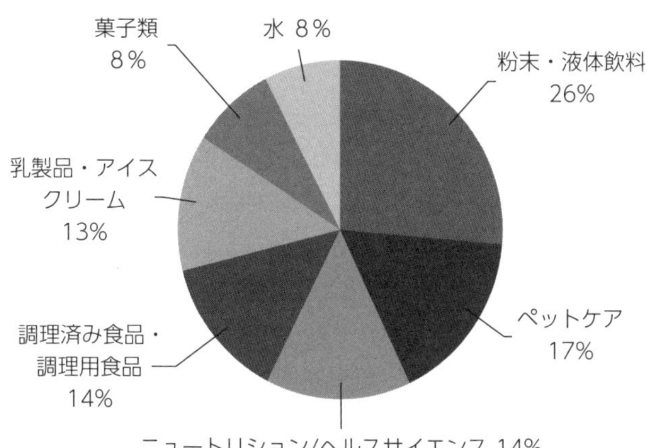

（出典）Nestlé Annual Review 2020.

3 ネスレの共通価値の創造

「共通価値の創造（Creating Shared Value：CSV）」はハーバード大学のマイケル・ポーター教授とマークR・クラマー上席研究員によって，2011年に提唱された考えである。ポーター他（2011）は，事業を通じ社会課題を解決し，社会的価値と経済的価値を創造することを共通価値の創造という。そして，共通価値の創造は，企業の寄付行為，慈善活動，フェアトレード等が中心のCSRとは異なる次元の考えであると主張している。また，ポーター他（2011）は，企業は社会的価値を創造することで，経済的価値を創造することができるという。そして，共通価値を創造する３つの方法を挙げている。

① 製品と市場を見直す。

② バリューチェーンの生産性を再定義する。

③ 企業が拠点を置く地域を支援する産業クラスターを作る。

ポーター他（2011）は，世界の経営者や研究者から大きく注目された。ところが，ネスレは，ポーター他（2011）よりも５年早い2006年に，「共通価値の創造」の方針を明言し，株主の利益のために行うすべての行動は，ネスレが事業展開する地域社会，さらに広範囲の社会においても価値を生み出すべきである，という事業方針を表明した[14]。

ネスレの前会長のピーター・ブラベック・レッツマットは，マイケル・ポーターとマーク・クラマーに調査・分析を依頼し，両者とともに共通価値の創造の概念を固めていたと言われている（高橋，2019；シュヴァルツ，2016）。2008年，リーマン・ショックに端を発した世界的な金融・経済危機の直前に，ネスレ本社（Nestlé S.A.）は，2007年12月期のマネジメント・レポートとガバナンス報告書に付随する文書として，初めて“The Nestlé Creating Shared Value Report”を発行した[15]。同報告では2007年末時点でのネスレにおける１年間の共通価値の創造に関する実績等を報告している。

---

14 ネスレ日本のウェブサイトによる。（https://www.nestle.co.jp/aboutus/global/global-History（検索日2021年11月23日））

15 Nestlé S.A.のウェブサイトによる。（https://www.nestle.com/investors/publications（検索日2021年11月23日））

図表7-4　ネスレの共通価値の創造

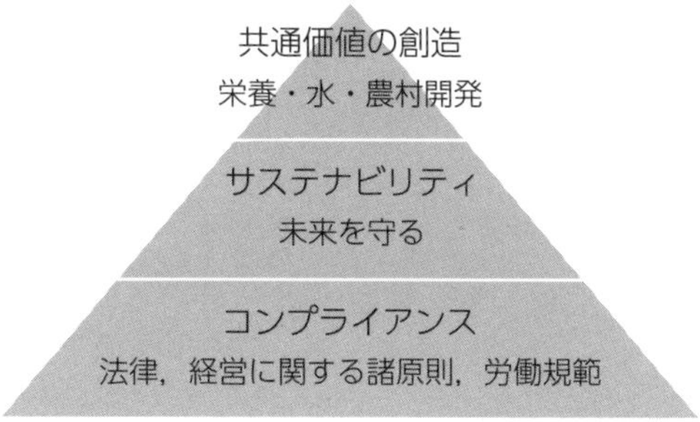

（出典）ネスレ（2016）p. 6を参考に筆者作成。

2009年，ネスレは初の「CSV（共通価値の創造）フォーラム」をニューヨークで開催した。同フォーラムでは，栄養，水資源，農業・地域開発という地球規模の課題と解決に向けた企業の役割について，これらの問題の専門家が議論を行った。2010年には「共通価値の創造」の一環として，ネスレは，カカオとコーヒー豆で会社独自の持続可能なサプライチェーンを構築し，農業コミュニティの社会的条件改善と収益確保を行うことを目的に「ネスレ カカオ・プラン」と「ネスカフェプラン」をスタートした[16]。

ネスレは，「共通価値の創造」で注力する５分野として，健康・栄養・ウェルネス，農村開発，水，環境サステナビリティ，人材・人権・コンプライアンスを挙げている。最近のネスレの報告書では見なくなったものの，ネスレ（2016）では，**図表7-4**が示すように，５分野のうち人材・人権・コンプライアンスを下段，環境サステナビリティを中段，栄養・水・農村開発が最上段の共通価値の創造と位置づけるピラミッドを示している（ネスレ，2016，pp.10-11）。つまり，人権と環境を守ることにより，農村開発で共通価値の創造を実現する経営戦略と理解できる[17]。

また，ネスレの農村開発において，児童労働撲滅にまで踏みこんだ背景には，

16　ネスレ日本ウェブサイトによる。（https://www.nestle.co.jp/aboutus/global/global-history（検索日 2021年11月21日））

17　現在のネスレにおいては，まずパーパスがあり，パーパスのための注力分野を「個人と家族」，「コミュニティ」，「地球」とし，パーパスを実現するためのアプローチを共通価値の創造と位置づけている（Nestlé, 2021c）。

国際社会の厳しい監視の眼があったと考えられる。しかし，外部からの圧力だけではなく，ネスレには人権を重んじる価値観と倫理観が根付いていたことを挙げることもできよう。ネスレ（2016）は，「私達の価値観は敬意に根差している。私たち自身への敬意，他者への敬意，多様性への敬意，そして未来への敬意です。（中略）また，ネスレにはバリューチェーンにおいて人権を尊重，推進し，最も高い倫理基準に従って事業を行う責任があります（ネスレ，2016，p.37）」と述べている。世界に186の販売拠点を持ち，273,000人の従業員を雇用している多国籍企業ネスレは，多様性を重んじ他者をリスペクトする企業風土が醸成されていると考えられる。

本章では，共通価値の創造の注力分野の１つである「農村開発」に焦点を当て，共通価値の創造の視点で，児童労働撲滅の取り組みを含むカカオ・プランについて概観する。併せて，ポーター他（2011）が主張する共通価値を創造する３つの方法と対比しつつ，ネスレの農村開発を考察する。

4　農村開発

ネスレは，農村開発に取り組む理由について，「ネスレは世界中の何百万もの農業従事者から原材料を調達しています。こうした農業従事者は，確実で長期的な供給，そしてネスレの成功にとって極めて重要です。これらの材料の生産地，生産方法，そして農業従事者と彼らのコミュニティが直面する問題について理解し，管理することで，活気あるコミュニティづくりに協力し，ネスレとともに暮らし，ともに働く人々のより良い生活を支援することができます」（ネスレ，2016，pp.23-24）と述べている。

具体的な行動として，まず農業従事者のニーズ把握のため農村開発基礎評価を実施した。その上で，農業従事者の経済状態の改善，食糧の確保，食事の多様性を図り，サプライチェーンにおける責任ある調達を実施し，動物福祉の推進も目標とした。ネスレはカカオ農家に対し「ネスレ カカオ・プラン」を実施している。ネスレ カカオ・プランは，農家が直面する課題を解決するために，「より良い農業，より良い生活，より良いカカオ」を目標に，農家が直面する課題に取り組むものである。より良い農業を実践するための教育，収穫量の多い苗の配布，男女共同参画の推進，児童労働撲滅への取り組みなどの活動は，生産物の品質を向上させ，農家の収入と生活の向上に貢献するものである（Nestlé, 2020b）。

ここで注目すべきは，カカオ・プランには，農作物の生産量や品質には直接関係しないと思われる，男女共同参加の推進と児童労働問題が含まれていることである。公正かつ健全な農村生活という社会的価値の実現が経済的価値を創造するという，共通価値の創造の考え方が浸透していると言えよう。

2009年にネスレがカカオ・プランを発表したとき，チョコレート需要が世界的に高まっていたのに対し，チョコレート原料のカカオの供給側には３つの大きな問題があった。第１に，カカオの木の高齢化である。カカオの木の寿命は５～25年と言われている。世界最大のカカオ生産地であるコートジボワールでは，カカオの木の平均年齢は22年であった。第２に，カカオの木の病気や枯れにより収穫量は減少し品質は低下していた。第３に，カカオ栽培は小規模農家に依存しており，農家による苗木の入手は困難であった[18]。ネスレはこのようなカカオの供給体制に危機感を持ち，ネスレの持続的成長には農村開発が不可欠と判断したと考える。

ネスレは，カカオの品質向上のために，2009年にカカオ・プランを開始した。その際，2019年までに1,200万本のカカオの木を植え，１億1,000万スイス・フランを支出するコミットメントを発表した。その結果，１年前倒しで，2018年に木の植え付けの目標を達成した。実際の支出は，当初のコミットメントの倍以上である２億6,400万スイス・フランとなった（Nestlé, 2020b）。

2012年，ネスレは公正労働協会（the Fair Labor Association：FLA）に調査を依頼し，児童労働問題にも重点を置いた。コートジボワールでは，世界カカオ財団（the World Cocoa Foundation）と共同で４年間に40校の学校を建設または改修するプログラムを開始した。実際には，2019年までに目標を上回る49校の建設または改修を行った（Nestlé, 2020b）。

2017年，ネスレはIDH（サステナブル・トレード・イニシアチブ）と世界カカオ財団が森林破壊対策とアグロフォレストリー[19]を推進する「カカオ＆フォレスト・イニシアチブ」に参加した。2020年には，ジェイコブス財団が創設し

18　ネスレ日本のウェブサイトによる。（https://nestle.jp/brand/kit/cocoaplan/（検索日2021年11月24日））

19　アグロフォレストリーは，農業（Agriculture）と林業（Forestry）を組み合わせた造語。木質多年生植物（樹木，低木，ヤシ，竹など）を，農作物や動物と同じ土地のなかで，意図的に管理する，土地利用システムおよび技術の総称である。国連食糧農業機関（The Food and Agriculture Organization, FAO）のウェブサイトによる。（http：//www.fao.org/forestry/agroforestry/80338/en/（検索日2021年11月28日））

たCLEF（Child Learning and Education Facility）連合に参加した。CLEFは，コートジボワールの農村地域における教育の質を向上させることを目的としている（Nestlé，2020b）。

これらの動きと前後して，2018年には「児童労働への取り組み（Tackling Child Labor 2017 Report)」を発表し，続いて2020年には第2回報告書を発表している。次項では，本節の中心であるネスレの児童労働撲滅の取り組みを，Tackling Child Labor Reportの内容を交えつつ考察する。

5　児童労働撲滅の取り組み

ネスレの児童労働撲滅の取り組みに関する最初の報告書は，2018年にTackling Child Labor 2017 Reportとして発行され，2020年には第2回報告書が発行された。同2017年報告書によると，ネスレは，カカオ・プランの一環として，2012年に食品業界としては初めて「児童労働監視・是正システム（Child Labor Monitoring and Remediation System：CLMRS)」を開発・導入し，NPOであるインターナショナル・ココア・イニシアティブ（the International Cocoa Initiative：ICI）と連携して児童労働撲滅の本格的な取り組みを開始した（Nestlé, 2018）。ネスレの児童労働撲滅の主な取り組みは，ICIとの連携が中心となっている。

（1）ICIについて

ICIは，2002年にハーキン・エンゲル議定書の枠組みの中で設立された非営利団体である。ハーキン・エンゲル議定書とは，米国でトム・ハーキン上院議員とエリオット・エンゲル下院議員の提言に基づくものであり，2001年9月に議定書として締結された。その内容は，菓子製造業協会および世界カカオ財団とその加盟企業が，カカオおよびカカオ製品の生産過程における，最悪の形態の児童労働の撤廃に取り組むことを約束したものである（白木，2013，p.187）。ICIの理事会メンバー（Board Member）と協賛会員（Contributing Partners）は，**図表7-5**のとおりカカオに関わる欧米の大企業と人権および児童労働撲滅に取り組む世界的な非営利団体が中心となっている。また，ILO, unicef, 国際連合人権高等弁務官事務所がアドバイザーとして参加している。

これまで，ICIへの日本企業の参加はなかった。しかし，2021年10月4日に株式会社明治は日本企業として初めて，ICIとパートナーシップ契約を締結した[20]。また，2015年に三菱商事株式会社はICI理事会メンバーでありシンガポールの食品・農作物商社のオラム（Olam）と資本業務提携をしている。

図表7-5　インターナショナル・ココア・イニシアティブ（ICI）のパートナー

理事会メンバー	
アブー・カミーユ	コートジボワールでカカオ農家を支援する協同組合の会長
バリー・カレボー	スイスのチョコレート・メーカー
カーギル	米国の穀物商社
Ecom	スイスに本社を置くカカオ，綿花などの商社
フェレロ	イタリアのチョコレート・菓子類メーカー
ハーシーズ	米国最大のチョコレート製造メーカー
マース リグリー	米国の菓子類製造メーカー
モンデリーズ	米国の食品メーカー
ネスレ	スイスの食品・飲料メーカー
オラム	シンガポールの食料・農産物商社
Touton	フランスのボルドーに本社を置く農産物商社
協力パートナー	
セモア	フランスのチョコレート製造の非上場企業
Cyrian International	コートジボワールに拠点を置くカカオ取引会社
GCBココア	マレーシアに本社を置くカカオ加工業者
ギタード	米国カリフォルニア州に本社を置くチョコレートメーカー
イディリア	スペインのスナック菓子メーカー
インドクレサ	スペインのチョコレート製造の同族会社
マークス＆スペンサー	英国の小売業
ナトラ	スペインのチョコレート製造会社
オバルチン	スイスの菓子製造会社
Quang Thien Imex S.A	コートジボワールのカカオ豆などの流通業者
Sucden	モロッコで創立，現在パリに本社を置く農産物等の商社
トムス	デンマークのチョコレート・菓子類の製造会社
Tony’s Chocolonely	オランダのチョコレート・メーカー
ユニリーバ	英国に本社を置く世界的食品・日用品メーカー
ヴァローナ	フランスの高級チョコレート製造会社
ウォルター・マター	スイスのカカオ・コーヒー商社
Zuma	英Beyond the Beanのチョコレート・ココア製造メーカー

20　株式会社明治のウェブサイトによる。（https://cocoainitiative.org/about-ici/our-partners/industry-members/（検索日2021年11月26日））

市民社会パートナー	
Free the Slaves	現代の奴隷制度との闘いを世界的に推進するためのNGO
ガーナ農業労働者組合(GAWU)	ガーナの労働者の利益を守るための農業労働者組合
Global March Against Child Labour	児童労働から子どもを守る世界的ネットワーク
ジェイコブス財団	子どもや若者を支援する目的の世界的な慈善財団
ミル・ニーポルド	独立系人権団体。西アフリカの児童労働撲滅に取り組む
リチャード・ロングハースト氏	開発経済学者。児童労働問題の研究と助言を行う
Save the Children Sweden	開発途上国の子どもの権利を支援する国際NGO
Solidaridad	環境，サプライチェーン問題に関する国際的市民組織
WAO Afrique	トーゴに事務局を置く，子どもの権利を守るNGO
非営利の貢献パートナー	
FAIRTRADE INTERNATIONAL	フェアトレード認証ラベルのライセンス事業などを行う国際組織
レインフォレスト・アライアンス	世界70カ国で農業，森林分野で活動する国際的非営利団体

（出典）ICIのウェブサイトをもとに筆者作成。https://cocoainitiative.org/aboutici/our-partners/industry-members/（検索日2021年11月26日）。

(2) CLMRSの開発・導入

次にCLMRSについて述べる。ネスレは，2011年に公正労働協会（the Fair Labor Association：FLA）と提携して児童労働問題を調査した。その調査の結果，ネスレはFLAからCLMRS導入の提言を受けた。翌2012年，ネスレは独自のCLMRSを開発し，ICIと連携してCLMRSを活用している（Nestlé, 2018）。ネスレは単独の取り組みでは児童労働撲滅の効果は限定的と考え，多くのパートナーの支援を受けているICIと協働することにより，独自に開発したCLMRSが効果的に稼働すると考えたものと推測する。

CLMRSとは，具体的にはステップ１から６までの作業を繰り返し行うことにより，児童労働の危険性，教育の重要性などを啓発しつつ児童労働を削減する取り組みである。Step 1（home visits）においては，Community Liaison People（CLP）と呼ばれるICIスタッフは，生活協同組合員のすべての農家を訪ね，児童労働の実態を調査するとともに，児童労働に対する問題意識を高めるための啓発活動を行う。Step 2（identification）では，CLPは実際に農場を見て回り，危険な仕事に従事している子どもたちを特定する。Step 3（database）では，CLPが児童労働について調査したデータを，モバイル・アプリを通じて，ICIのデータベースに蓄積する。次に，Step 4（follow-up）では，CLPと家族の間で児童労働について話し合いが行われる。CLPは禁止されている児童労働の内容とその理由を説明する。Step 5（remediation）として，CLPは農家を定期的に訪問し，児童が危険な仕事をしていないことを確認する。最後にStep 6（measurement）では，どれだけの児童が労働をしないで済んだか，あるいは，危険な仕事を止めることができたのか，といった効果を人数で測定する（Nestlé, 2020a. p.9）。

Nestlé（2018）は，５歳から17歳の子ども39,215人のCLMRSデータに基づき，2017年２月時点で分析した結果を報告している。カカオ豆に関連する危険な仕事に就いている児童を性別でみると，女子39.2％，男子60.8％であり，男子の方が女子よりも児童労働に従事する可能性が高いことが推測される。従事する仕事についての複数回答の結果をみると，重い荷物の運搬85.7％，農薬の販売・輸送・取扱い16.3％，野焼き12.5％，木の伐採11.2％，狩猟6.4％，炭の製造製炭・製材2.2％，動物を使った耕作技術1.1％となっている。ただし，同報告では，子どもがより多くの分野に関わっている可能性を示唆している。CLMRSデータにより，コートジボワールにおける児童労働の実態が明らかになったと考える（Nestlé, 2018, pp.16-17）。

また，Nestlé（2018）は，2013年から2015年の間にCLMRSを導入した協同組合で2017年に実施した，1,056人の子どもをサンプルとした内部調査では，児童労働が51％削減されたと報告している。2013年から2015年の２年間で，CLMRS実施地域においては，子どもの半数以上が児童労働から解放されたことになる（Nestlé, 2018, pp.22-23）。

Nestlé（2020a）は，**図表７-６**で2017年と2019年のCLMRSによる児童労働撲滅の取り組み実績を報告している。2017年と2019年のCLMRSの実績を比較すると，対象とする協同組合数，モニタリングの対象および実施の件数，CLPの人数，児童労働に関する教育の実施回数と受講者数は，いずれも大きく伸びている。しかし，児童労働率は17％から23％へと増えている。これは，スクリーニングを拡大した結果かもしれないが，児童労働撲滅が簡単には実現できないことを示唆していると考える。ネスレはカカオ・プランのウェブサイトとネスレ（2018, 2020a）で，児童労働撲滅の取り組みをLong Journeyと表している。われわれは，この言葉から，児童労働撲滅には時間と資金と忍耐力が必要であり，児童労働は根の深い問題であると理解するべきであろう。

図表7-6　CLMRS実績

項　目	2017年	2019年
CLMRSに取り組む協同組合数	75	87
CLMRSによるモニタリング対象件数	48,496	73,248
CLMRSによるモニタリング実施件数	25,775	45,272
5-17歳児童のモニタリング人数	7,002	18,283
児童労働率	**17%**	**23%**
Community Liaison People（CLP）人数	1,246	1,640
児童労働に関する教育　回数（累計）	5,877	56,183
児童労働に関する教育　受講者数（累計）	163,407	593,925

（出典）Nestlé Tackling Child Labor 2019 Report, p.13.

なお，ネスレは，上記報告とは別に，2017年比で2倍の78,580人の子どもを対象とし，18,000人の子どもを危険な仕事から解放し教育の機会を与えたと報告している。また，ネスレは，2025年までに，すべてのカカオをカカオ・プラン農家から調達することを目標としており，西アフリカ全体のサプライチェーンにCLMRSを拡大する方針を明らかにしている（Nestlé, 2020a, p.4）。

第4節　共通価値の創造を可能とするネスレの経営力

なぜ，ネスレは社会的価値と経済的価値を実現する共通価値の戦略をもって，サステナビリティ経営の実践に取り組むことができるのであろうか。なぜ，社会課題に取り組みながら高い利益を上げることができるのであろうか。この疑問は筆者だけではなく，日本の多くのビジネスパーソンが持つ疑問と考える。

管見ながら筆者がみるところ，ネスレには第1に強力な財務力，第2に機動的な組織，第3にサステナビリティ経営を推進できるコーポレートガバナンス，という3つの経営上の大きな強みがあると考える。

1 ネスレの財務力

ネスレの2020年12月期における売上げは843億スイス・フランで，前年比約82億スイス・フランの減収で減収率は8.9％であった。売上げ減少の主な要因について，ネスレはコロナ禍の影響に加え，スイス・フランが世界のほとんどの通貨に対して上昇したことを挙げている。

一方，営業利益は142億スイス・フランで，前年比4.1％の増益となっている。売上高営業利益率は2019年の14.8％から2020年は16.9％へと2.1％上昇している。その要因としては，国際的に付加価値が大きく機能性の高いブランドに焦点を絞ったマーケティング戦略を挙げることができる。さらに大きな要因として，米国と中国でのアイスクリーム事業を売却する一方，ニュートリション/ヘルスサイエンス事業を強化するなど，事業ポートフォリオの改善に努めたことが挙げられる。コロナ禍の2020年においても，ネスレは高成長のビジネスに向けたポートフォリオの変革を大きく進めている（Nestlé, 2021a）。このような事業ポートフォリオ管理が，ネスレの高い利益率の要因として考えられる。

図表7-7 業績推移（2015-2020年）

（単位：百万スイス・フラン）

	2015年	2016年	2017年	2018年	2019年	2020年
売上高	88,785	89,469	89,590	91,439	92,568	84,343
営業利益（注）	13,382	13,693	13,277	13,789	13,674	14,233
売上高営業利益率	15.1%	15.3%	14.8%	15.1%	14.8%	16.9%
法人税等	3,305	4,413	2,773	3,439	3,159	3,365
親会社に帰属する当期純利益	9,066	8,591	7,156	10,135	12,609	12,232
売上高当期純利益率	10.2%	9.5%	8.0%	11.1%	13.6%	14.5%
配当	6,937	7,126	7,124	7,230	7,795	7,923

（注）Trading Operating Profitを「営業利益」とした。
（出典）Nestlé, Finacial Statement 2019, pp.152-153, 2020 p.68.

ネスレはM&Aで業容を拡大してきた歴史がある。積極的な買収を進めると同時に，不採算事業を売却する厳正なビジネス・ポートフォリオ管理を実践しているという。ポートフォリオ管理には独自に開発した分析ツール「アトラス」を用いて，縦軸に過去の経済的採算性，横軸に将来の経済的採算性の座標軸をとり，いずれの採算性も高い第２象限の事業にはさらに資源を投入して成長を加速する。一方，いずれの経済的採算性も低い第４象限の事業は売却または事業戦略を修正するという（ダイヤモンド社，2017，pp.40-41）。

このような財務面での強さは，ネスレの成長の一因と考えられる。しかし，なぜ，このように徹底した財務内容の強化に取り組むのであろうか。なぜ，世界最大の食品・飲料メーカーが，さらなる成長を求めるのであろうか。その答えとして，2021年に発行された統合報告書（Annual Review, 2020）６頁には，次のように書かれている。

「私たちは，資源と規模を活かして，国や地域の発展に貢献しており，また，気候変動や包装廃棄物，生物多様性などの問題にも取り組んでいます。私たちは，直面する課題や進捗状況について，透明性を確保することが重要と考えています。

商業的・経済的な成功が，最終的には，この持続可能性に関わる課題への資金提供につながると確信しています。」

この箇所を読むと，サステナビリティのために利益を出しているような印象を与える。しかし，共通価値の創造の戦略の成果である経済的価値を社会課題に再投資することにより，社会的価値と経済的価値をさらに大きく創造するという考えの現れと考える。このような好循環がネスレの経営の持続可能性だけではなく，世界の持続可能性を高めると理解するのが，正しい見方であると考える。

2　機動的な組織改編

1997年にCEOに就任したブラベックは，ネスレの経営方針として「栄養・健康・ウェルネス」のリーダーであり続けることを宣言した。また，ブラベックは３つの大きな決断を下した。１番目がブランドとマーケティングを刷新する「ブランディングポリシー」の改訂，２番目が「栄養・健康・ウェルネス企業への転身」，３番目が「タンカーから機動性の高い船隊への組織改革」であった。この３大決定の２番目の食品メーカーから栄養・健康・ウェルネス企業への戦略的転身には，３番目の企業内部の変革が不可欠であった（シュヴァルツ，2016)。

ブラベックは巨大組織の経営効率を高めるために，まず，社員に購買，製造，物流，マーケティング，財務管理，会計，人事などのベストプラクティスを周知させた。次に，世界中の拠点でデータベースを標準化し，全社的なデータの有効活用を図った。そして，ブラベックは自分の考えが世界中の事業所の社員と工場で働く従業員にもわかるように，イントラネットを構築した。さらに，部門間の連携を強化した。また，ブラベックは栄養・健康・ウェルネス企業への転身のために研究開発部門の再編を最優先で実施した。そして，研究開発，製造，マーケティングの綿密な連携を図り，機動的な組織運営を図った（シュヴァルツ，2016)。筆者は，ブラベックが就任と同時に進めた組織改編が，ネスレの経営における２番目の強みと考える。

3　コーポレートガバナンス

ネスレの経営力の強さの要因として，研究開発，マーケティング，製造を一体化した機動的な組織運営と，合理的な管理手法を用いた事業ポートフォリオ管理があることを見てきた。これらの強固な事業活動を可能にしているのが，確固たるガバナンスであると考える。

ネスレの取締役会を見ると，社内取締役はCEOとCFOの２名である。一方，指名・報酬・監査委員会に加え，サステナビリティ委員会を担当する社外取締役は10名である。社外取締役は多様性のある経営経験が豊富な人物が選任されている（Nestlé, 2021a)。役員報酬については，基本報酬，短期業績連動，長期業績連動がバランスよく設計されており，この制度設計により足元の利益と将来の利益に結び付く意思決定を可能にしていることが考えられる（Nestlé, 2021b)。

4　経営倫理

ネスレは世界に186の拠点と273,000人の従業員を有する多国籍企業であり，そこで働く従業員は多様な国籍，人種，文化，宗教を持つ人たちである。そのような多様な従業員のいるネスレでは「他者をリスペクト」する文化を大切にしている（ネスレ，2016；高橋，2019)。このようなネスレの倫理観が経営力の根底にあることも，農村開発の一環として児童労働撲滅まで踏み込む意思決定に強く影響したと考える。

ネスレの洞察力，他者をリスペクトする文化，価値観，経営倫理が，児童労働撲滅のためのCLMRSというイノベーションを生み，同業者，非営利団体，国際機関と協力して児童労働撲滅に向かわせていると考える。

第5節　おわりに

ポーター他（2011）は，共通価値の創造の３つの方法を挙げている。第１に製品と市場の見直し，第２にバリューチェーンの生産性の再定義，第３に企業が拠点を置く地域を支援する産業クラスターを作ること，である。ネスレはチョコレート製品の需要の高まりを把握する一方，バリューチェーンにおいては，主力商品のチョコレートの原料であるカカオの調達元であるコートジボワールとガーナのカカオ農家の状況に危機感を持った。その解決策としてカカオ・プランを通じて，健全なコミュニティを育成する農村開発に取り組み，現在もその取り組みは加速している。このように，ネスレはポーター他（2011）が示した，共通価値の創造の３つの方法を実践していると言えよう。

さらに注目すべきは，カカオ・プランにおいては，カカオ栽培の技術指導だけでは不十分で，児童労働撲滅まで踏み込む必要性を認識している点である。良質なカカオを安定的に調達し，競争優位を得るには児童労働撲滅に踏み込む必要があると考えたネスレの経営者には深い洞察力があったと言えよう。また，児童労働が発生しやすいカカオ栽培の性質上，ネスレに対する市民社会の厳しい監視と批判があったことも影響していると考えられる。しかし，それ以上に，ネスレの価値観と経営倫理が児童労働撲滅の取り組みに向かわせていると考える。

日本企業がネスレの事例から学ぶべきことは，まず，人権を重んじる経営倫理であると考える。児童労働撲滅のためには自社単独ではなく，業界団体，国際機関，非営利団体との連携を検討するべきと考える。児童労働の実態をよく知り，信頼できるNPO，NGOなどの市民団体の声を聴いて連携することは有益であると考える。2021年10月に株式会社明治がICIとパートナーシップ契約を提携したというプレスリリースに接した。日本のチョコレート・メーカーが，児童労働問題に対し，独自の取り組みからグローバルな連携に舵を切ったことは注目したい。同社は，国際的なネットワークに参加することにより，多くの知見と気づきを得ることができると考える。その知見と気づきが，社会的価値と経済的価値の創造に結び付くことを期待したい。

（謝辞）　ネスレについては，ネスレ日本株式会社執行役員 コーポレートアフェアーズ統括部長 嘉納未來氏から貴重な情報とご助言をいただいたことを記し，感謝を申し上げる。

【参考文献】

ジョン・ジェラルド・ラギー著・東澤靖訳（2014）『正しいビジネス―世界が取り組む「多国籍企業と人権」の課題』岩波書店。

白木 朋子（2013）「第６章　児童労働撤廃に向けたステークホルダー連携の意義とNGOの役割―カカオ産業におけるACEの取り組み事例より」，『アジ研選書33　児童労働撤廃に向けて：今，私たちにできること』日本貿易振興機構アジア経済研究所，pp. 185-218。http://hdl.handle.net/2344/00016847（検索日2021年11月26日）

ダイヤモンド社（2017）「特集／凄いネスレ―世界を牛耳る食の帝国」，『週刊ダイヤモンド』10月１日号，pp.26-65。

高橋浩夫（2019）『すべてはミルクから始まった―世界最大の食品・飲料会社「ネスレ」の経営』同文舘出版。

フルードヘルム・シュバルツ著・石原薫訳（2016）『知られざる競争優位―ネスレはなぜCSVに挑戦するのか』ダイヤモンド社。

ポーターM.E.・クラマーM.R.（2011）「共通価値の戦略―社会的価値と経済的価値を同時実現する」，『DIAMONDハーバード・ビジネス・レビュー』６月号，pp.8-31。

ネスレ（2016）『Nestlé in society 共通価値の創造と私たちのコミットメント2016』，pp.10-11。（https://www.nestle.co.jp/sites/g/files/pydnoa331/files/asset-library/documents/csv/csvreport-global-2016-j.pdf（検索日2021年11月24日））

Nestlé（2018）Tackling Child Labor 2017 Report.（https://www.nestlecocoaplan.com/themes/custom/cocoa/dist/assets/nestle-cocoa-plan-child-labour-2017-report.pdf（検索日2021年11月30日））

Nestlé（2020a）Tackling Child Labor 2019 Report.（https://www.nestlecocoaplan.com/themes/ custom/ cocoa/dist/assets/ nestle-tackling-child-labor-2019.pdf（検索日2021年11月30日））

Nestlé（2020b）Cocoa Plan Progress report 2019.（https://www.nestlecocoaplan.com/themes/ custom/cocoa/dist/assets/nestle-cocoa-plan-annual-report-final.pdf（検索日2021年11月24日））

Nestlé（2021a）Annual Review 2020.（https://www.nestle.com/sites/default/Files/2021-

03/2020-annual-review-en.pdf（検索日2021年11月29日））

Nestlé（2021b）Corporate Governance Report 2020 - Compensation Report2020 –Financial Statements, pp.32-52.（https://www.nestle.com/investors/corporate-governance（検索日2021年11月29日））

Nestlé（2021c）Creating Shared Value and Sustainability Report 2020.（https://www.nestle.com/sites/default/files/2021-03/creating-shared-value-report-2020-en.pdf（検索日2021年11月29日））

第8章

ESGカオスと企業経営・財務政策の基軸

第1節　企業側から見たESGカオス

1　悪戦苦闘する担当部署

「何かしなければ取り残される」――毎日のようにメディアにESG（Environment, Social, Governance：環境・社会・企業統治）という言葉が躍る昨今，企業は焦りを強めている。

ところがこの分野は，一生懸命に取り組めば取り組むほど悩みが深くなる。SDGs（Sustainable Development Goals：持続可能な開発目標）の示す内容を整理し，UNGC（United Nations Global Compact：国際連合グローバル・コンパクト）に署名し，CDP（Carbon Disclosure Project）などから送られてくる質問状の山に追われながら，コーポレートガバナンス・コードにも明記されたTCFD（Task Force on Climate-related Financial Disclosures：気候関連財務情報開示タスクフォース）に沿った開示に努め，ISSB（International Sustainability Standards Board：国際サステナビリティ基準審議会）の動向を気遣い，MSCI（Morgan Stanley Capital International）やFTSE（Financial Times Stock Exchange），Sustainalytics等のESG格付けを何とか良くしようと必死である。

読者の方はすでにここまでで嫌気がさしただろうが，企業の担当者はこうした，いわゆる「アルファベット・スープ（英文字略称の氾濫）」とも戦わなければならない。しかもそれらを経営トップや関係部署等に説明して理解を得る必要がある。

しかし，あまり成果は上がらない。整理すればするほど書いてあることは綺麗ごとばかりに見えてくる。現実の事業活動には何も紐づかないようにも思える。いっそのこと強制開示にしてくれれば単純作業で済むかもしれないと本音では思いつつ，任意開示ゆえに求められる「わが社らしさ」や「ユニークなアイデア」に悪戦苦闘する。

自社が目指す持続可能な将来の姿など担当者レベルで決めようもないのに，関係部署はサイロ化して横連携は望むべくもなく，経営トップは矢面には立とうとしない。膨大な仕事をこなすための経営資源にも事欠く有様ながら，投資家をはじめとするステークホルダーからは雨あられと難題が降ってくる。社外取締役は好き勝手なことを言うし，もうやっていられない――ESGへの対応が滞っている企業の内実は，およそこんな状況である。ESGという奔流に巻き込まれて複雑骨折してしまったかのようだ。別に担当者が愚かなわけではない。それどころか，真面目すぎるほど真面目に取り組んでいる。なぜ，こんなことになってしまうのだろうか。

2 「ESG」とは不思議な言葉

１つには，言葉が適切に位置づけられていないことが挙げられよう。実は「ESG」というのは不思議な言葉である。通常，こうした英文字略称は正式名称として意味を持つ長い名前があり，その略称として使われている。だが，ESGは単にEnvironment（環境），Social（社会），Governance（企業統治）の頭文字を並べただけの造語でしかない。しかも，この３つは等しく同じ意味を持つわけでもない。投資家用語として，環境や社会といった分野に意を用いつつ事業を行っている企業をしっかりガバナンスすることができれば，長期的にはより大きなリターンが得られるはずだ，とする投資手法の１つをこう呼んだだけである。

しかし，そのうち「ESG」は投資の世界を離れて一人歩きを始め，今や経営目標として持ち上げられたり，環境団体や人権団体の活動の糧になったりしている。こうなってくると企業の人々は混乱する。「いったいCSR（Corporate Social Responsibility：企業の社会的責任）と何が違うの？」，「SDGsとの関係は何？」――そして，アルファベット・スープの泥沼にはまることになる。

特に，「CSR」と似て非なる概念であることは企業を一層混乱させる。経済的責任だけではなく社会的責任も果たすべきとの声に応えるべく行われてきたCSRでは「経済的責任」と「社会的責任」は別個に扱われがちだった。それどころか，この２つは対立軸となり，何やら「本業における経済的な成功に対する“贖罪”としての社会貢献」という風情さえ漂うようになっていた。CSR推進室の活動が，ごみを捨てたり花を植えたり，あちらこちらに寄附したり，といったものになりがちであったのも無理はない。

そうこうしているうちに，ESG投資の波が押し寄せてくるとどうなるか。投資家の考えるESG投資活動と企業におけるCSR活動とのずれは顕著となり，お互いに話はすれ違う。わかり合うために前提とすべきは，ESG投資が「環境や社会，ガバナンスに意を用いる企業ほど長期的に企業価値向上を実現できる」という信念に基づいていることだ。言い換えればESGに積極的に取り組む企業こそ，ステークホルダーと良好な関係を築き，長期にわたってキャッシュフローを生み出し続けることができるだろうということである。そして，それは本業のビジネスでの話だ。

こうした考え方は，実はマイケル・ポーターが提唱したCSV（Creating Shared Value；共有価値の創造）にすでに表現されている[1]。ポーターは，「CSRは偽善だ」とばかりに本業とは無関係の社会貢献活動が主流となっていたCSRを批判し，社会ニーズや問題に取り組むことで社会的価値を創造する結果として経済的な価値の向上もなされるべきと主張した。よりポーターらしく言えば，戦略的に社会問題に取り組むことでその活動を競争優位に結びつけ，企業も社会もお互いにメリットを享受できるということだ。競争戦略論のバージョンアップとも言える。

もし，CSRがCSVに順調に取って代わられていれば，企業側の混乱も少しは低減できたかもしれない。しかし，企業の側で内発的な動機からCSVを積極的に進めていこうという動きは一部に留まった。そして，そうした意識の醸成を待つことなくESGの奔流が企業を襲い，企業側の概念整理が追い付かないまま今に至っているのが実状と言えよう。

最近では，ようやく「CSR推進部門」から「サステナビリティ推進部門」への衣替えも進み，人材を含めた経営資源の投下状況も変わってきているが，まだまだ社内外一般の理解が十分に得られているとは言い難い。本来は投資家側の言葉であるESGを冠して「ESG経営」などという，よく考えてみれば摩訶不思議な言葉が流通しているのはその証左でもある。概念整理はさておいて，外

1　Kramer, M. R., & Porter, M. (2011). *Creating shared value*, Vol. 17, FSG. Porter, M. E., & Kramer, M. R. (2006), Strategy & Society, *Harvard business review*, 84.

発的な圧力への対応を優先させたことがよくわかる言葉だ。

3　どうやって連携するのか

「ESG」と括られていることは，企業の中での役割分担上も混乱を招く。

「E」と「S」，そして「G」の担当部署はそれぞれ異なるからだ。

「E」（環境）についてはサステナビリティ推進部門の管轄になりがちだが，本来，事業を取り巻く外部環境の変化として事業部門とがっちり歩調を合わせて対応を考えなければならない。また，コーポレートガバナンス・コードにおいてTCFDに沿った開示が求められるようになったことから，コーポレートガバナンス事務局との関係は今や切っても切れないはずだが，これまでサステナビリティ推進部門は取締役会に近い位置にいたわけでもなく，何やらちょっと浮いた存在になっているのが実状ではなかろうか。

「S」（社会）についても状況は複雑だ。人権問題の深刻化や，多様性の確保を含む人的資本の活用などが焦点となることが多い。前者については外部環境の問題として，やはりサステナビリティ推進部門の管轄となりがちだ。サプライチェーンすべてを見渡して対応を進めなければならないが，事業部門や調達部門との間で利害は時に対立し，担当者は業務推進に悩むことになる。実は，ハラスメント対策など内部資源をめぐる人権問題も多いのだが，サステナビリティ推進部門と人事部門が上手く連携を取って事を進めているようには見えない。

一方で，後者の人的資本の活用に関しては人事部門の牙城である。だが，人事部門がこの課題を見事にこなしているかというとそうでもない。人材を労働者とみなしてコスト扱いする昔ながらの人事や労務管理には長けているものの，今求められている人材開発など，人材の価値をいかに向上させるかといった経営課題については，遅々として進まない。特に，コーポレートガバナンス改革によって，マネジメントトレーニングをはじめとする経営人材育成や，人的資本への投資は強く要請されているところであるが，経営戦略と人事戦略が効果的に連携できていないことは，経済産業省が公表した「持続的な企業価値の向上と人的資本に関する研究会　報告書～人材版伊藤レポート」においても，つとに指摘されているところである。

「G」（企業統治）を考えるにあたっても関係部署は多岐にわたる。コーポレートガバナンス事務局自体が，経営企画部門と法務部門，総務部門の寄り合い所帯となっていたりする。しかし，役員関連の重要事項は秘書室が握っていたり，企業全体の数値は経理部門に聞かなければ出てこなかったりする。内部統制部門や内部監査部門の関与も必要であるし，リスク統括部門の仕事は経営企画部門などと密接なはずなのだが，なぜか遠く隔てられていることも多い。また，これらの部門はどこも皆口下手なので，投資家に対する説明にはIR部門が不可欠である。しかし，必要な情報が適当な形で正しくIR部門に届けられることは少ない。加えて，これらの部門の管掌役員が事細かに分かれていたりすると，役員間の調整を行ったり了承を得るまでにまた長い時間がかかることになる。

誰が悪いわけでもない。これらの部門は，皆これまで管轄とされてきた業務を真摯にこなそうとしている。だが，部門の立て付け自体が古くなっているので効果的に機能しないのだ。古い革袋に新しい酒を注ぎこもうとしてあちこちから液体がだだ漏れしているような状況である。コーポレートガバナンス・コードがその第５章で，「（株主との建設的な）対話を補助する社内のIR担当，経営企画，総務，財務，経理，法務部門等の有機的な連携のための方策」を明瞭にすべしと説いたのは慧眼である。しかし，もう一歩進めれば，こうした本社の構造自体がすでに時代遅れになっているのではないか。本社部門の役割や機能，管掌のありかたを抜本的に見直す必要がある。ただ，これについては紙面の制約上別稿[2]に譲ることとしたい。

第２節　投資家側も黎明期である

１　非財務情報とは何か

ただでさえ企業内部の役割分担がカオスとなっているのに，開示や説明を要請される内容も多岐にわたり，莫大かつ複雑であることは，企業の動きをさらに鈍らせる。最も悩ましい要素の１つは「非財務情報」である。コーポレートガバナンス・コードは非財務情報を**図表８-１**のように定義する。

2　松田千恵子（2019）『グループ経営入門　第四版』税務経理協会。

図表8-1　コーポレートガバナンス・コードにおける「非財務情報」の定義

> 我が国の上場会社による情報開示は，計表等については，様式・作成要領などが詳細に定められており比較可能性に優れている一方で，会社の財政状態，経営戦略，リスク，ガバナンスや社会・環境問題に関する事項（いわゆるESG要素）などについて説明等を行ういわゆる非財務情報を巡っては，ひな型的な記述や具体性を欠く記述となっており付加価値に乏しい場合が少なくない，との指摘もある。

これもわかったような，わからないような定義である。計表等についての情報開示は優れているとのことだが，これは強制的開示事項がほとんどなので当然と言えば当然である。一方で，大別して①会社の財政状態，経営戦略，リスク，②ESG要素，すなわちガバナンスや社会・環境問題に関する事項，を「いわゆる非財務情報」と定義し，これらについては問題があると指摘している。しかし，「いわゆる」と言われても，実は世間で理解されている「非財務情報」の定義は百花繚乱だ。多くの人々は，上記の②だけを非財務情報だと思っている。あるいは，数値に表せない定性情報のことだと思っている人もいる。どれも正確ではない。誤解を招くばかりなので「非財務情報」という言葉自体，海外ではあまり使われなくなっているという。

改めてコーポレートガバナンス・コードの定義や巷の理解・誤解を突き合わせて考えてみると，非財務情報と言われている内容には，実は以下の4つの要素があることがわかる。

・数値情報なのか，非数値情報なのか（定量情報なのか，定性情報なのか）。
・過去情報なのか，将来情報なのか。
・経済的価値に関する情報なのか，社会的価値に関する情報なのか。
・強制開示情報なのか，任意開示情報なのか。

これらの組み合わせで，財務情報・非財務情報と言われるものは成り立っている。**図表8-2**のようにまとめるとわかりやすいだろうか。

図表8-2　財務情報・非財務情報

	過去情報	将来情報
経済的価値	＜1＞ ・強制的開示 ・数値情報 ・例：財務三表，セグメント情報	＜3＞ ・自発的開示 ・数値情報/非数値情報 ・例：事業の将来予測
社会的価値	＜2＞ ・自発的開示 ・数値情報/非数値情報 ・例：CO_2削減量，人権への取り組み	＜4＞ ・自発的開示 ・数値情報/非数値情報 ・例：環境や社会の将来予測

このうち，＜1＞の象限に属する情報が，コーポレートガバナンス・コードにおいて「優れている」とされる計表等，すなわち会計情報である。特に制度会計に基づく情報は，上場企業であれば微に入り細に入り開示していることであろう。これが一般に「財務情報」と言われる分野である。

したがって，「非財務情報」というのは＜2＞，＜3＞，＜4＞を総称している呼び名だということがわかる。では，これらを十把一絡げにしておいてよいのだろうか。答えは否である。なぜならば，情報の内容も受け手も全く異なるからである。

2　「追加的」な情報か，「統合的」な情報か

もう少し詳しく見てみよう。＜2＞の象限の情報は，「過去情報」であり「社会的価値」に関する情報である。たとえばCO_2の削減量や，女性管理職比率などであり，多くの場合は数値で表される。数値でない場合にも，Yes/Noといった二者択一で表され，定量情報として扱える内容がほとんどである。これらの情報を欲するのは誰か。主としてパッシブ投資家である。

投資手法はパッシブ運用とアクティブ運用に大別される。アクティブ運用はベンチマークとなる指数を上回る運用を目指し，パッシブ運用は市場全体の動きと連動することを目指す。後者の1つのあり方として，特定の指数に連動することを目指すインデックス投資がある。このインデックスを作る際に，＜2＞の象限の情報が必要なのだ。ここには，個人の恣意性が入り込む余地はない。ESGの観点から評価された企業で構成されるインデックスを作ろうとする場合，その評価ポイントが評価者によって異なったり，予測や推定が入った

りすると困るのだ。したがって，要請されるのはどうしても企業において確定した情報，すなわち過去情報ということになる。

また，定性情報は扱いにくい。点数換算して，その評点が一定以上の企業のみインデックスに組み入れる，という扱いがしにくいからだ。定量情報については，経済的価値に関するものであればすでに会計情報として強制開示されている。したがって，ESG要素を組み込もうとする際には，社会的価値に関する過去情報かつ定量情報を「追加的に」求めることになる。「FACTBOOKの内容を充実してほしい」，「ESGに関する情報を数値化してほしい」と求めるのはこのカテゴリーの投資家である。

一方，＜３＞および＜４＞の象限の情報を求めるのは，アクティブ投資家である。彼ら彼女らは，人と同じことをやっていては儲からない。企業における過去の数字はすでに決まっており動かしようがないので，そんな情報に依拠して投資をしても指数を上回るリターンは得られない。勢い，個々の企業の将来を予測し，その成長ストーリーに賭けることになる。これからの経営戦略が彼ら彼女らの最大関心事である。こうした投資家が，将来情報かつ定性情報を重視するのは当然だろう。また，企業における将来の成長ストーリーは，「ここからここまでは経済的価値にこれだけ寄与し，ここから向こうは社会的価値にいくら寄与する」などとドライに割り切れるものではない。中には，経済的な価値にしか興味がないといった一部のアクティビストのような投資家もいるだろうし（彼らは＜３＞の象限の情報を専ら求めるだろう），あるいは社会的価値のみに注意を払う一部の環境原理主義的な団体などもあるだろう（彼らが求めるのは＜４＞の象限の情報である）。しかし，多くの投資家がいみじくも「ESGインテグレーション」などと口にするように，通常はESG要素を組み込もうとする際には，経済的価値と社会的価値を一体として捉えた「統合的な」情報が求められる。「事業環境の予測にESG要素はどの程度組み込まれているのか」，「中長期予測とはどのくらいのスパンを指しているのか」などと聞いてくるのは，このカテゴリーの投資家である。

問題は，こうした投資家の関心の違いをわからずに企業が「非財務情報」の要請に対応しようとした場合である。あちこちから投げられる開示要請に辟易して，「非財務情報を出さなくては」と焦るあまり，＜２＞の象限の情報を欲している相手に＜４＞の象限の情報を与えてみたり，＜３＞の象限の情報を求められているのに＜２＞の象限の情報を開示したりしていることが目立つ。

また，「こんなに面倒くさいならいっそルール化，あるいは強制的開示にしてほしい」という声も時々聞くが，ルール化や強制的開示が可能なのは，＜２＞の象限の情報である。＜３＞，＜４＞といった「会社の目指すところ」はこうした取扱いにはなじまない。また，＜２＞の象限の情報を充実させるためにはミドルの努力も奏功するが，＜３＞，＜４＞の象限の情報を充実させるためにはトップマネジメントの関与が不可欠である。「非財務情報」という雑な定義を見直し，情報の種類によって取り組みを分けていくことが必要ではなかろうか。

3　投資家も黎明期である

企業側の取り組みの課題ばかりあげつらったが，実は投資家側にもさまざまな課題が山積している。ESG投資という分野があまりに急激に膨張したため，企業評価や分析の枠組みが追い付いていないのである。同じESG格付けと称しても，全く評点の異なる格付けが乱立したり，いくつもの異なった「推奨されるESG情報開示の枠組み」なるものが企業を混乱させたりする。この点だけを見ていると，企業は投資家側における混乱の「被害者」とさえみえてくる。

たとえばESG格付けをみてみよう。格付け会社は全世界に数百とも言われるほど存在する。有名大手だけを並べても十指に余る（**図表８-３**）。しかも，これら格付けの視点は良く言えば多様，悪く言えばてんでばらばらである。特に多く用いられているMSCIとFTSEの格付けに関しては，毎年GPIFが相関係数を算出しているが，相変わらず相関は低い（**図表８-４**）。

この状況を，格付け会社自身は「ESGは扱う内容が広いので見方は異なって当然」と説明する。別に悪いことではないが，しかしGPIFの調査による相関係数が毎年徐々にではあるが上がってきているのを見ると「まだ見方が成熟していなかったのでは」とも見える。また，企業側からよく聞く悩みは「どのような評価をしているのかわからない」ということである。評価の内容がブラックボックスでは，評価向上に向けた努力の方向性を決めることもできない。過去の実績に対する格付け（先ほどの＜２＞の象限に関する格付け）なのか，将来像に関する格付け（＜３＞，＜４＞の象限に関する格付け）なのかも定かではなかったりする。要は，未だ黎明期の業界なのである。

このことは，すでに成熟期を迎えた信用格付け業界と比較してみるとわかりやすい。信用格付け業界とて，昔は何百もの会社が乱立していた。しかし，何

図表８-３　主要ESG格付け会社一覧

名称（ABC順）	設立国	備　考
Arabesque S-Ray	ドイツ	QUICK ESG研究所と提携（2019）
Bloomberg	米国	
CDP	英国	国際NPO
Eco Vadis	フランス	
FTSE Russel	英国	英証券取引所傘下
ISS	米国	Oekom Research（独）を買収（2018）
MSCI	米国	
Refinitiv	カナダ	Thomson Reuterから分離，英証券取引所が買収（2021）
S&P Global	米国	Robeco SAM（スイス）を買収（2019）
Sustainaltics	オランダ	Morning Star 傘下
Vigeo Eiris	仏・英	合併（2016），Moody' sが買収（2019）

図表８-４　MSCIとFTSEのESG評価の相関関係推移

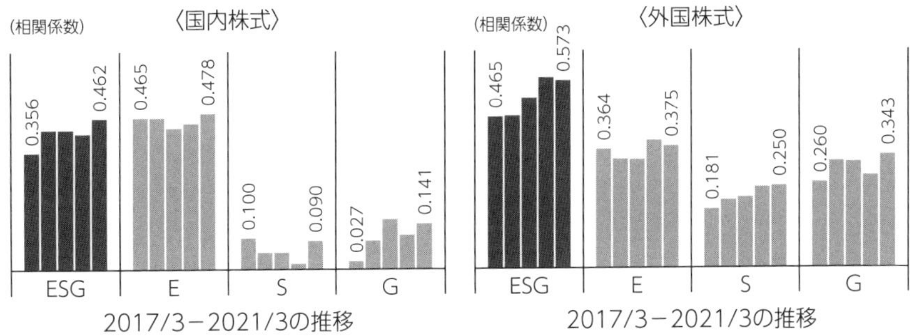

かを評価するという仕事は，結果的に評価の権威づけに成功した企業の寡占となる。信用格付けでは，Moody' sとＳ＆Ｐの二大格付け会社に収斂した[3]。これらの格付け会社間でも格付けが異なることはあり，将来への見方の多様性を裏づけているが，それでもこの２社の格付けの相関係数は約0.6[4]であり，はる

3　もちろん，他にも現存する信用格付け会社は存在するが，世界的に多く用いられているという意味では，この２社が圧倒的だろう。ちなみに，評価を行う業界において寡占がみられるというのは，議決権行使助言業界（ISSとグラスルイス）も同じである。

4　白須洋子，湯山智教（2021）「評価機関のESGスコアの特性は何か?：主要４ESGスコアの独自性・類似性の比較から」。証券アナリストジャーナル=Securities analysts journal, 59（9），pp.68-80。

かに高い。

おそらく，ESG格付けも早晩寡占化し，見方も相関するようになってくるだろう。また，評価の内容がブラックボックスだという批判も，信用格付け会社が長らく受けてきたものである。これについては何度も改革が行われ，さまざまなメソドロジー（格付け手法）が開示され，果てはリーマンショックの戦犯として，信用格付け会社は当局から透明性の確保を厳しく監督されるに至っている。

信用格付けにおいては，過去の実績が対象なのか，将来像が対象なのかも，特に日本ではわかりやすい。前者（実際には＜１＞の象限に対する格付け）は銀行が行っている内部格付けに相当し，後者（実際には＜３＞の象限に対する格付け）が信用格付け会社の行っている外部格付けに相当する。最近では，信用格付け自体にESG要素を加味していこうという動きもあり，すべてを信用格付けのアナロジーで語るのは危険でもあるが，信用格付けが経たよりもはるかに短い時間で，この業界の合従連衡は進むだろう。**図表８-３**に示したとおり，すでに毎年のように，どこかの格付け会社が別の格付け会社に買収，あるいは統合されている。

4　ルール化はすでに始まっている

より統合のスピードが速いのは，ESG情報開示に関する国際的な開示のフレームワークである。こちらも絵に描いたような乱立ぶりであった（**図表８-５**）。

しかし，さすがにこの状況は問題であるということがようやく認識されはじめ，最近になって動きが急となってきた。これらの機関は以前から基準の一貫性や比較可能性などについて対話を続けていたが，2020年９月には，IIRC，GRI，SASB，CDP，CDSBの５団体，いわゆるビッグ・ファイブによって，包括的な報告のあり方に関する共同声明が出され，複数基準の存在で混乱が生じていることを認めた上で，将来的には財務会計とESG情報開示を両立させた包括的な企業開示を目指すために協力していくことが謳われた。2021年８月には，このうちの２つ，IIRCとSASBはVRFとして合併した。そして，2021年11月には，IFRS財団が国際的なサステナビリティ報告基準を検討するためISSB（International Sustainability Standards Board；国際サステナビリティ基準審議会）を設立するとともに，2022年６月に向けてVRFおよびCDSBと統合し，TCFDやCDPなどとも連携を進めることを公表した。また，緊急性の高い気候変動

図表８-５ ESG情報開示に関する主要なフレームワーク

策定機関	策定内容
経済産業省	価値協創のための統合的開示・対話ガイダンス―ESG・非財務情報と無形資産投資―
気候関連財務情報開示タスクフォース（TCFD）	TCFD提言
Global Reporting Initiative（GRI）	GRIスタンダード
Climate Disclosure Standards Board（CDSB）	CDSBフレームワーク
Carbon Disclosure Project（CDP）	質問書の送付と回答の開示
Value Reporting Foundation（VRF） 以下の２団体が2021年に合併	
・サステナビリティ会計基準審議会（SASB）	SASBスタンダード
・国際統合報告評議会（IIRC）	国際統合報告フレームワーク
IFRS財団 ・VRF，CDSBとの統合を発表 ・気候変動開示でTCFDの提言を基礎	国際サステナビリティ基準審議会（ISSB）の設立とサステナビリティ報告基準の検討（プロトタイプ公表）

に関する開示などについてはすでにプロトタイプを公表している。これによって，非財務情報に関する企業の開示基準の統一が進むとともに，投資家の利便性も増すことになるだろう。コーポレートガバナンス・コードにおいて，「国際的に確立された開示の枠組みであるTCFDまたはそれと同等の枠組みに基づく開示の質と量の充実を進めるべきである」とされている「それと同等の枠組み」とはISSBによるものを指しており，これによって実質的な強制開示化，ルール化が進むこととなる。

ルール好きな日本人としては，これで依拠するものができて一安心ということかもしれないが，事はそう単純ではない。気候変動に関する基準は，TCFDの提言に沿った情報開示がベースとなるが，その他にさまざまな開示項目も付け加わる可能性があるからだ。しかも，その内容がすべての国家，すべての企業にとって中立的であるとは限らない。基準作りでは欧州が主導権を握ろうとしている。

ハイブリッド車の例を挙げるまでもなく，欧州に都合の良い基準作りをされれば，日本にとっては不利となる場合も多い。将来的には環境（E）ばかりではなく，社会（S），ガバナンス（G）に関する統一基準作りも予定されている。こうした中では「ルールを守る方」ではなく「ルールを作る方」に回らなければならないのは自明であるが，IFRS財団に資金拠出を行うだけで，「ESG分野での世界共通の基準づくりに積極的に関与し，日本としての意見を反映させる」[5]ことが本当にできるのだろうか。ここから先は，個々の企業努力を超え，国家としてのソフトパワーによる戦いが待っている。

第３節　経営戦略とサステナビリティ

1　まずはきちんと儲けよ

国際的な開示基準作りが進み，それに則って粛々と求められた開示をしていけば，企業としてはそれで安泰なのだろうか。残念ながら世の中そう甘くはない。前掲の図表でいえば＜３＞と＜４＞の象限に当たる情報は，企業の将来に向けた意思を表す分野でもある。最近では「パーパス経営」などとも言われるが，どのような究極の目標を打ち立て，それに向かってどのような道筋を，どのような価値観を持って進もうとしているのかが問われている。企業が，経済的な意味でも社会的な意味でも，この世界にあり続けるに足る意義を持つ存在と認められるようなものとなっているのかということだ。「サステナビリティ（持続可能性）」を重視した経営をどのように行っていくかということでもある。この分野を担うのは，まずもって経営者である。社内からの期待も，そのことを裏づけている（**図表８-６**）。

経営者こそは「会社の目指すところ」を実現し，企業価値向上への道筋を描く最終的な意思決定者である。企業理念に始まり，長期的なビジョン，そして具体的な経営戦略を立て，それを実行するのは経営者の仕事だ。この一連の仕事を行うに際して，気候や気温，自然環境，生物多様性，世界的なパワーシフトの動向，人口動態や人間心理といった環境や社会に関する課題を考えなければ，もはや長期的にしっかり儲かるポジショニングやビジネスモデルは持続不可能なのだ，さあどうする――こうした問いを，経営者は突き付けられている。

もちろん，これはビジネスチャンスでもある。自社の本業を見直せば，大量生産・大量消費の時代から何ら疑いも持たずに行ってきた薄利多売モデルがいかに非効率かということにも気が付くだろう。消費者も単に「安くていいモ

5　日本経済新聞（2021年９月１日）「日本，ESG共通基準づくりに参画　新団体に資金拠出」。

図表8-6　ESGを進めるにあたっての社内の声

順位	ESGに関して，将来より活動してほしいと思っているのは誰ですか？	回答数
1	CEOなど経営トップレベル	279
2	CFOなどの管理・財務経理管掌取締役レベル	155
3	COOなどの事業管掌取締役レベル	125

順位	自社のESGへの取り組みが優れていると思われる理由は何ですか？	回答数
1	経営トップの理解が十分だから	22
2	チームや担当者の質が高いから	12
2	ESGに関する独自の取り組みプロセスが確立しているから	12

順位	自社のESGへの取り組みが劣っていると思われる理由は何ですか？	回答数
1	チームや担当者の数が十分にいないから	48
2	経営トップの理解が不十分だから	38
3	ESGに関する独自の取り組みプロセスが確立していないから	37

（出典）日本CFO協会サーベイ「ESGへの取り組みに関する実態調査「経営の進化とESGの視点」（2020.8実施）。

ノ」ではなく，環境に配慮し倫理的にも正しい製品を求めるようになっている。自社の製品やサービスが持つ顧客への提供価値を見直すのは当然だ。まずはこれからの時代に合わせて「きちんと儲ける」ことである。ただでさえ，日本企業の収益性は欧米企業に比べて低いのだ。

また，将来へのシナリオを描けば，リターンの追求のみならずリスクへの対応も当然求められる。グレート・リセット[6]の渦中に放り込まれつつあるというのは，これまでとは比べ物にならないほどのリスクへの対処も必要ということだ。過去にも何度か起こったグレート・リセットにおいては，業界が丸ごと消滅した例も珍しくない。外部環境も内部資源も大きく変わる中で生き抜こうとすれば，やはり企業理念に始まる「拠って立つ基本の軸」が必要となり，そ

6　「世界経済フォーラム（WEF）」が毎年開催するダボス会議のテーマを，2021年に「グレート・リセット」としたこともあり，この用語は多く使われるようになっている。新型コロナウイルスの感染拡大が経済成長，公的債務，人間の幸福などに深刻な影響を及ぼしていること，気候変動などの環境問題や格差の拡大といった社会問題が深刻化していることから，これまでの社会や経済のありかたを抜本的に見直し，全く新しい経済社会システムを構築しなければならないという考えを表す。

れを柱に柔軟な戦略を立てて実行する経営者の能力が試される。こう考えれば，ESGへの取り組みとは，企業理念に始まる経営戦略そのものであり，その仕事はまさに経営者のものであることも理解されよう。

冒頭に掲げたような外部からの要請やあふれるばかりの情報を数多く並べて正解はどれなのか，担当者があれこれ思い悩んでも空しいばかりだ。そうした分析や情報は糧としつつも，重要なのは自分がどうしたいのかを信念を持って追求することであり，その旗振り役は経営者だ。ESG時代においては，経営者の能力や意思決定の巧拙こそが，企業の差別化要素となる。そして，それは「Ｅ」と「Ｓ」をしっかり踏まえた世界観と戦略思考によって作り上げられた将来像によって表現され，実行を期待される。それができなければ「Ｇ」の規律づけを受けるということだ。

2　戦略思考と世界観の実現

ESGへの取り組みが結局のところ経営戦略の立案と実行に帰着するものならば，企業も少しは心も軽くなるというものだ。「それなら，すでにやっている」という企業も多かろう。しかし，本当にそうなのだろうか。

日本企業における経営戦略の立案と実行は，「中期経営計画（中計）」といった文書に表されることが多い。中計を策定している企業は上場企業の実に９割にも及ぶ[7]。

最近では，この「中計」をバックキャスティングで描く努力もよく行われる。遠い将来のあるべき自社像を設定し，そこに至る長期のビジョンを定め，それを中期にブレイクダウンしたものを中計とするということだ。しかし，これまた問題山積である。自社像を考えようというのに主観的な世界観がなく，具体的に手を打とうというのに戦略が不在だからである。

遠い将来のあるべき自社像を考えるために，そのころ地球は，あるいはわれわれの社会はどうなっているのか，といったことに関する情報を入手し，客観的な分析を試みるのは悪いことではない。それこそ正にESGの観点からの市場分析とも言える。だが困るのは，いつまで経っても「客観的」な「分析のため

7　日本IR協議会（2021）「IR活動の実態調査」。同調査によれば，調査に回答した上場企業1,032社のうち，中期経営計画を「策定し公表している」企業の割合は69.2%，「策定しているが非公表」が21.8%，「策定していない」が8.6%であった。

の分析」に留まることだ。

いくら「2050年地球はどうなる」,「2030年の世界の姿」といった書籍や記事を読み漁り，将来予測に詳しくなったところで，そこに「主観的」な「世界観」があり，望む姿を実現しようとする「意志」がなければ将来像など絵に描いた餅である。その画餅からいくらバックキャスティングしようが実効性のある打ち手など見つかるはずもない。客観的な分析を積み重ねた上で，どこかでそれを基にした自社の主観的な世界観と将来像を，リスクを取って示さなければならない。

3　なぜ中計は戦略たりえないか

バックキャスティング以上に問題なのが,「中計が戦略たりえていない」ということである。

「あんなに時間と労力を費やしたのに」——お嘆きの読者も多いだろう。中計策定作業は日本企業における一大イベントだ。社内の多くの人々は，中計策定を「これぞ戦略作り」と考え，貴重な経営資源を投入することに何ら違和感を持っていないだろう。コーポレートガバナンス・コードにおいても，経営戦略と経営計画は同一視されている。だが，実際にでき上がった中計は，残念ながら戦略とは似て非なるものであることが多い。

では,「戦略」とは何なのだろうか。経営戦略論をかじろうとすると，まずはこの問題にぶつかる。そして，その定義が多彩に過ぎることに気づかされて途方に暮れる。戦略論の大家，ジェイ・バーニーでさえ,「戦略について書かれた本の数だけ戦略の定義は存在する」と，匙を投げたような発言をしている。**図表8-7**に掲げた著名経営学者の戦略に関する定義を見れば無理もなかろう。

図表８-７　「経営戦略」の定義例

- 「長期的視野に立って目的と目標を決定すること，およびその目標を達成するために必要な行動オプションの採択と資源配分」（アルフレッド・チャンドラー，1977）
- 「いかにして競争に成功するかということに関して企業が持つ理論」（ピーター・ドラッカー，1994）
- 「企業が考えた競争に成功するためのセオリー」（ジェイ・バーニー，1996）
- 「企業や事業の将来のあるべき姿とそこに至るまでの変革のシナリオを描いた設計図」（伊丹敬之他，2003）
- 「企業が実現したいと考える目標と，それを実現させるための道筋を，外部環境と内部資源とを関連付けて描いた，将来にわたる見取り図」（網倉久永・新宅純二郎，2011）

ただ，眺めていると共通項も見えてくる。括ってみると，①何らかの主体が，②将来目指す姿を達成するために，③外部環境と内部資源を考えつつ，④進むべき道筋を選び，⑤ストーリーやシナリオとして描いたもの，といったあたりだろう。先ほど見たように，これらには一貫して「主観的」な「世界観」があり，望む姿を実現しようとする「意志」がある。この条件に中計が十分に当てはまるなら問題ない。

4　株主が求めるのは戦略ストーリー

しかし，中計の中には，①そもそも誰がやるのかわからない，②将来どこを目指しているのかわからない，③内部事情の説明ばかりで外部環境には目が向けられていない。目を向けるのは業績悪化の言い訳に使う時だけ（「想定外の外部環境悪化によりやむなく云々」），④多くの選択肢の中から，何を優先するのか，どの道筋を選ぶのか選択していない，⑤骨太の将来シナリオというよりも，単なる事業紹介や，「こうなったらいいな」というポエム，あるいはやたらと細かな事例の寄せ集め，というものも目立つ。

将来達成すべき財務指標だけは８割以上の企業がせっせと開示するが，それを実際に達成する企業はたったの３割弱である[8]。だからと言って責任を取っ

8　円谷昭一（2017）『コーポレートガバナンス「本当にそうなのか？」―大量データから見る真実』同文舘出版。

て辞任した経営トップの話を聞くことは少ない。選択してもしなくてもよく，達成してもしなくてもよいものを戦略とは呼ばない。

この状況を最も不満に思っているのは株主である。もともと中計は，企業内部における管理に，そしてメインバンク・ガバナンスの時代においては銀行に返済の確実性を説明するために活用されたものである。エクィティ・ガバナンスへと移り変わった今，株主は投資先の将来性を判断するための「成長ストーリー」を望んでいる。どこを目指しているのかわからないような中計が，果たしてその任に耐えるだろうか。中計の未達が続いた場合，株主は企業の舵取りを任せた経営者の責任を追及せずに済むだろうか。どちらも危ういように見える。

もちろん，だからと言って中計の開示をやめてしまえ，ということにはならない。株主は，重箱の隅を突くような内部事情の羅列や，曖昧模糊とした事業のイメージを欲しているわけではないが，自らの資金をこれから先，投資先である企業に賭けるにあたっての将来の成長に関する「お話」は大いに望んでいるからだ。前述の①～⑤を満たした戦略ストーリーを語ることの重要性は今後より増していくだろう。

5　サステナビリティ要素は戦略の一部

戦略が戦略足りえたとすれば，次に考えるべきは，それに「サステナビリティ」を加味することである。とは言え，別に分けて考える必要はない。社会的価値と経済的価値を統合した将来の姿を述べたいのだから，わざわざ「これは経済的価値に直結する内容」，「こっちはＥ」，「そっちはＳ」などと分断すればややこしくなるばかりだ。

しかし，まだ現状は混乱も多いように見える。理想的な姿としては，「環境（Ｅ）や社会（Ｓ）への影響を考慮した上で，社会的価値と経済的価値を統合した経営戦略を立案・実行し，企業が目指すべき将来像が実現する」のが第一であり，それが「より良い世界の将来像の実現に貢献する」ことにつながるよう，経営者は努めることとなる。その経営者の働きを規律づけるコーポレートガバナンス（Ｇ）が働くことにより，世界はより良くなっていく……はずだ。

図表８－８　経営戦略とサステナビリティ要素：現状と理想

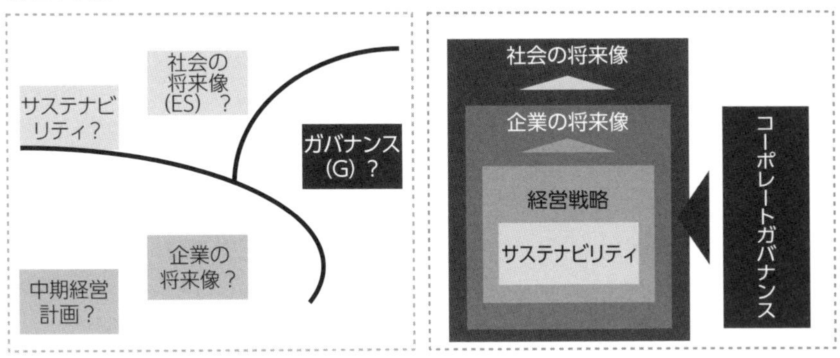

あまりに基本的な内容で恐縮だが，戦略策定にあたっては，通常「外部環境」と「内部資源」について考える。外部環境がCustomer（市場，顧客）とCompetitor（競合），内部資源がCompany（自社）である。経営戦略論の世界では，外部環境の重視＝マイケル・ポーターに代表されるポジショニング派と，内部資源の重視＝ジェイ・バーニーに代表されるケイパビリティ派の論争が長く続いたが，「結局，両方大事」であることは実務上では自明であるし，学術上もそのように決着がついている。

現在では，それに加えて社会的な価値が重視されるようになってきているということだ。その意味では経営戦略論自体が社会的な価値を内包しようとしていると言ってもよいだろう。このことは，競争戦略論の大家であるポーターがCSVを提唱したことに象徴的に表れているのは先述のとおりである。外部環境と内部資源の分析に，ESGの要素を組み込んで考えれば，**図表８－９**のようになるだろう。

図表8－9　戦略構築における外部環境と内部資源，ESGの関係

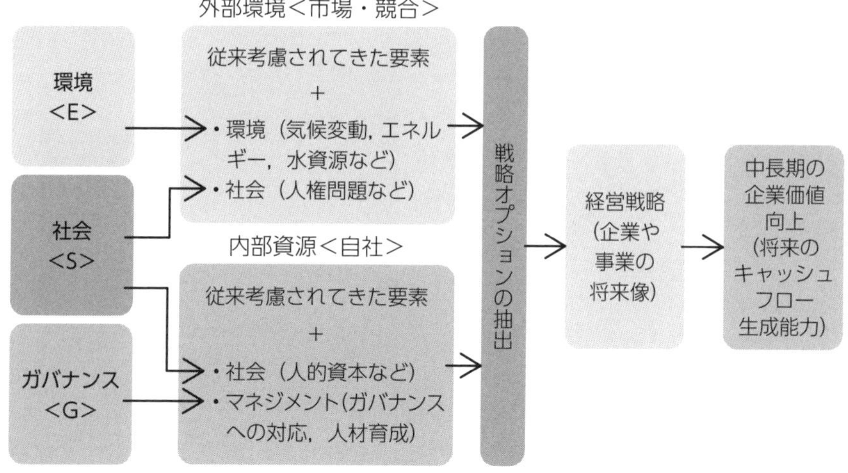

最近では，統合報告書などの形で，自社について説明することも増えてきた。しかし，その内容が単なる会社案内や独りよがりの宣伝に留まっていたり，アニュアルレポートとCSRレポートの合冊に過ぎなかったりするならば作る意味はない。経済的価値と社会的価値を統合した企業の将来の姿を語るのがまさに「統合」報告書の役割であり，その語り手は「経営者」でなくてはならない。統合報告書とは，経営者による将来に向けた所信表明演説であるとも言えよう。そこには骨太の方針が語られているはずだ。ESGの奔流に対して本質的に応えていくためには，Back to Basicとも言えるが，企業理念に始まる経営戦略の体系をまっすぐで力強い背骨として作り上げることが最も重要である。

第4節　資本政策はどう変わっていくのか

1　ステークホルダー資本主義

最近では，そうした骨太の方針を，投資家のみならず他のステークホルダーも注目するようになってきた。それとともに，「ステークホルダー資本主義」といった言葉もまた多用されるようになっている。2019年8月に米国大手企業で構成される非営利団体「ビジネス・ラウンドテーブル」が，格差拡大や短期

的な利益志向などこれまでの株主資本主義の問題点を指摘し，あらゆるステークホルダーにコミットする旨の声明を発表したことが，こうした認識が広まる１つの契機となった。

遡ること2018年１月に，世界最大の資産運用会社ブラックロックのCEOであるラリー・フィンクが，投資対象企業のCEOに宛てた書簡において，長期的な利益を達成するために広い範囲のステークホルダーの利益を追求すべき旨を明記したことも刺激となっている。ミルトン・フリードマン以来の「企業の唯一最大の目的は株主利益の最大化である」というテーゼが崩れ，「企業はすべてのステークホルダー――株主だけでなく従業員，顧客，仕入先，地元のコミュニティー――に貢献すべきである，という考え方」[9]が台頭してきたということだ。これまで企業外にまき散らしてきた外部不経済についてきちんと企業が責任を持てということでもある。

「三方良し」の考え方が身についている日本人としては，「何を今さら」という感がなくもないが，だから今のままでよいということにはならない。これまで米国企業の株主利益最大化が行き過ぎていただけの話であり，逆に言えば，日本企業においては株主利益の軽視が甚だしかったということである。どちらも本質的な企業価値の向上の実現には未だ途上ということでは同じである。

加えて，単なる「三方良し」では済まない面もある。最近では「六方良し」などとも言われるが，数を増やせばよいというものではない。問題はその中身である。株主というのは企業に対して敵対的・支配的であり，ステークホルダーは友好的・協調的であるという印象を持つ人が多いが，これも大いなる誤解である。時には株主以外のステークホルダーの方がよほど攻撃的である。株主というのは，所詮「投資に対するリスクとリターン」という，極めて客観的に表される定量的な結果や予測をもって対話したり説得したりすることができるが，その他のステークホルダーはそれほどシンプルではない。彼ら彼女らは，客観的な基準ではなく「主観的な正義」に基づいて企業に迫ってくることもある。正義をどう定義するかは人それぞれなので，こうした相手と対話したり説得したりすることは，場合によっては困難を極めることとなる。

9　Hubert Joly（2021），How to Lead in the Stakeholder Era. HBR.org. ヒューバード.ジョリー（2021）「ステークホルダー中心のリーダーシップが資本主義を再構築する」。Diamond Harvard Business Review October 2021, pp.29-37.

さらに，こうしたステークホルダーは株式を持つこともできる。要は，企業の前に立ちはだかっているのは，一緒に自然環境や社会影響を考えて企業と協調してくれる「やさしいステークホルダー」ではなく，事業のありようを否定し，声高に正義を唱え，場合によっては株主の権利を行使したり訴訟を起こしたりすることを厭わない「戦闘的なステークホルダー」である可能性も高いということだ。先述した国際サステナビリティ基準においても，日本に不利な形でルールが決められていけば，なおさら関係は敵対的になるだろう。すでにNGOより二度にわたって「化石賞」を受賞している日本に本拠を置く企業としては，楽観的になる余地は何もない。

2　リスクは増大し，意思決定は困難となる

現在，悪の親玉のように扱われがちな株主資本主義にしても，企業が株主以外の者の利益拡大を図ることを禁じているわけではない。，長期的な株主利益に資する限り，企業が株主以外のステークホルダーの利益拡大を図ることには広範な裁量を認めている[10]。その裏返しとして，長期的利益に資さない非効率な経営は規律される。そうした株主資本主義の合理性が定着する前に安易にステークホルダー資本主義に踊らされることは，特に日本企業にとっては妥当な選択ではなかろう。

どちらが大事だなどと議論をするのは無駄である。株主とステークホルダーは対立するものでもないし，トレードオフでもない。それよりも今，企業が直面しているのは，意思決定がより難しくなり，企業運営のリスクがより高まっているという事実である。経済的価値と社会的価値を統合して将来目指す姿を実現していこうとする時に，利益を得るための事業活動が負の外部性をもたらし，社会にマイナスとなる場合にそれをどうするかということだ。以前であれば経済的利益を優先すれば済んだことが，今では済まなくなっている。そうした意思決定を過てば，株主も含む多種多様なステークホルダーによる，より厳しい規律づけが待っている。

こうした時代を生き抜くために，骨太の方針を確立することの重要性についてはすでに述べてきた。最後に，ESGという言葉に沿って，気になるポイント

10　田中亘（2020）「株主第一主義の意義と合理性：法学の視点から（特集 脱株主第一主義の行方）」，「証券アナリストジャーナル」=Securities analysts journal, 58（11）, pp.7-17。

をいくつか挙げてみたい。

3 「E」,「S」と「G」について考えるべきこと

まずは環境（E）である。自然環境の変化，特に気候変動がまず取り上げられ，最近では生物多様性，具体的には水資源問題が注目を浴びている。従来は，企業を取り巻く外部の環境ということで，競合が切磋琢磨する市場の状況や顧客の動向，それらを取り巻く政治や経済などのマクロ動向を考えていればよかったが，そうしたわれわれが作った社会の動向に加えて，自然環境との関係が重視されるようになっている。「自然」が新たなステークホルダーとして加わったと言ってもよいだろう。

戦略策定では，「自社のビジネス（を営む業界）が環境に与える影響」と「環境が自社のビジネス（を営む業界）に与える影響」の双方を考えることになる。ここで留意すべきは，これらを考えれば考えるほど，個々の企業を超えた業界共通の問題が多くなってくるということである。サステナビリティに関する開示基準の多くが，業界という括りを重要視しているのはその表れでもある。

気を付けなければならないのは，業界挙げて対応にいそしもうとすればするほど，独占禁止法制に抵触するリスクが増大するということだ。すでに欧州ではそのことが問題になっている。米国では現在，別の文脈からではあるが競争法の執行が大いに強化されている。ESG時代の独占禁止法制のあり方は，環境問題，さらには労働問題への対処[11]との関連で今後注目度が増すだろう。

社会（S）は，実は最も複雑かもしれない。「社会」という言葉は自然環境以外のほとんどすべての人間の営みを含んでしまうからだ。「環境」と「社会」が問題となるゆえんでもある。人間の営みと事業との関係はさまざまであり，業界のみならず個社によっても大きく異なる分野だが，注目されるのは「ヒト」に関する要素である。前述のとおり，外部環境の問題として人権問題の深刻化，内部資源の問題として多様性の確保を含む人的資本の活用が挙げられるが，実際にはこの２つはシームレスである。企業内部でも人権問題は重要であるし，企業外部でも多様性は尊重されなければならない。そうしたシームレス

11　バイデン政権による競争法の執行強化により，過去の合併の見直しや，新たな報告義務の追加，テクノロジー，ヘルスケアおよび銀行分野など広い範囲での執行が注目されているが，その１つとして，従業員の競業禁止条項を禁止または制限するよう促すといった内容も含まれている。

な営みを，人工的に作った企業という組織の壁によって内外に分けているだけだ。そう考えれば，これまで身内扱いしていた「ウチの社員」の話ではなく，企業が社会に存在する「個人」というステークホルダーとどのように向き合うかという重要な問題であることもわかる。

人的資本の活用にしても，社員に研修を受けさせるといった小手先の対応ではなく，企業自らが，有能な個人を惹きつける魅力を持った場所となり，個人が成長する機会を提供する存在となることが求められる。これまでは専ら「カネ」という金銭資本の活用を考えるのが資本政策であったが，これから重要となるのは「人的」資本政策である。そういう意味では，これまで金銭資本を中心として成り立っていた株式会社という制度自体もまた，見直しを迫られているのかもしれない。

こうした議論はガバナンス（G）にも直結する。株式会社という制度が見直されれば，コーポレートガバナンスのあり方も見直されて当然である。取締役会の立て付けが従来どおりであってよいのか，たとえば従業員というステークホルダー代表の声をどのように取締役会の議論に反映させるのかといった点は，すでに欧州などでは取締役会の立て付けに含まれているが，さらに議論となってこよう。

また，ガバナンスとして重要な経営者の指名や後継者計画は，マネジメントにおける経営人材育成や人的資本活用の問題でもある。「ガバナンス」と「マネジメント」は合わせ鏡のようなものだ。コーポレートガバナンス・コードを読んだある経営者が「これは経営の指南書ではないか」と言ったそうだが，ある意味正鵠を射ている。そうであるとすれば，「執行側が変わらなければならないという認識が薄い」，「本質的な取り組みのために何をすればよいのかがわからない」[12]などと泣き言を言う企業は，コーポレートガバナンスに苦言を呈しているようでその実，自社のマネジメントの貧しさを露呈しているようなものとも言える。

近年，サステナビリティ委員会を設置するといった動きもあるが，コーポレートガバナンス・コードという規制に形式対応するためだけなら，サイロ化の弊害をさらに進めるだけで，百害あって一利なしである。本質的な意義をマネジメントレベルで十分に考える必要がある。ESGが投げかける問題は，その

12　経済産業省（2021）「CGS研究会（第３期）第１回事務局説明資料」。

１つ１つが企業のマネジメントの質を試している。その傾向は，今後ますます強まるだろう。

第9章

サステナブル資本主義における会計の役割

第1節　サステナブル資本主義に向けて

グローバル化やデジタル化が進展した影響もあり，株主至上主義への反省，社会課題への意識の高まりが顕在化している。また，ステークホルダーから企業への要請も多様化・複雑化し，資本主義のアップデートと持続可能な成長が求められている。これを受けて，日本経済団体連合会（経団連）は2020年11月に提言書「新成長戦略」を取りまとめ，その基本理念にサステナブル（持続可能）資本主義を掲げた。企業は中長期的な価値の向上を図るとともに，顧客，従業員，地域社会，さらには地球に対して，価値（社会価値）を提供することが求められている。

昨今，統合報告書の作成に取り組む企業が増えている。財務情報だけでなく，自然資本や社会資本などの非財務情報に基づく説明および対話が，ステークホルダーへの説明責任のために不可欠と認識されているからだろう。ただし，社会価値の重要性が増す一方，社会価値について明確な測定・評価方法が確立されていない中で，それとの向き合い方を模索している企業も多い。また，サステナビリティという社会課題を取り込めていない現行の会計に批判が集まる一方，経済界やアカデミアにおいて，社会価値の測定手法の確立と，それに基づく会計基準の策定を独自で目指す動きも見られる。本章では，関連する議論を整理し，サステナブル資本主義において会計が果たす役割を考察する。

第2節　現行の会計と批判

会計は，企業の活動や事象を貨幣額で測定・伝達するプロセスである。企業の膨大で複雑な活動や事象は，会計を通じて，財務諸表という一覧表に集約される。会計は「ビジネスの言語」として経済社会に定着しており，会計情報はさまざまなステークホルダーの意思決定に利用されている。財務諸表を作成する企業も，戦略策定などの意思決定において会計情報を利用する。われわれは会計を起点にして活動しており，それゆえに，われわれの活動は会計の影響を受けている。

会計のルールは，自然科学における公式とは異なり，すべて人間が社会的な約束事として作り上げたものである。その約束事を３点ほど紹介したい。

1　会計の範囲

第１に，（企業）会計が対象とする範囲は企業が支配する会計単位であるという点である。

会計が対象とする最も一般的な企業実体は，法的に独立した個々の企業である。企業の法的境界線の内部に存在するものが会計の範囲とされ，それ以外のものは範囲外とされる。他の企業を支配下に置いて企業グループとして経営を行う場合は，法的境界線を超えて，支配の及ぶグループ全体が１つの企業実体とされる。企業グループの内側に存在するものが連結会計の範囲とされ，それ以外のものは範囲外とされる。

地球環境などの自然資本はすべての人の公共財であり，企業が支配できるものではない。企業または企業グループの支配下にないものは会計の範囲から外れるため，企業の資産，負債，資本として識別されず，それらの変動を測定することも求められない。

2　会計主体論

第２に，会計は株主のために行い，計算される利益は株主に帰属するという点である。これは，企業は株主のものとする法学の見解とも整合する。

会計主体論をご存知だろうか。これは，企業をどのように捉え，誰のために会計を行うのかについて考える理論である。主な会計主体論には，企業を株主のものとみなし，株主のために会計を行うとする資本主理論と，企業を株主とは別個の存在とみなし，企業それ自体のために会計を行うとする企業主体理論の２つがある。

現行の会計は，銀行などの債権者に支払う利息（支払利息）を費用として処理し，株主に支払う配当金（支払配当金）を利益処分項目として処理している。また，債権者から調達した資本を負債（他人資本）として処理し，株主から調達した資本を純資産（自己資本）として処理している。これらの会計処理は，企業の法的オーナーは株主で，最終利益（当期純利益）は株主に帰属することを示しており，現行の会計は株主のための会計，つまり資本主理論に依拠していると言える[1]。

グループ会社を対象とした連結会計にも，親会社説と経済的単一体説といった２つの会計主体論がある。どちらも資本主理論の延長線上にあり，親会社説は親会社株主のため，経済的単一体説は企業グループに関係するすべての株主（親会社株主と非支配株主）のために会計を行うとする。金融庁や東京証券取引所は，連結ROE（自己資本利益率）を求める際，純資産から新株予約権と非支配株主持分を除いた額を分母（自己資本）に，親会社株主に帰属する当期純利益を分子（純利益）に使用する。企業がホームページや有価証券報告書で公表する連結ROEも，上記計算式を用いており，実質的には親会社説が採用されていると言えそうだ。

このように，現行の会計は（親会社）株主のために会計を行い，計算される利益を（親会社）株主に帰属するものと捉えている。

3　貨幣額で測定

第３に，企業の経済活動とそれに関連する経済事象を貨幣額で測定するという点である。近年，KPI（重要経営指標）などの自主開示が進んでいるものの，その単位はKPIごとに異なっている。他方，会計は，日本では円を基本財とし，円単位で財貨の価値を測り，外貨換算会計は，他国の基本財（米ドルなど）を円に置き換える。このように，さまざまな企業活動や経済事象を，貨幣額という共通の単位に集約するという点に会計の特徴がある。

ただし，貨幣額で測定できないものは，どんなに重要な経営資源であったとしても，会計の測定対象とされない。たとえば，取引先との信頼関係や企業内部の人的資本は，今日の企業にとって極めて重要な経営資源であるものの，貨

1　企業主体理論が採用される場合，株主は債権者と同様に企業の外部者と位置づけられるため，支払利息と支払配当金はどちらも費用として処理されることになる。この場合，最終利益（当期純利益）は企業自体に帰属するものとされる。

幣額で正しく測定できないため，企業の資産として貸借対照表に計上されていない[2]。

4　会計への批判

近年，現行の会計を時代遅れと評する声が聞かれる[3]。理由は，会計が外部性（externality）を容認しているし，株主至上主義に加担しているようにも見えるからだろう。外部性とは，企業の経済活動が市場を経由しないで第三者に何らかの影響を与えることをいう[4]。その影響が第三者にとって望ましい場合，正の外部性があるとされ，逆に第三者にとって望ましくない場合，負の外部性があるとされる。

環境問題は負の外部性の代表例である。たとえば，ある企業が森林に製造工場を建設し，森林伐採したとしよう。樹木の伐採に要する費用や木材の販売により生じる収益は，会計上記録される。しかし，森林破壊が環境・生態系・二酸化炭素回収・地下水などに及ぼす負の影響は記録されない。このように，会計は，企業が環境に及ぼす負の影響を計算の範囲に含めないことから，負の外部性を容認していると批判されている。

また，会計には資本主理論の考えが根付いており，株主至上主義に加担しているとする声もある。株主至上主義とは，株主以外の利益が犠牲になったとしても，株主の利益を最大化すべきとする考え方である。雇用問題を考えてみよう。たとえば，ある企業が最低生活水準以下の賃金で従業員を雇用しているとする。その賃金が法律に違反している水準であれば罰金（費用）が発生するが，そうでなければ罰金は発生しない。人件費が過剰に低く抑えられている分だけ利益が過大に計上され，それが配当や自社株買いといった株主還元を通じて株主に配分されることになる。これは，本来であれば従業員の取り分だった利益が株主に配分されることを意味しており，会計が株主至上主義に加担していると言われるゆえんである。

2　秋葉（2021）は，人的資本が資産に計上されない理由として，以下の4つを挙げている。①概念フレームワークに基づく資産の定義や認識規準を満たさない。②測定に関する実行可能性の問題がある。③未履行契約のオンバランス化につながる。④有用な情報が提供されない。

3　会計を時代遅れと評する論者に，Mayor（2018）や名和（2021）がいる。

4　個々の経済主体がそれぞれ自己利益を追求しても，これらの問題を解決できるような「見えざる手」は働かず，外部性は「市場の失敗」の代表例として紹介される場合が多い。

第３節　自主的に外部性を内部化する時代

会計を時代遅れと評する批判は以前からあった。しかし，会計基準は今もなお改訂され続けているが，上述した３つのルールは見直されていない。その理由は，これらが会計公準と呼ばれ，会計理論や実務の基礎をなす最も基本的な概念や前提事項だからである。会計公準は会計実務から帰納的に導出された概念と言われているが，現在では会計基準を設定する上で前提とされている。したがって，会計の基礎概念としての会計公準を見直すのは，今のところ現実的ではない。

これまでは，現行の会計公準を所与とし，その上で負の外部性への対応が行われてきた。よく知られる政策の１つに「内部化」がある。外部性の内部化とは，環境負荷に対する費用負担を市場メカニズムに組み込むことをいう。たとえば，炭素を排出する企業に排出量見合いの金銭的負担を求めるカーボンプライシングや，環境負荷の大きい（小さい）自動車の税率を高く（低く）する自動車税のグリーン化などが，その代表例として挙げられる。

外部性の内部化は，これまで企業の自主性に委ねられず，政府主導で進められてきた。しかし，一部の先進的な企業は，自ら外部性の内部化に取り組みはじめている。後述するが，事業や活動による環境や社会への負の影響を貨幣換算し，利益から減額する取り組みがそれである[5]。これらの企業は環境や社会への負の影響を軽減することで，社会やステークホルダーからの信頼を得て，持続的に成長することを目指している。

企業マインドの変化のきっかけには，近年の資本市場の変容が大きく影響している。環境・社会・ガバナンスの要素を考慮したESG投資額は，増加基調を続けている。2020年に35.3兆ドルだったESG投資額は2025年には53兆ドルになり，世界の運用資産残高140.5兆ドルの３分の１を超える規模になると予想されている。また，資本市場を幅広くカバーするユニバーサルオーナー（機関投資家）も増えている。一部の投資先企業が短期利益を追求し，一時的に株価上

5　Serafeim, Zochowski, and Downing（2019）によれば，世界の56社が独自の方法論に従い，環境面・社会面のインパクト（社会的インパクト）を測定し，貨幣価値に換算した上で情報開示を行っている。

昇につながったとしても，環境や社会に負荷をかけたのであれば，他の企業を含めた経済全般や社会が負の影響を受け，投資ポートフォリオもダメージを受けることになる。それゆえに，投資ポートフォリオ全体の利益を守ろうとするユニバーサルオーナーの存在は，負の外部性の内部化につながると考えられている。

企業はこのような資本市場の変容を踏まえ，低コストで資金調達するため，資本市場の考えを経営に取り込み，自ら外部性を内部化するインセンティブを持ちはじめている。

第４節　ステークホルダー主義の台頭

株主だけでなく，顧客，従業員，サプライヤー，コミュニティなど，あらゆるステークホルダーに対して長期的な価値を創造すべきといったステークホルダー主義に同調する声が高まっている。これも，現行の会計公準を所与とした上での世間の行動変容である。従来の価値観のもとでは，株主に経済的リターンをもたらす企業が「成功」企業とみなされ，資本市場から高く評価されてきた[6]。今日では，株主の利益を優先するあまり，環境悪化や雇用を不安定にさせるような企業は信頼されず，持続可能な成長が望めないとネガティブに評価されるようになった。

背景には，経済界のビジネスマインドの変化や開示規制の影響がある。世界のビジネスリーダーが集うビジネスラウンドテーブルでは，1997年以降，「企業は主に株主のために存在する」という株主第一主義を掲げてきたが，2019年８月に企業の目的を再定義し，すべてのステークホルダーにコミットする旨の声明を発表した。世界経済フォーラム（WEF）も，2019年12月公表の「ダボスマニフェスト2020」の中で，「企業は株主だけでなく，従業員，顧客，サプライヤー，地域社会，そして社会全体のすべてのステークホルダーに価値を提供する」存在であると強調し，ステークホルダー主義を掲げた。マインドの変

6　特に米国では，他のステークホルダーの利益を犠牲にしてでも，株主の利益を追求する企業が高く評価される傾向にあった。もちろん，すべての米国企業がこれに該当するわけではなく，伝統的な優良企業は広くステークホルダーに配慮する経営をしている。たとえば，ジョンソン・エンド・ジョンソンが企業理念に掲げる「わが信条」では，最も重要なのは顧客で，次が従業員，３番目が地域社会であり，株主は４番目とされている。

化は投資の世界でも生じており，世界最大の機関投資家であるブラックロック社のラリー・フィンクCEOは，投資先企業の経営者（CEO）に宛てた手紙（Letter to CEO）の中で，あらゆるステークホルダーの利益を考慮するように求めている。

また，人的資本の開示規制の影響も大きい。国際標準化機構（ISO）は2018年12月に「ISO30414」を公表した。これは人的資本の情報開示ガイドラインであり，人的資本に関する定量データの報告を求めている。開示項目は11領域58項目に及び，コンプライアンスや倫理の研修を修了した従業員割合，採用・離職のコスト，後継者育成計画などがある。また，米国証券取引委員会（SEC）は人的資本等に関する開示を2020年11月から義務化し，従来からあった従業員数に加え，企業が経営上重視する人的資本に関する施策・目的の開示を求めている。

人的資本の開示規制は企業行動を変化させる。アマゾン社の元CEOであるジェフ・ベゾス氏は，2021年４月公表の「株主への手紙」の中で，創業来のビジョンである「地球上で最も顧客中心の会社」に加えて，「地球上で最高の雇用主」と「地球上で最も安全な職場」もビジョンに掲げることを表明した。現行の会計ではコスト（人件費）としてしか計上されない人的資本であるが，企業価値向上の源泉として積極的に管理する時代が到来したと言えよう。

第５節　社会価値を重視する時代

他のステークホルダーの利益を配慮する時代とは言え，株主の利益も引き続き重要である。日本企業は株主の利益を軽視してきたと言われている。バブルの崩壊後，長らく株価が低迷し，ROEも低い水準に留まっていたことが影響しているのだろう。他方，日本企業には売り手，買い手および社会に利益がある「三方よし」の理念が根付いており，顧客，サプライヤー，従業員の利益を重視してきたと言われることが多い。2014年からのガバナンス改革は，中長期的な企業価値の向上を謳いながらも，資本コストを意識した経営や株主との対話（エンゲージメント）など，株主・投資家の論理を反映した経営やガバナンス体制の構築を求めており，株主価値の向上に向けた取り組みを推奨している。近年，日本企業のROEは改善傾向にあるものの，PBR（時価簿価比率）は１倍（解散価値）を下回っている割合が約４割と高い。日本企業は資本市場から高く評価されているとは言い難く，株主価値の向上が引き続き求められている[7]。

ところで，日本企業の統合報告書では，株主価値やステークホルダー価値という言葉よりも，経済価値や社会価値という言葉がよく使われている。ステークホルダー主義の考え方に基づき，企業全体の価値（企業価値）の向上を追求する企業が多いからだろう。ただし，経済価値と社会価値の捉え方は企業によって異なる。経済価値について，売上や利益のような財務情報で捉える企業もあれば，DCF法（割引キャッシュフロー法）などのモデルを使って計算した企業価値で捉える企業もある。社会価値については，マテリアリティ（重要課題）に関するKPIのような非財務情報で捉える企業が多いようである。

社会価値を捉えるKPIには，たとえば，温室効果ガス排出量，廃棄物排出量，女性管理職比率，有給休暇取得率，取締役会への役員参加率などがある。これらのKPIは企業のマテリアリティと紐づけて設定されるため，企業ごとに大きく異なる。また，単位が貨幣額で統一されていないため，利益のような１つの項目に集約できない。企業は社会価値について明確な測定・評価方法が確立されていない中で，社会価値との向き合い方を模索しているようにみえる。

ここで興味深いアンケート調査を紹介する（**図表９-１**）。デロイトトーマツは2020年，19カ国において2,029人の企業経営者を対象に，『第四次産業革命に対する意識調査』を行っている（日本の調査対象者は146名）。その中で，「社会課題解決の取り組みに注力する理由」の回答結果に注目すると，「収益の創出」と回答したグローバル企業が42％であるのに対して，日本企業は１％であり，大きな隔たりが見られる。日本企業は，社会課題解決の取り組みが収益の創出につながると考えておらず，経済価値と社会価値の間には大きな溝があることがわかる。

7　米国企業と日本企業とでは，現状とそれに伴う価値創造アプローチが異なるが，目指すべき方向性，つまり株主を含むすべてのステークホルダーの価値創造を目指す点は同じである。これは，ステークホルダー主義と整合する考え方であり，企業の目的を株主価値の最大化のみとする（狭義の）株主第一主義とは異なると考えられる。

図表９－１　社会課題解決の取り組みに注力する理由（上位２つを選択）

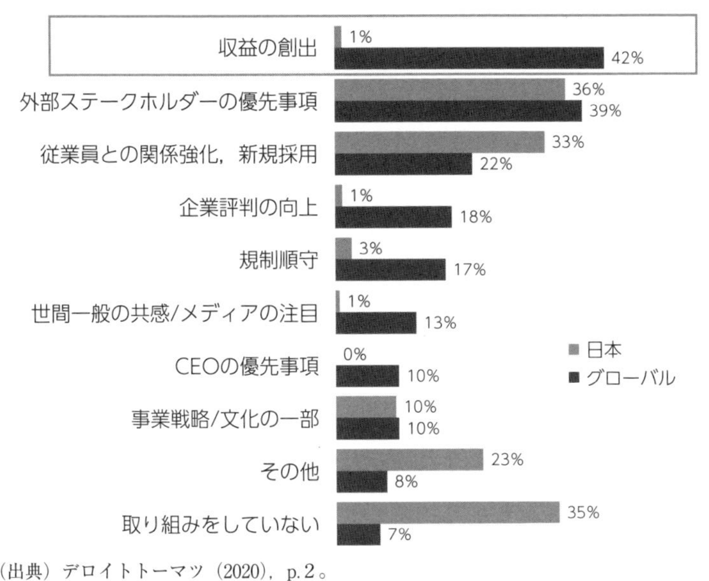

（出典）デロイトトーマツ（2020），p.２。

これは，日本企業にはCSRが根付いていることを示す結果かもしれない。CSRは「企業の社会的責任」と訳されるように，環境活動，文化支援，ボランティア，寄付活動など，社会貢献の活動を意味する。企業が儲けるためには環境破壊や社会への迷惑はつきものであり，ゆえに，企業市民としての責任から，それ相応のコストを負うべきとする考え方が，CSRの根底にある。この考え方に基づけば，CSRは規制や規範を守り，環境や社会への負の影響を発生させないような活動が中心になる。

しかし，一部の先進的な日本企業では，事業や活動を通じて社会課題の解決を図ることで，企業価値（経済価値）を最大化しようとする動きが見られる。これは，マイケル・ポーター教授らが提唱したCSV（共通価値の創造）の考え方と整合する。CSVは，社会課題解決（社会価値）を経済価値と相反するもの（トレードオフ）と捉えたり，単なる社会貢献活動の延長線上にあるものと捉えたりしない。自社の製品やサービスを通じて社会課題解決に寄与し，社会価値を創造して経済価値の向上を目指したり，短期的な収益化が難しい取り組みでも長期的な収益化を目指したりする点で，CSRとは異なる。

第6節　投資家サイドによる社会価値の捉え方

投資家もCSVと整合する考えを持っている。世界のESG投資額の統計を集計している世界持続可能投資連合（GSIA）によれば，ESG投資戦略の中でESGインテグレーションが2020年に統計史上初めてトップになった（**図表9-2**）。ESGインテグレーションとは，投資先選定において，財務情報だけでなくESGなどの非財務情報も含めて分析する投資戦略である。2018年は17兆5,440億米ドルだった投資額が，2020年は25兆1,950億米ドルになり，43％も増加した。一方，これまでトップだったネガティブ・スクリーニング（倫理的でないと定義される特定セクターの企業を投資先から除外する投資戦略）は，2018年の19兆7,710億米ドルから2020年は15兆300億米ドルへと24％減少した[8]。

ESGインテグレーションと言っても，その方法は多様だが，ESGの取り組みを企業価値評価に反映させる方法が一般的である。企業価値評価モデルとしてDCFモデルを想定すると，モデルの分子である将来フリーキャッシュフロー（FCF）の予測や，分母である加重平均資本コスト（WACC）の計算において，ESGへの取り組みの影響を考慮する。

たとえば，ソーラー発電事業による環境への貢献や，子育て支援事業による女性活躍支援などの取り組みは，事業機会を創出していると考えられる。その効果が将来的に企業の売上や利益といった財務情報に顕在化すると考えられるのであれば，その効果をFCFの予測に反映させることになる。他方，製造工程の温室効果ガス排出量が多い場合など，将来的に規制リスクの影響を受けると考えられるのであれば，そのリスクをWACCの計算に反映させることになる。

このように，ESGインテグレーションは，長期の時間軸を前提に[9]，事業や活動を通じて社会課題を解決すれば，中長期的な企業価値（経済価値）が高まることを想定している。つまり，投資家はCSVと整合する考え方を持っており，

8　ヨーロッパでは，『EUアクションプラン』のサステナブルの定義が採用され，ギャンブルやアルコールなどの倫理基準での単純なネガティブ・スクリーニングがESG投資とはみなされなくなった。同様の修正がオーストラリアとニュージーランドでも行われたことにより，ヨーロッパ，オーストラリア，ニュージーランドのネガティブ・スクリーニングの数値が大幅に下がったと言われている。

9　北川（2020）では，FCFなどの業績予想期間は8～10年くらいを想定する必要があると記されている。

社会価値を経済価値と関連づけて捉えていることがわかる。

企業が投資家の期待に応えようとするのであれば，社会価値と経済価値の両立を目指す必要がある。社会課題の解決に向けた取り組みを経済価値に正しく反映するためには，投資家に対して，その内容を定性・定量の両観点から報告することが求められる。定性面ではESG戦略を事業戦略に統合してストーリー性をもって示すとともに，定量面では非財務情報を財務情報と関連づけて示す必要がある。

図表9-2　ESG投資戦略別の投資額

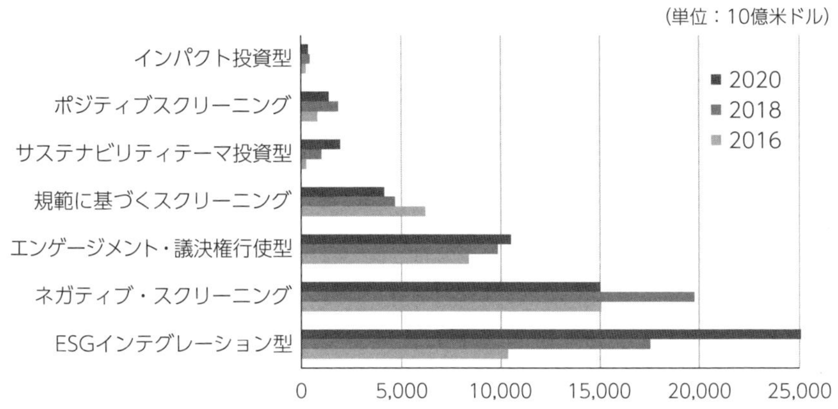

（出典）Global Sustainable Investment Alliance（2021）, p.11より筆者作成。

第7節　社会価値とインパクト測定

1　インパクト投資の台頭

近年では，インパクト投資と呼ばれる投資手法を採用する投資家も増えている。インパクト投資とは，財務リターンに加えて，測定可能な社会面・環境面でのインパクト（社会的インパクト）を同時に生み出すことを意図した投資をいう。インパクト投資はもともと未上場株式や融資などが主流で，機関投資家向けの印象が強いが，近年では上場株式の投資信託（ファンド）も現れており，その規模は急速に拡大している。世界最大級のインパクト投資家コミュニティであるグローバル・インパクト投資家ネットワーク（GIIN）によれば，2019年末時点のインパクト投資残高は，前年比４割増の7,150億ドルである。国内のインパクト投資も拡大しており，2019年の運用残高は前年比６割増の5,126億円に上っている（GIIN，2020）。

インパクト投資は，リスクとリターンといった２軸をベースに，第３の軸として社会的インパクトを取り入れる。社会的インパクトとは，社会的活動がもたらす変化，成果，影響である。たとえば，ある企業が途上国の子供に向けて翻訳絵本を10万冊寄付し，その結果，子供の識字率が20％向上したとしよう。インパクトに該当するのは「途上国の子供の識字率が20％向上」であり，「翻訳絵本を10万冊寄付」という結果（アウトプット）が社会にもたらした成果（アウトカム）である。このように，社会的インパクトは企業が社会に提供する価値（社会価値）をより明確に示すため，その創出を意図したインパクト投資は，社会課題の解決や社会価値の創造に直結する事業への取り組みを後押しすると考えられている。

2　インパクト評価の課題

インパクト投資を下支えするのは，インパクト評価である。インパクト評価は社会的インパクトを把握するツールであり，投資家だけでなく，企業も活用できる。社会課題の解決に向けた取り組みをステークホルダーに知らせたり，リスクの予見や管理などの戦略的な意思決定にフィードバックしたりすることを目的としている。

インパクト評価のプロセスは，①指標の設定，②データの収集，③データの分析，④結果の報告と多岐にわたる。たとえば，英国のベイリー・ギフォード社によるインパクト投資ファンド（愛称，ポジティブ・チェンジ）のインパクト評価は次のとおりである。

①の「指標の設定」について，「平等な社会・教育の実現」，「環境・資源の保護」，「医療・生活の質向上」，「貧困層の課題解決」といった４つのテーマに関連したものを設定する。②の「データの収集」について，投資先企業が開示する報告書またはエンゲージメント（対話）を通じて入手した情報に基づき，社会的インパクトを示すデータを収集する。③の「データの分析」については，社会的インパクトを可視化し，その上で「経営者の意思」，「製品・サービスのインパクト」，「ビジネス・プラクティス（事業活動の方法）」の観点からスコア

化し，ファンダメンタルズ分析の結果と併せて投資先企業を選定する。最後に，④の「結果の報告」について，毎月の運用状況（経済的リターンなど）の報告とともに，定期的にインパクトレポートも公表し，投資先企業がもたらした社会的インパクトの推定結果を開示する。ちなみに，2021年12月公表の「ポジティブ・チェンジインパクト・レポートサマリー」では，2020年において，１兆2,000億リットルの節水，５億4,000万人の疾病予防，約26万トン以上の廃棄物の削減，10億人へのモバイルとデジタルサービスの提供といった成果が示されている。

インパクト評価で収集するデータは，将来的に，重要性，信頼性，比較可能性，追加性，普遍性といった５つの性質を満たすことが望ましい（**図表９-３**）。しかし，把握が容易なアウトプットとは異なり，インパクトは定量化が難しいものや，そもそも定量化できないものもある。定量化できたとしても，測定上の信頼性が問われるものもある。結局のところ，社会的インパクトの測定は投資家や企業に依存せざるを得ず，その検証と比較が大きな課題とされている[10]。

社会的インパクトの検証と比較は，実態以上にインパクトを喧伝する「インパクト・ウォッシング」への対処にもつながるため，重要なイニシアチブが複数立ち上っている。たとえば，世界銀行グループの国際金融公社（IFC）は2019年にインパクト投資におけるグローバルな市場基準「インパクト投資の運用原則」を策定し，原則との整合状況についての「独立した検証」の定期的実施を義務化した。また，企業間もしくはファンド間で比較しやすくするため，社会的インパクトの測定ツールを開発する動きが，経済界やアカデミアで広がっている。インパクト投資のパイオニアとして知られるGSG（The Global Steering Group for Impact Investment）会長のロナルド・コーエン卿は，標準化され，包括的に体系化されたインパクト測定への道のりは遠いものの，インパクト測定がインパクト投資という分野に留まることなく，いずれは上場企業の「アフターESG情報開示」として現れるだろうと述べている。以下では，近年注目されている２つの測定方法を紹介する。

10　GIINが2020年にインパクト投資家を対象に行った調査によると，23％の回答者が同業者とインパクトを比較しておらず，39％が自組織のインパクトを検証していないと回答している（GIIN，2020）。

図表9-3 インパクト評価のデータに求められる5つの性質

重要性 (Materiality)	企業価値（経済・社会・環境）に対する投資家の評価に影響を与えたり，ポートフォリオ，取引，企業レベルの経営判断に影響を与えたりするデータであること
信頼性 (Reliability)	信頼できる方法で収集，検証されたデータであること
比較可能性 (Comparability)	一貫した基準や慣行に従って導出され，異なる投資からの結果を比較できるデータであること
追加性 (Additionality)	投資が行われなかった場合と比較して，追加的な効果を評価できるデータであること
普遍性 (Universality)	市場，地理，セクターの違いを問わず，共通した収集方法を適用できるデータであること

（出典）Social Impact Investment Taskforce（2014），pp.20-21より筆者が作成。

3　民間企業主導のインパクト測定プロジェクト

民間企業主導のインパクト測定プロジェクトとして有名なのは，2019年6月に発足したValue Balancing Alliance（VBA）である。ドイツの化学メーカーBASF社，ドイツ銀行，スイスの製薬会社ノバルティス社，ドイツのソフトウェア開発メーカーSAP社など，世界の大手企業8社によって設立された。日本では，三菱ケミカルホールディングス社がコアメンバーとして活動している。主要大学や世界銀行，世界経済フォーラム，経済協力開発機構（OECD），GRI（Global Reporting Initiative），サステナビリティ会計基準審議会（SASB），国際統合報告委員会（IIRC）などと提携し，最前線からの知見を積極的に取り入れようとしている。

VBAの活動目的は，社会的インパクトの測定手法の確立と，それに基づく会計基準の策定を目指すことにある。VBAは経済，人・社会，環境といった3つの領域を対象に，事業や活動のインパクトを測定し，貨幣額（米ドル）に換算する点に特徴がある。

図表9-4は，2021年に公開されたVBAバージョン0.1に基づくパイロットテストの結果である。自社（direct）の事業および上流（upstream）と下流（downstream）のバリューチェーンに関連したインパクトを，視覚的に示している。使用する指標は，経済領域では，税引後利益（Profit after taxes），利息費用（Interest expenses），投資関連費用（Depreciation/Amortisation/Impairment expenses)，納税額（Tax expenses)，福利厚生（Employee benefits）の５指標，環境領域では，温室効果ガス排出量（GHG)，大気汚染（Air pollution)，水の消費量（Water consumption)，水質汚染（Water pollution)，土地利用（Land use)，廃棄物（Waste）の６指標，人・社会領域では，事故（Incidents）と従業員教育（Trainings）の２指標である。貨幣換算にあたり，利息費用，投資関連費用，納税額，福利厚生，従業員教育といった指標は，社会への貢献につながるためプラス評価とし，環境関連の指標はすべてマイナス評価としている。

このバージョンには少数の指標しか含まれておらず，今後は，製品や生活賃金などのインパクトも考慮するようである。VBAは完全には程遠いと認めているものの，これらの結果を通じて企業レベルのインパクトを客観的に評価でき，その洞察を将来の事業運営や計画に活かせる点は高く評価できる。

図表９-４　VBAバージョン01に基づくパイロットテストの結果

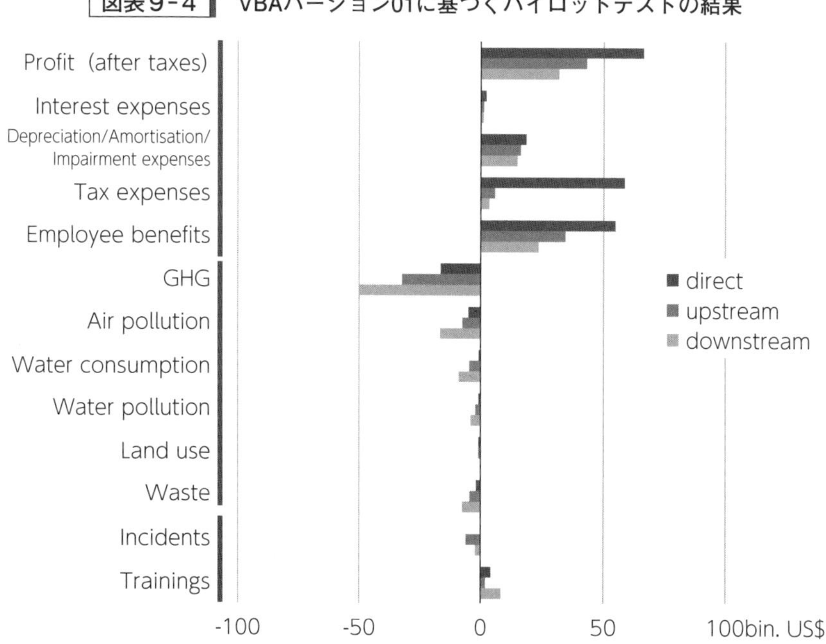

（出典）Value Balancing Alliance (2021), p.28.

4　アカデミア主導のインパクト測定プロジェクト

アカデミア主導で有名なプロジェクトは，ハーバード大学ビジネススクールのジョージ・セラフェイム教授の研究グループが主導するインパクト加重会計イニシアチブ（IWAI）である。インパクト投資を推進するGSGや，インパクト・マネジメントの国際イニシアチブであるIMP（Impact Management Project）との合同イニシアチブであり，前述のロナルド・コーエン卿もIWAIを熱烈に支持している。

IWAIが提唱するインパクト加重会計は，貨幣換算した社会的インパクトを会計システムに組み込む新しい手法である。製品・サービス，組織・雇用，環境といった３つを対象に，プラスとマイナスのインパクトをそれぞれ測定し，貨幣換算したインパクトを財務諸表に反映させようとする点に特徴がある。

IWAIは，すでにインパクト加重会計の具体的な適用結果を公表している。ここでは，米国の半導体メーカーであるインテル社を対象にした雇用インパクト（2018年）を紹介する（**図表９-５**）。インテル社は，キャリアアップ（Career Advancement），機会（Opportunity），健康・福利厚生（Health and Wellbeing）において負のインパクトが生じているものの，高い賃金の質（Wage Quality），つまり平均賃金がマーケットレベルよりも極めて高く，従業員の満足や士気が高いことから，正の従業員インパクト（Employee Impact）を56.69億ドル創出している。また，多様性（Diversity）の負のインパクトを活動地域への貢献（Location）でカバーしきれず，負の労働コミュニティインパクト（Labor Community Impact）が19.17億ドル生じている。総合すると，雇用インパクト（Employment Impact）には37.52億ドルの価値があり，これは売上の26.23％，EBITDAの57.10％，給料の51.30％に相当する。この結果から，インテル社は多様性を向上させ，人種的マイノリティや女性が社内で昇進する機会をより平等に提供することで，雇用インパクトをさらに高めることができる。

図表９-５　インテル社の雇用インパクト加重会計（2018年）

Dimension		Impact	%Revenue	%EBITDA	%Salaries
Employee Impact					
Wage Quality	$	6,377,358,856	44.59%	97.05%	87.20%
Career Advancement	$	(48,980,821)	−0.34%	−0.75%	−0.67%
Opportunity	$	(415,218,670)	−2.90%	−6.32%	−5.68%
Health and Wellbeing	$	(263,223,199)	−1.84%	−4.01%	−3.60%
Subtotal	$	5,669,771,850	39.64%	86.28%	77.53%
Labor Community Impact					
Diversity	$	(2,319,192,138)	−16.21%	−35.29%	−31.71%
Location	$	401,391,204	2.81%	6.11%	5.49%
Subtotal	$	(1,917,800,935)	−13.41%	−29.19%	−26.22%
Total Impact	$	3,751,970,915	26.23%	57.10%	51.30%

（出典）Freiberg,D., K.Panella, G.Srafeim, and T.R.Zochowski（2021）, p.57.

IWAIの活動はまだ始まって間もないが，精力的に研究が進められ，数々の成果が公表されている[11]。IWAIに対する期待は高く，日本銀行政策委員会審議委員である安達誠司氏は，2021年６月２日に行われた静岡県金融経済懇談会の挨拶の中で，次のように述べている。

「これ（筆者注：IWAI）は，気候変動リスクに対する世界的な問題意識の高まりの中で，ESG投資の普及に繋がる重要な研究であると考えています。この研究では，地球温暖化に繋がる二酸化炭素の排出を企業のコストとして企業会計に取り込む試みも行われていますが，個人的には，従業員への手厚い給与が，人間の社会生活の向上という経済活動本来の価値を創造しているという考え方に基づき，企業にとってのコストではなく，生み出された付加価値として会計に反映しようとする試みに注目しています。こうした試みが企業会計の新たな潮流となれば，賃金の引き上げを通じた物価の上昇にも寄与する可能性があります。」

11　2020年９月24日の日経記事によれば，セラフェイム教授はすでに世界1,800社の調査を終えているそうだ。彼らの調査では，2018年にEBITDAが黒字だった1,694社のうち543社は，環境コストを差し引くと利益が25％以上減り，環境への影響を外部化して利益を出している企業が多いことが示されている。

第8節　サステナブル資本主義における会計の役割

現行の会計とインパクト会計（VBA，インパクト加重会計）の相違点は，**図表9-6**のように整理できる。インパクト会計は，環境問題などの外部性を内部化し，すべてのステークホルダーを考慮し，経済価値だけでなく社会価値も重視する。これらは，現行の会計を時代遅れと評する批判に応えるものであり，サステナブル資本主義を実現するカギである「サステナブルな環境」や「インクルーシブな（誰ひとり取り残さない）社会経済」とも相性が良い。企業が社会に提供する価値（社会価値）を示すことで，社会課題の解決と社会価値の創造につながる事業への取り組みを後押しすることもあり，インパクト会計は高く評価されるべきと考える。

とは言え，まだ実験の段階にあり，インパクト測定の信頼性と適用の拡張性に課題が残されていることもあり，インパクト会計が社会に広く受け入れられるには多くの時間を要するだろう。先進的な取り組みを積極的に行う一部の企業が，ベスト・プラクティス（最良の実施例）を目指して主体的に創意工夫を発揮し，ステークホルダー本位の有用，かつ，わかりやすい情報の提供を模索していく中で，その選択肢の１つとしてインパクト会計の適用を検討するのが望ましい[12]。他の企業は現行の会計に準拠しつつ，統合報告書において，経済価値と社会価値を創造する仕組み（価値創造プロセス）を矛盾なくストーリーをもたせて説明することが求められる。

IWAIは，「一般に公正妥当と認められたインパクト原則（GAIP）」の実現を将来の目標としているものの，「一般に公正妥当と認められた会計原則（GAAP）」からの「代替（substitute）」ではなく，GAAPの「補完（complementary）」[13]として捉えている（Serafeim, Zochowski, and Downing, 2019, p.28）。GAAPは企業が財務報告を行う際に準拠すべきルールだが，もともとは，会計実務の中で自

12　エーザイ株式会社は価値創造レポート2021（旧統合報告書）において，IWAIジャパンの最初の事例として，2019年度のエーザイ社単体の数値から「従業員インパクト会計」を開示している。また，積水化学工業株式会社もインパクト加重会計の導入を模索しているようである（熊沢，2021）。

13　補完とは，財務諸表に示されない報告実態や業績に係る財務情報および非財務情報の提供を含意する（浅野，2018）。

図表9-6　現行の会計とインパクト会計の相違点

	現行の会計 (会計公準，GAAP)	インパクト会計 (VBA，インパクト加重会計，GAIP)
外部性（環境問題）	容認	内部化
考慮するステークホルダー	（親会社）株主	すべてのステークホルダー
重視する価値	経済価値	経済価値＋社会価値

然発生した慣習のうち公正妥当なものを抽出・要約したものだった。GAIPを実現するためには，GAAPと同様に，さまざまなセクターや米国以外の地域にもインパクト会計の適用を広げ，慣習を作り出す必要がある。サステナブル資本主義の進化の程度次第では，インパクト会計を自主的に適用する企業が急速に広がるかもしれない。会計は資本主義を支える重要なインフラであり，サステナブル資本主義においても会計の果たす役割は大きいと考えている。

【参考文献】

Freiberg,D., K.Panella, G.Serafeim, and T.R.Zochowski（2021）"Accounting for Organizational Employment Impact," *Working Paper 21-050*（*Harvard Business School*）.

Global Sustainable Investment Alliance（GSIA）（2021）*Global Sustainable Investment Review 2020.*

Global Impact Investing Network（GIIN）（2020）*Annual Impact Investor Survey 2020.*

GSG国内諮問委員会（2021）『インパクト投資拡大に向けた提言書2019』。

Mayor,C.（2018）, *Prosperity*, Oxford University Press.（宮島英昭監訳（2021）『株式会社規範のコペルニクス的転回』東洋経済新報社）

Serafeim,G., T.R.Zochowski, and J.Downing（2019）"Impact-Weighted Financial Accounts: The Missing Piece for an Impact Economy," *Harvard Business School.*

Social Impact Investment Taskforce（2014）*Measurement Impact: Subject Paper of the Impact Measurement Working Group.*

Value Balancing Alliance（2021）*Methodology Impact Statement General Paper Version 0.1.*

Vogel,S.K.（2018）*Marketcraft: How Goverments Make Markets Work*, Oxford University Press.（上原裕美子訳（2018）『日本経済のマーケットデザイン』日本経済新聞社）

秋葉賢一（2021）『報酬にみる会計問題』日本公認会計士協会出版局。

浅野敬志（2018）『会計情報と資本市場：変容の分析と影響』中央経済社。

安間匡明（2020）「インパクトの評価」，『月刊資本市場』第421号，pp.26-35。

伊藤邦雄（2021）『企業価値経営』日本経済新聞社。

北川哲雄（2020）「イノベーションとサステナビリティを両立させる『隙のない経営』」，『企業会計』第72巻第９号，pp.20-25。

熊沢拓（2021）「インパクト加重会計イニシアティブの概要と展望」，『月刊資本市場』第428号，pp.46-54。

黒川行治著（2017）『会計と社会：公共会計学論考』慶應義塾大学出版会。

デロイトトーマツ（2020）『第四次産業革命における世界の経営者の意識調査（2020年版）』。

名和高司（2021）『パーパス経営』東洋経済新報社。

ニッセイアセットマネジメント株式会社（2020）『上場株式投資におけるインパクト投資活動に関する調査報告書』。

柳良平（2021）「ESG会計の価値提案と開示」『月刊資本市場』第428号，pp.36-45。

第10章

わが国CGコードの特徴と今後の課題

：経営指南書としてのわが国CGコード

わが国のコーポレートガバナンス・コード（以下「CGコード」）は，2015年6月に，第2次安倍内閣の成長戦略（アベノミクス）の主要施策の1つであるCG強化の一環として制定された。記載内容は，英国CGコードに倣い，具体的かつ詳細であり，会社・取締役会などに対する経営指南書と言えるものである。その後，2018年6月と2021年6月の二度の改訂を経て，サステナビリティやダイバーシティへの配慮など時代に適合した内容を加え，経営指南書としての色彩をさらに強めている。

わが国のCGコードの特徴を簡単に示すと，①2004年のOECDコーポレートガバナンス原則（以下「OECD原則」）の枠組みを用いて，②英国のCGのコンプライ・オア・エクスプレインの手法を活用し，③米国のモニタリングモデルの方向に会社を導く意図をもったものであると言える。

本章では，わが国におけるCGコード導入の経緯，コードの特徴，改訂内容を説明したのち，英国・米国のCGの最近の動向とそれらがわが国CGコードに与える課題について考察する。

第1節　わが国におけるCGコード導入の経緯

わが国では，アベノミクスの一環として，まずスチュワードシップ・コード（以下「SSコード」）が導入され，その後にCGコードが導入された。SSコードの導入経緯を簡単に振り返ると，発端は，2013年5月の自由民主党日本経済再生本部の中間提言であり，これを受けて2013年6月に日本再興戦略が閣議決定されたことが指摘できる。そこでは「機関投資家が，対話を通じて企業の中長期的な成長を促すなど，受託者責任を果たすための原則（日本版スチュワードシップ・コード）について検討し，取りまとめる【年内に取りまとめ】」ことが示された。この閣議決定を受けて，金融庁内に「日本版スチュワードシップ・コードに関する有識者検討会」（座長：神作裕之東京大学教授）が設置され，そこでの検討とパブリックコメント手続を経て，2014年２月に「『責任ある機関投資家』の諸原則《日本版スチュワードシップ・コード》～投資と対話を通じて企業の持続的成長を促すために～」が制定された。このように政治・官僚主導でまずSSコードが導入された[1]。

このSSコードは英国のSSコードを参考にして，それにかなり近い形で作成されたもので，機関投資家の規律づけに多大な影響を与えた（これによりコンプライ・オア・エクスプレインの手法がわが国に導入された）。加えてCGコード制定に際しての「地ならし」的な意義も有していた。すなわち，海外ではCGコードが制定された後にSSコードが制定されることが通常であることから，わが国でもSSコードの制定後は当然CGコードが制定されるものという雰囲気が醸成されたと言える。

CGコード導入に際しても，SSコード導入と同様，政治・官僚主導で進められた。発端は，2014年５月の自由民主党日本経済再生本部の日本再生ビジョンであり，これを受けて2014年６月に日本再興戦略改訂2014が閣議決定された。

そこでは「持続的成長に向けた企業の自律的な取組を促すため，東京証券取引所が，新たに『コーポレートガバナンス・コード』を策定する。上場企業に対して，当該コードにある原則を実施するか，実施しない場合はその理由の説明を求める。【来年の株主総会のシーズンに間に合うよう策定】」，「コードの策定に当たっては，東京証券取引所のコーポレートガバナンスに関する既存のルール・ガイダンス等や『OECDコーポレートガバナンス原則』を踏まえ，我が国企業の実情等にも沿い，国際的にも評価が得られるものとする」ことが示された。

この閣議決定を受けて，金融庁・東証を共同事務局とする「コーポレートガバナンス・コードの策定に関する有識者会議」（座長：池尾和人慶應義塾大学教授）が設置され，そこでの検討とパブリックコメント手続を経て，2015年６月に東証から「コーポレートガバナンス・コード～会社の持続的な成長と中長期的な企業価値の向上のために～」が公表された。

このように，CGコードは政治の強い意思に基づいて導入されたものであり，

1　SSコードはこの後，2017年５月と2020年３月の２回改訂された。

米国・英国をはじめとする海外機関投資家のわが国企業に対する関心を高め，わが国企業の株価上昇を通じてわが国経済の活性化を図る意図を持ったものであった。したがって，CGコードの内容も，株主重視や米国のモニタリングモデルを指向する海外機関投資家の意向を反映する傾向があったと言える。

第2節　わが国CGコードの特徴

わが国のCGコードの特徴は，前述のとおり，1．OECD原則の枠組みを用いて，2．英国のCGのコンプライ・オア・エクスプレインの手法を活用し，3．米国型のモニタリングモデルの方向に会社を導く意図をもったものであると言える。そして，モニタリングモデルへの移行に際しての具体的な対応事項などを定めた経営指南書としての色彩を帯びたものとなっている。本節では，わが国CGの特徴として，上記1．～3．の特徴をそれぞれ説明する。

1　OECD原則の枠組み

2014年6月の閣議決定（日本再興戦略改訂2014）でわが国のCGコードはOECD原則を踏まえたものとする方針が示され，これを踏まえてCGコードの構成がOECD原則に沿ったものとなった。具体的には**図表10-1**のとおり，わが国のCGコードとOECD原則の項目はほぼ一致している。OECD原則の原則1は，各国の監督規制当局への要望事項等が記載されているところで，わが国

図表10-1　わが国のCGコードとOECD原則の構成の比較

わが国のCGコード	OECD原則（2004年）
	原則1　有効なコーポレートガバナンスの枠組みの基礎の確保（監督当局等への要望）
原則1　株主の権利・平等性の確保	原則2　株主の権利及び主要な持分機能 原則3　株主の平等な取扱い
原則2　株主以外のステークホルダーとの適切な協働	原則4　コーポレートガバナンスにおけるステークホルダー（利害関係者）の役割
原則3　適切な情報開示と透明性の確保	原則5　開示及び透明性
原則4　取締役会等の責務	原則6　取締役会の責任
原則5　株主との対話	

のコードに該当するものはない。一方でわが国のコードの原則５（株主との対話）はOECD原則に該当するものはない。これは，わが国において株主との建設的な対話の重要性が認識され，またSSコードとの関係からこれが加えられたものと考えることができる。

そもそもOECD原則は，ソフトローではあるが，コンプライ・オア・エクスプレインの手法を用いたものではない。また，OECD原則は，OECD加盟国が良いCG慣行の発展にとって極めて重要と考える基礎を提供するために作成されたもので[2]，個別企業のCGの改善を企図して作成される英国CGコードと比較して，内容がかなり抽象的になっている（主として，考え方・方向性を示すものとなっている）。

わが国のSSコードが，英国のSSコードをほぼそのまま受け入れて作成されたのに対して，CGコードが英国のCGコードではなく，あえてOECD原則の構成を用いたのは，ステークホルダー利益の取扱いに関して，当時の英国のCGコードが株主利益を特に重視するスタンスであった（コンプライ・オア・エクスプレインの対象となる原則には，ステークホルダー利益重視に係る記載がなかった）のに対して[3]，OECD原則は株主利益とともにステークホルダー利益を重視するスタンスであった（原則４に「CGにおけるステークホルダー（利害関係者）の役割」が明記されている）ため，OECD原則の方がわが国の経営者層の会社観と整合的でCGコードが受け入れやすいと認識されたためであると考えられる。

2　英国CGコードのコンプライ・オア・エクスプレイン手法の活用

わが国のCGコードは，英国のCGコードのコンプライ・オア・エクスプレインの手法を採用し，また記載内容も英国のCGコードと同様，具体的かつ詳細なものとなっている。英国のCGコードが取締役会・取締役に対する指南書とも言えるのに対して，わが国のCGコードは会社・取締役会などに対する指南書の色彩を強く有しており，会社にとっての「経営の指南書」，「事業運営のための参考書」[4]と言えるものである。ただし，英国のCGコードは根本的な原則・考え方が明確にされた上で取締役会・取締役の業務遂行に対する指針が示され

2　OECD（2004）翻訳p.11。

3　なお，英国では2018年のCGコードの改訂で，ステークホルダー利益を大幅に考慮するようになった。詳細は第４節参照。

4　安藤・大堀・松原・北川（2021）安藤発言部分。

ているのに対して，わが国では根本的な原則・考え方が明確化されないままコードの原則が示されている部分がある。この観点から，わが国のCGコードは英国と比較してより「実務的（プラクティカル）な」経営指南書であると言える。以下では，まず英国CGコードの特徴を概観した上で，わが国CGコードとの違いを明らかにする。

（1）　英国CGコードの特徴

英国のCGの議論は，他国と同様，企業不祥事や企業破綻など，会社のCGに何らかの問題が生じた際に，特に重点的に行われてきた。英国では，そのような際には短絡的にその場を繕うのではなく，識見と当該分野に深い経験を有し，インテグリティのある人材を実業界・学界など幅広い分野から招集して委員会を設置する。そして，その委員会で本質的な議論を行った上で，実践的な勧告・最善慣行規範をまとめ，それをCGコードに取り入れることによって，CGの継続的な向上に努めている。英国のCGの特徴として，①チェック・アンド・バランスによる統制の徹底，②コンプライ・オア・エクスプレインのアプローチ，③権限には責任が伴うという考え方，④ハードローとソフトローの組み合わせの４点を指摘することができるが[5]，その中心はコンプライ・オア・エクスプレインのアプローチである。

コンプライ・オア・エクスプレインは，1992年のキャドバリー報告書で導入されて以降，英国のCGの基本となっている考え方である。法律で規律する場合，要件を厳格に定義する必要があり，法律施行まで相当の時間がかかり，またすべての対象者が満たすことができる水準（低い水準）を要件とする必要がある。この点，コンプライ・オア・エクスプレインで規律する場合には，あくまで原則（最善慣行規範）を示すにとどまるため，柔軟性を有し，対応の速さに優れ，さらに原則を高く設定することによって，多くの会社のCGの継続的底上げを可能とすることができる。また，最適なCGは会社ごとに異なることが想定されることから，原則に適合しない場合でも，その理由と代替手段を説明すれば足りることになる（むしろ，原則すべてに対応するのではなく，それぞれの会社に応じた対応を行い，その理由を説明することが推奨されている）。このように，コンプライ・オア・エクスプレインはCGを規律する上で優れた手法で

5　林（2015b）。

あると言える。

英国のCGコードの原則は，「取締役会は～」，「取締役は～」といった形式となっており，規律の対象は取締役会・取締役である。時代の要請に対応して概ね２年ごとに改訂されており，またかなり具体的に原則・各則が記載されている。

なお，コンプライ・オア・エクスプレインのアプローチを採用する場合には，形式的に原則を適用すること（これを「ボックス・ティッキング」という）に陥らないように留意することが必要である。コンプライ・オア・エクスプレインのアプローチには，すべての会社に最適な唯一のCGの枠組みは存在しないという前提があることから，原則を採用しない会社が存在するのは当然であり，その場合にはその理由と代替手段の説明を求めることになる。英国では，原則の適用が当該会社にとって適切でない場合でも，理由と代替手段の説明を行うのが大変という理由で，形式的に原則を適用することや定型文（ひな型）で対応することは，繰り返し厳しく批判されている。たとえば，2020年10月にFRCが作成・公表したCG報告書の調査では，冒頭の巻頭辞で，「効果的なガバナンスや報告を犠牲にして，単にチック項目を厳格に満たすことに注力する傾向が見られる。これは，株主や幅広いステークホルダーの利益を害するものであり，究極的には公益に反し，信頼性を弱体化させる」[6]と指摘している。

（2） わが国CGコードとの違い

英国のCGコードは，根本的な原則・考え方が明確にされた上で，取締役会・取締役の業務遂行に対する指針を示すものになっているのに対して，わが国では，根本的な原則・考え方が明確化されないまま，コードの原則が示されている部分がある。以下では２つの例を挙げる。

《株主利益とステークホルダー利益の関係》

ステークホルダーの位置づけをめぐる考え方には，大別して，①株主第一主義，②啓発的株主価値，③多元的アプローチの３つの考え方が存在する（**図表10-2**参照）[7]。

---

6 FRC（2020）p.1。
7 林（2020a）。

図表10-2　ステークホルダーの位置づけをめぐる3つの考え方

考え方	説　明
①株主第一主義 (Shareholder Primacy Approach)	取締役は会社の利益のために行動しなければならず，またここでいう会社の利益とは株主全体としての利益であるという，英国の伝統的な考え方。
②啓発的株主価値 (Enlightened Shareholder Value, Inclusive Approach)	取締役は株主利益を優先して行動すべきであるが，それに止まらず，株主価値を向上させるために，従業員の利益やその他のステークホルダーの広範な利益を考慮する義務があるという考え方。取締役の主たる目的は，あくまで株主利益のために会社を成功させることであり，株主利益とその他のステークホルダーの利益が衝突した場合には，株主利益を優先させる。
③多元的アプローチ (Pluralist Approach)	株主とその他のステークホルダーの利益を同格に扱い，利益が衝突した場合には，場合によっては，その他のステークホルダーの利益を優先させるという考え方。

英国では会社法で②の啓発的株主価値の考え方を採用することを明確化している。その経緯などは以下のとおりである。2006年会社法の改正に際して，従来は判例法で規律されていた取締役の一般義務を制定法で規律することとなった。その中で172条には，会社の成功を促進するために，取締役は株主利益に加え，広範なステークホルダーの利益を考慮しなければならないことが明記された。この172条は，会社の責任ある行動に対する厳しい批判の高まりを背景として，政府主導で会社法に追加されたものである。

議論の過程では，①株主第一主義，②啓発的株主価値，③多元的アプローチのそれぞれの観点から検討がなされたが，会社の責任に対する労働党政権の積極的な推進施策などを背景として①が否定され[8]，また多くのステークホルダーの利益を公平に扱うことの困難さや経営陣に広範な裁量権を与えることへの懸念などを理由として③が否定され[9]，最終的に②の啓発的株主価値のモデルが採用されることになった。

これに対して，わが国ではステークホルダーをどのように位置づけるのかが明確ではない。わが国では，かつてステークホルダー考慮義務を会社法で定めることが真摯に議論されたが，経営者の裁量権を不当に拡大する恐れがあるこ

8　杉浦（2007）。
9　大塚（2014）。

とから[10]，法律への明記がされなかった経緯がある。また，2005年に成立した会社法の施行規則案の中に，取締役の責務として，取締役の行動が「株主の利益の最大化の実現に寄与するものであること」に留意することが記載されたが，これは日本監査役協会などの反対により規則に盛り込まれなかった経緯もある[11]。CGコードでは，基本原則１で株主重視を謳い，基本原則２でステークホルダー重視を謳っており，どちらも重要ではあるが，両者の利害が衝突した場合にどちらを優先するのかは明確には示されていない。すなわち，CGコードでは，②啓発的株主価値を採用するのか，③多元的アプローチを採用するのかが明確には示されていない。

《取締役会議長とCEOの分離》

取締役会の重要な役割の１つに経営者の規律づけがある。その観点から，取締役会のトップである取締役会議長と経営者のトップであるCEOは同一人物が担うべきではない。取締役会議長とCEOの分離は，１丁目１番地とも言える。英国では，英国CGの嚆矢と位置づけられる1992年のキャドバリー報告書において，この２つの役割を１人の者が兼務すれば権力の著しい集中を示すことになることを理由として，両者の分離が勧告されている[12]。そして，その直後の1993/1994年度において，かなりの数の会社が両者の分離を進めており[13]，現在では両者の分離が当然のこととされている。

わが国のCGコードでは，取締役会の役割・責務として，「取締役会は，独立した客観的な立場から，経営陣・取締役に対する実効性の高い監督を行うことを主要な役割・責務の１つと捉え」るべきことが明記されている（原則４－３）。一方で，取締役会のトップである取締役会議長と経営陣のトップであるCEO（社長または会長）との分離については触れられていない。実際，東証上場会社を対象とした取締役会議長の属性に関する2020年の調査では，社長が82.7％，会長（社長を兼務している場合を除く）が14.7％となっており，取締役会議長のほとんどが社長または会長となっている[14]。取締役会の独立性を担保し，経営

10　竹内（1976）。
11　ドーア（2006）pp.193-194。
12　Cadbury（1992）。
13　日本コーポレート・ガバナンス・フォーラム（2001）p.319。
14　東京証券取引所（2021）p.85。

者に対する監視・監督機能を果たすためには，英国の事例で示されるように，取締役会議長とCEOの分離が求められるが，わが国の場合には実態と大きな乖離があるため，CGコードの原則とするのをためらっているのではないかと推察される。

3　米国型のモニタリングモデルを指向

（1）　モニタリングモデル

現在の米国のCGはモニタリングモデルに基づくものである。1950年代・60年代の米国は経営者支配の時代であり[15]，社外取締役にはアドバイザーとしての役割が期待されていた[16]。これに対して，1970年代の企業不祥事を契機として，取締役会が経営者の監視・監督に特化するというモニタリングモデルの考え方が登場し，徐々に支持を集め，1994年に米国法律協会から公表された「コーポレートガバナンスの原理：分析と勧告」[17]で集大成したと言える。そして，その考え方が米国のCGの基本的な考え方として現在に継続している。その経緯と具体的な内容は以下のとおりである。

1970年に超優良会社とみなされていたペン・セントラル鉄道が突然経営破綻した。また，1973年のニクソン・スキャンダル（ウォータゲート事件）に端を発してロッキード事件などの企業不祥事が次々と発覚した。これらの会社の独立社外取締役は経営者に事業運営を任せきりにしており，監視・監督の責任をまったく果たしていなかった。このような状況に対して，取締役・経営者の株主に対する法的責任を強化して，取締役・経営者を厳しく規律づけする主張が注目を浴び，たとえば証券取引委員会（SEC）の元議長のケアリーは，州法での規律に加えて，連邦法を制定して取締役・経営者の株主に対する責任を追及することを主張した。

法律による規律づけを何とか回避したい経営者と，厳しい規律づけを主張する者の対立の中で，取締役会を監視・監督機関と位置づけ，独立社外取締役の監視・監督機能を強化することで対応しようとするメルビンA. アイゼンバー

15　1970年代までの米国においては経営者支配が確立し，株主に対する配当よりも会社の存続と規模の拡大が優先され，ステークホルダーを重視した経営が行われていた。詳細は，林（2017, 2021a）参照。

16　Gilson and Gordon（2020）。

17　The American Law Institute（1994）。

クの穏健な改革案（モニタリングモデル）が徐々に支持を集め，次第に支配的な考え方になっていった。この考え方は，従来の取締役会が担っていた業務執行と監視・監督機能を分離し，業務執行はCEOなどの経営者に委ね，独立社外取締役中心の取締役会が業務執行を監視・監督するというものである。わが国では歴史的に，企業不祥事に対処するために，業務執行から独立した監査役の権限の強化が行われてきたが，米国では監査役がいないので，このような形で業務執行と監視・監督機能の分離が図られた側面がある。

モニタリングモデルの考え方は，1994年に米国法律協会から公表された「コーポレートガバナンスの原理：分析と勧告」で集大成した。この報告書は10年を超える歳月を費やして，主席報告者であるアイゼンバーク教授のもと，ようやく完成を見たものである。この報告書では，会社の目的について，長期的視点から会社の利潤および株主の利益を増進させるために事業活動を行うことであるとする。そこでは会社の目的が株主利益の最大化であることが前提となっている。ただし，法の遵守（自然人と同様に法が定める範囲内において行動しなければならない），道徳律（責任ある事業活動にとって適当であると合理的にみなされる倫理上の考慮を加えることができる），公共の福祉等（公共の福祉，人道上，教育上，および慈善の目的に合理的な額の資源を充てることができる）の３つの側面において，一定の範囲内で営利目的が後退することを認めている。

この報告書では，会社の構造について，会社の業務執行は取締役会により指名された主要上級執行役員（CEOなど）によって行われるものとされ，取締役会は主要上級執行役員の選任・評価・報酬の決定・解任や会社の事業活動の監督などを行うものとされる。そして取締役会の過半数は原則として独立社外取締役から構成されるものとし，独立した３人以上の構成員からなる監査委員会の設置の義務化と指名委員会・報酬委員会の設置が推奨されている。すなわち，独立社外取締役と独立社外取締役から構成される各種委員会が重視され，それらによる経営者への監視・監督がCGによる規律づけの基本とされている。

このモニタリングモデルは，エージェンシー理論[18]の考え方と整合的である。エージェンシー理論では，株式会社への出資者としてプリンシプル（主人）である株主の利益を実現するために，経営を委託するエージェント（代理人）

18 Jensen and Meckling（1976）。

たる経営者を規律づけることがCGの目的と考える[19]。分散投資を行う株主（機関投資家）は，個別企業の経営をじっくり監視・監督することができないことから，株主のために経営者を監視・監督する独立社外取締役を置き，彼らに経営者に対する監視・監督を期待することになる。その際に，社外取締役が経営者ではなく株主のために業務を遂行することを担保するため，社外取締役の経営者からの独立性が重要となる（社外取締役にはアドバイザーとしての役割を期待するのであれば，独立性は不要である）。

また，これらの考え方は，株主が主人であり，その利益を実現するために，独立社外取締役に経営者の監視・監督（モニタリング）を委ねるものであることから，株主第一主義の考え方と整合的であると言える。

（2）　モニタリングモデルのわが国への適用

わが国のCGコードには，米国型のモニタリングを指向する旨の記載はないが，その原則を読むと，明らかにモニタリングモデルを指向していることがわかる。具体的には，たとえば取締役会の役割・責務として「独立した客観的な立場から，経営陣・取締役に対する実効性の高い監督を行うことを主要な役割・責務の１つと捉え」ること（原則４－３），独立社外取締役の役割・責務として「経営陣幹部の選解任その他の取締役会の重要な意思決定を通じ，経営の監督を行うこと」（原則４－７），独立社外取締役の人数について「上場会社は……独立社外取締役を少なくとも２名以上選任すべきである」こと（原則４－８），さらに独立性について「取締役会は，……独立社外取締役となる者の独立性をその実質面において担保することに主眼を置いた独立性判断基準を策定・開示すべきである」（原則４－９）ことが求められている。

このうち，特に，独立社外取締役２名以上という要件が重要である。わが国では長年の間，社外取締役（１名）の選任義務化をめぐって論争が繰り広げられ，経団連など経済界からの強い反対があり，なかなか法的な義務化が進んでこなかったが，CGコードの制定により，特に市場第一部上場会社では，一挙に独立社外取締役２名以上が一般化した。これにより，海外機関投資家が求める米国型のモニタリングモデルの方向に大きく駒を進めたことになった[20]。CGコード導入（2015年）前からの市場第一部上場会社の独立社外取締役の推移は

19　加護野・吉村（2010）p.7。

図表10-3に示されるとおりである。

図表10-3　独立社外取締役と指名・報酬委員会の推移（市場第一部）

	2014年	2015年	2016年	2017年	2018年	2019年	2020年
独立社外取締役２名以上	21.5	48.4	79.7	88.0	91.3	93.4	95.3
独立社外取締役３分の１以上	6.4	12.2	22.7	27.2	33.6	43.6	58.7
独立社外取締役過半数	1.4	1.4	2.5	2.9	3.2	4.3	6.0
指名委員会設置会社		10.5	27.1	31.8	34.3	49.7	58.0
報酬委員会設置会社		13.4	29.9	34.9	37.7	52.4	61.0

（注１）上記の数値は市場第一部の会社に占める当該対応会社の比率（パーセント表示）。
（注２）指名・報酬委員会の数値は法定と任意の合計。
（出典）東証のデータから筆者作成。

第３節　わが国CGコードの改訂内容

2015年６月に制定・公表されたCGコードは，2018年６月に改訂され，2021年６月に再度改訂された。また，2018年６月のCGコード改訂に合わせ，CGコードとSSコードの附属文書として位置づけられる「投資家と企業の対話ガイドライン」（以下「対話ガイドライン」）が新たに制定・公表され，2021年にこれが改訂されている。これらには，サステナビリティやダイバーシティへの配慮など時代の要請に配慮した内容が加えられており，上場会社の経営者が経営指南書として用いる場合の有用性がさらに増したものとなっている。

1　2018年６月改訂

金融庁と東証が共同事務局である「スチュワードシップ・コード及びコーポ

20　ただし，わが国の大会社で，指名委員会等設置会社制度の採用や過半数独立社外取締役の取締役会の採用など，モニタリングモデルを採用する会社は未だ少ない（神田，2021，p.190）。社外取締役設置義務化の議論の経緯などについては，林（2017）参照。

レートガバナンス・コードのフォローアップ会議」（共同事務局：金融庁・東証）（以下「フォローアップ会議」）が，2018年３月に「コーポレートガバナンス・コードの改訂と投資家と企業の対話ガイドラインの策定について」を作成・公表し，これに基づいて2018年６月にCGコードの改訂および対話ガイドラインが制定された。

フォローアップ会議では，（1）経営環境の変化に対応した経営判断，（2）投資戦略・財務管理の方針，（3）CEOの選解任・取締役会の機能発揮等，（4）政策保有株式，（5）アセットオーナーの各項目についての提言がなされた。2018年６月の改訂では，コードの基本原則の改訂はなされなかったが，フォローアップ会議の提言を踏まえてコードの原則や補充原則が改訂された。主な改訂箇所を具体的に挙げると，まずフォローアップ会議の（1）と（2）の提言に対応して，自社の資本コストを的確に把握すべきこと，事業ポートフォリオの見直しなどの実行と株主に説明すべきことが明確化された（原則５－２）。

フォローアップ会議の（3）の提言に対応して，CEOの選解任に関する客観性・適時性・透明性のある手続の確立（補充原則４－３②③），CEO等の後継者計画に対する取締役会の主体的な関与（補充原則４－１③），指名委員会・報酬委員会など独立した諮問委員会の活用（補充原則４－10①），取締役会におけるジェンダーや国際性等の多様性の確保（原則４－11）の対応がなされた。フォローアップ会議の（4）の提言に対応して，政策保有株式の削減に関する方針・考え方などの開示，保有の適否の検証とその内容についての開示（原則１－４）が明記され，（5）の提案に対応して，母体企業として企業年金にアセットオーナーとしての機能を発揮させる旨の原則が新設された（原則２－６）。

これらに加えて，パブリックコメントで市中からESGへの取り組みが不可欠となっているなどの意見が複数寄せられたことから，CGコードの第３章の考え方の中で，適切な情報開示を行うべき非財務情報の中にESG要素が含まれることが明確化された。

2　2021年６月改訂

2021年６月のCGコードの再改訂は，2020年４月に実施される東証の新市場区分を前提として，わが国を代表する会社（プライム市場上場会社）に対しては，英国・米国型のCG形態であるモニタリングモデルの採用をさらに求めるものである。基本原則には変更はなく，原則と補充原則および基本原則の考え方の一部が変更されている。また，併せて対話ガイドラインも改訂された。

フォローアップ会議が2021年４月に「コーポレートガバナンス・コードと投資家と企業の対話ガイドラインの改訂について」を作成・公表し，（１）取締役会の機能発揮，（２）企業の中核人材における多様性（ダイバーシティ）の確保，（３）サステナビリティ（ESG要素を含む中長期的な持続可能性）をめぐる課題への取り組み，（４）その他個別の項目（グループガバナンスのあり方，監査に対する信頼性の確保および内部統制・リスク管理など）についての基本的な考え方が示された。

これらの提言に基づき，まず（１）の取締役会の機能発揮に関しては，①独立社外取締役の必要人数の増加，②指名委員会・報酬委員会の独立性の強化，③スキル・マトリックスの開示，④他社での経営経験を有する独立社外取締役，⑤筆頭独立社外取締役（lead independent director）の役割に関する改訂などがなされている。

①に関して，改訂前は，独立社外取締役を少なくとも２名，必要な場合には少なくとも３分の１以上選任すべきとしていたのに対して，改訂後は，プライム市場では少なくとも３分の１以上，必要に応じて過半数の独立社外取締役の選任が原則とされた（その他の市場の上場会社に対する原則に変更はない）（原則４－８）。また，支配株主を有する上場会社の場合は，独立社外取締役を少なくとも３分の１以上（プライム市場上場会社では過半数）選任することなどが補充原則として追加された（補充原則４－８③）。

②の指名委員会・報酬委員会に関しては，プライム市場上場会社では，各委員会の構成員の過半数を独立社外取締役で構成することが基本とされた（補充原則４－10①）。③に関しては，各取締役の知識・経験・能力等を一覧化した，いわゆるスキル・マトリックスを開示すべきこと（補充原則４－11①），④に関しては，独立社外取締役には，他社での経営経験を有する者を含めるべきこと（補充原則４－11①）が原則とされた。また，⑤に関しては，従来期待されていた経営陣との連絡・調整の機能（補充原則４－８②）に加え，筆頭独立社外締役に株主との面談に対する対応が求められた（対話ガイドライン４－４－１）。

（２）の企業の中核人材における多様性（ダイバーシティ）の確保に関しては，管理職層におけるジェンダー，国際性，職歴，年齢等の多様性確保と女性取締役の選任などが求められた（補充原則２－４①，ガイドライン３－６）。（３）のサステナビリティ（ESG要素を含む中長期的な持続可能性）をめぐる課題への取り組みに関しては，これをリスクの減少のみならず収益機会にもつながる重要な経営課題であると認識して，中長期的な企業価値向上の観点から積極的・能動的に取り組むべきこと（補充原則２－３①），プライム市場上場会社には気候変動に係るリスクと収益機会が自社の事業活動や収益等に与える影響について，気候関連財務情報開示タスクフォース（TCFD）やこれと同等の枠組みに基づく開示の質と量の充実を進めるべきこと（補充原則３－１③）などが求められた。

このように，CGコードにはサステナビリティやダイバーシティへの配慮など，経営者が時代の要請に対応すべき事項が具体的に記載されている。その中で，モニタリングモデルの方向への移行に関しては，プライム市場上場会社における独立社外取締役の必要人数の増加（原則４－８）と指名委員会・報酬委員会設置の義務化（補充原則４－10①）が重要である。指名委員会・報酬委員会に関する事項は2015年６月のCGコードにも記載されていたが，これが2018年６月の改訂で指名委員会・報酬委員会の名称が具体的に記載されるようになり，2021年６月の改訂では「取締役会の下に独立社外取締役を主要な構成員とする独立した指名委員会・報酬委員会を設置することにより」と記載され，その設置が原則に盛り込まれた。

米国型のモニタリングモデルでは，独立社外取締役から構成される指名委員会・報酬委員会・監査委員会などが設置され，それぞれの役割に対応した監視・監督を行っている。また，米国型のモニタリングモデルを模したわが国の指名委員会等設置会社でも，それら３委員会の設置が義務化されている。一方，監査役会設置会社や監査等委員会設置会社では，監査委員会に相当する監査役会や監査等委員会は設置されるものの，指名委員会や報酬委員会の設置義務はない。それらのガバナンス形態の会社において，CGコードで指名委員会・報酬委員会の設置が明確化され義務化されたことは，それらの会社をモニタリングモデルの方向に導くことにつながると言える。市場第一部上場会社における指名・報酬委員会導入会社の比率の推移は前掲**図表10-３**に記載のとおりである。今後，指名・報酬委員会導入会社の比率が飛躍的に増加することが見込まれる。

第４節　英国・米国のCGの最近の動向とわが国CGコードの今後の課題

経営指南書としての有効性を維持していくために，CGコードは時代の要請に対応して変化していく必要がある。最近では，英国CGコードがステークホルダー重視の方向に大きく舵をとり，また米国の会社の目的に関する考え方もステークホルダー重視の方向に移行している。本節では，英国・米国のCGの最近の動向を概観した上で，わが国CGコードの今後の課題を示すこととしたい。

1　英国CGの最近の動向[21]

英国のCGコードは，2018年７月の大幅改訂に伴い，ステークホルダー重視のスタンスが明確に示されるようになった。2016年６月の国民投票によって欧州連合（EU）からの離脱が選択されたこと，その背景に所得・資産格差の拡大や労働者階級の不満があったことは，英国の支配層にとって大きな衝撃であった。国民投票の結果の責任を取ってキャメロン首相が辞任し，後任を選ぶ与党・保守党の党首選挙が行われたが，この選挙キャンペーンで，メイ首相は，少数の特権階級のための政治ではなく，普通の労働者のための政治を目指すことを掲げて当選した。この考え方は，政府・議会からの賛同を得て，最終的には，CGコードにステークホルダー重視のスタンスが盛り込まれた。なお，改訂前の2016年CGコードまでは，2006年会社法172条がいう啓発的株主価値の考え方が必ずしも重視されておらず，ステークホルダー利益の考慮がコンプライ・オア・エクスプレインの対象とはなっていなかった。

2018年７月に公表された改訂CGコードでは，原則Ａ，Ｄ，Ｅおよび各則５，６を中心に，ステークホルダーの利益考慮に関する記載がある。その概要は以下のとおりである[22]。

21　最近の英国CGの動向については，林（2019，2020b）参照。

22　林（2020a）。

1．取締役会のリーダーシップと会社の目的

○原則（Principles）

A. 成功する企業は効果的かつ起業家精神を有する取締役会によって導かれる。これらの取締役会の役割は，会社の長期にわたる持続可能な成功を促進し，株主に対して価値を生み出し，そして幅広い社会に貢献することである。

D. 会社が，株主やステークホルダーに対する責任を果たすために，取締役会はそれらに対して効果的なエンゲージメントを行うこと，またそれらの参画を促すことを確実にすべきである。

E. 取締役会は，従業員に関する方針と実践（policies and practices）が，会社の価値観と整合的で，会社の長期にわたる持続可能な成功を支援するものであることを確実にすべきである。従業員の懸念は，どのようなものであれ，表明できるようにされるべきである。

○各則（Provisions）

5．取締役会は，会社の株主以外の主要なステークホルダーの視点を理解し，年次報告書において，2006年会社法172条に示されるような彼らの利害と関心事項を，取締役会での議論や意思決定に際して，どのように考慮したかを記載すべきである。

取締役会はエンゲージメントのメカニズムを常にチェックし，それらが効果的に維持されるようにすべきである。

従業員とのエンゲージメントに際して，以下の方法の１つ又はその組み合わせを用いるべきである。

・従業員の中から指名された取締役

・正式な従業員諮問委員会

・従業員の声を代弁する非業務執行取締役

取締役会がこれらの選択肢のうちの１つ又は複数の方法を選択していない場合には，どのような代替的な方法が用いられているか，そしてその方法が効果的であると考える理由を説明すべきである。

6．秘密裏に，もし望むなら匿名で，従業員が懸念を表明できるような態勢を整備すべきである。（以下略）

ここで注目すべきは，原則Aで会社の目的に，株主価値創造と並列で社会貢献を明記したことである。改訂CGコードが，啓発的株主価値の考え方に基づいていることは，これが2006年会社法172条の枠内での対応であること，また改訂コードと同時にFRCから公表された戦略報告書のガイダンスにもその旨の記載があることから明らかである。ただし，原則Aを読む限りでは，多元的アプローチに近づいている側面もある。また，各則5でステークホルダー重視の姿勢を明確化し，特に従業員とのエンゲージメントについて，具体的な方法を明記したことも注目される。

このように，EU離脱の国民投票などで明らかになった，所得・資産格差とそれによる労働者階級の不満に対応するため，政府，議会，そして会社が，労働者の声を取締役会に取り入れるというCGコードの改訂を進めた。また，会社法172条が現実的な意味を持つようになった。時代の要請に対応して，取締役会・取締役に対する指針としてのCGコードが改訂され，その内容が新自由主義（株主第一主義）から，ステークホルダー（特に労働者）重視の方向に振れることになったと言える。

2　米国CGの最近の動向[23]

米国でも最近，ステークホルダー重視のスタンスが明確に見られるようになった。まず，それ以前の1970年代後半から最近までの株主第一主義全盛期の議論を振り返ってみたい。1970年代後半になると，機関投資家の株式保有比率が増大するようになり，その影響力が徐々に高まっていった。また，エリサ法（1974年）やエイボンレター（1988年）により，機関投資家である年金基金の受託者責任が明確化されていった。これに米国企業の業績不振が重なり，機関投資家による株主重視の圧力が増大してきた。そのような中で，フリードマンの思想，エージェンシー理論，新自由主義の経済政策，そしてビジネススクールやロースクールでの教育が相まって，（もともと英米法では根底にあった）株主第一主義の思想が確立し，強い影響力を持つようになった。

この新自由主義の経済政策は経済全体のパイの拡大に寄与し，経済の活性化・株価上昇などの効果をもたらしたが，一方で所得・資産の格差が拡大した。この格差拡大に伴う社会的動揺や気候変動などESG要素を考慮する投資家の拡

23　米国の会社の目的に関する議論については林（2021a）参照。

大などに伴い，最近では株主第一主義への批判が増大し，ステークホルダー重視の方向が示されるようになった。

具体的には，たとえば，世界最大の機関投資家であるBlackRockのラリー・フィンクCEOは，投資先企業に対する2018年のレターの中で，会社には社会的な責務を果たすことが求められていること，会社が継続的に発展していくためには社会にいかに貢献していくかを示さなければならないこと，会社が株主・従業員・顧客・地域社会を含めたすべてのステークホルダーに恩恵をもたらす存在であることが社会から要請されていることを指摘した。このステークホルダー重視の姿勢は，2019年，2020年，2021年，2022年のレターでも繰り返し主張されている。

民主党左派の代表的論客であるエリザベス・ウォーレン上院議員の主張も注目される。彼女は米国における所得・資産の格差の緩和を目的として2018年８月に「責任ある資本主義」法案を上院に提出した。これは，制定法によって所得・資産格差を緩和させようとする考え方である。具体的には，米国の大企業は「アメリカ合衆国株式会社」という連邦免許を取得し，その取締役はすべてのステークホルダーに対して社会的責任を負い，取締役の少なくとも40％は当該企業の従業員によって選出されなければならないことなどを法定するものである。

このような動きに啓発されて，2019年８月に米国主要企業のCEOの団体であるビジネス・ラウンドテーブル（以下「BRT」）から「会社の目的」を変更する旨の声明が出された。BRTの「会社の目的」に関連する主な声明は，過去1981年と1997年にあり，1981年声明では，ステークホルダーの利益を重視するスタンスが示されていたが，1997年声明では1981年声明を全面否定し，株主第一主義を明確に表明した。今回の2019年声明は，1997年声明を否定し，1981年声明に先祖返りしたものと位置づけられる。具体的には，2019年声明では，個々の企業がそれぞれの会社の目的に適合した任務を果たす中で，BRTはすべてのステークホルダーに対する基本的なコミットを共有したいとして，顧客，従業員，供給業者，地域社会，そして株主に対するコミットを明記している。さらに，すべてのステークホルダーが必須の存在であり，企業，地域社会，そして米国の将来にわたる繁栄のために，すべてのステークホルダーに対して価値を提供することをコミットするとしている。

これに対して，機関投資家の団体であるCouncil of Institutional Investors

（以下「CII」）から厳しい批判が出された[24]。具体的には，CIIはBRTの声明に対して懸念を表明すること，声明は株主に対する経営責任を切り落としていること，企業の取締役と経営者は長期的な株主価値を重視するスタンスを継続する必要があること，株主の長期的な価値創造に焦点を当てた以前の声明の方が望ましいことが指摘された。

BRT声明に対する懸念に対応して，BRTは声明の１週間後にQ&Aの形で追加説明を行っている[25]。そこでは，声明は，会社が成功し株主に継続的なリターンを届けるために，会社は株主に加えて幅広いステークホルダーの利益や適正な期待を考慮しなければならないという現実を反映したものであると説明している。これは，会社の目的は株主の利益にあり，そのために（その範囲で）ステークホルダーの利益を考慮するという趣旨であり，啓発的株主価値のアプローチであると言える。

3　わが国CGコードの今後の課題

わが国のCGコードは，時代の要請や機関投資家からの要請に対応して，会社・取締役会が行うべき業務の原則の改訂を行い，経営指南書としての役割を拡充しているが，英国や米国の最近の動向などを反映して，以下の観点からさらなる改訂を行うことが課題であると考える。

（1）　株主利益とステークホルダー利益の関係の明確化

前述のとおり，英国と米国では，ステークホルダーを重視する方向への転換が進められている。わが国のCGコードが，株主もステークホルダーもともに重視するというOECD原則の枠組みで作成されていることから，この点で，英国や米国がわが国のCGコードの後追いをしていると言えなくもない。しかし，第２節で指摘したように，わが国CGコードには，株主とステークホルダーの優先劣後関係が明確には記載されていないことが課題となっている。

最近のダノンのCEO解任の事案は，この点の重要性を想起させる。フランスでは，2019年６月の民法と会社法の改正により，営利企業でありながら同時に社会的責任を追及することが定款で定められる，新しい会社形態である「使

---

24 CII（2019）。
25 BRT（2019）。

命を果たす会社（société à mission）」への転換や設立が可能となった。そして2020年6月には，ダノンが株主総会でのほぼ満場一致での承認を経て，上場会社としては最初の「使命を果たす会社」への転換を成し遂げた[26]。ダノンは定款に会社の存在意義（パーパス）として「世界中のより多くの人々に，食を通じて健康をお届けする」ことを記載し，社会・環境目的に関して，①地域社会の人々の健康に好影響を与えること，②地球資源の保存・更新，③従業員に新しい未来の創造を委ねること，そして④インクルーシブな成長（誰も取り残すことのない成長）を促進することを記載している。このことは，ダノンの取締役が，（法令などの制約の中で）株主の金銭的利益を追求する義務だけを有するのではなく，定款で定められた会社の存在意義や社会・環境目的を遂行する義務をも有するようになったことを意味する。すなわち，取締役が株主利益とステークホルダー利益をともに重視した経営を行うべきことが明確化されたと言える。

これを推進したのが，エマニュエル・ファベール取締役会議長兼CEOである。彼は2014年10月のCEO就任以来，会社の社会的責任を重視する姿勢を積極的に表明し，社会・環境目的を重視する経営者として脚光を浴びていた。その1つの到達点が「使命を果たす会社」への転換であったと言える。しかし，「使命を果たす会社」への転換から9カ月後の2021年3月に，彼は取締役会によって解任された。

株主総会での解任ではなく，取締役会での解任であったことから，その正確な理由などにつき外部からうかがい知るのは必ずしも容易ではないが，海外での報道を整理すると，コロナ禍での業績悪化と株価の大幅な低迷により，アクティビスト投資家からCEO退任の要求が提起され，またその他の機関投資家もそれを水面下で支持したことなどから[27]，取締役会が彼を解任したと言える。これに加えて，2020年11月に発表した「ローカル・ファースト」という事業再構築プランに関して，取締役会内部での意見対立もあった[28]。

26　ダノンの「使命を果たす会社」への転換の経緯などについては，林（2021b）参照。

27　高山（2021）。

28　ファベール氏は，解任後に英国ファイナンシャルタイムズ紙のインタビューを受け，取締役会内部の権力闘争が退任の直接の原因であると説明したとの報道がなされている（Leila Abboud and Billy Nauman, "Former Danone chief says power struggle was behind his ousting", *Financial Times*, May 7, 2021）。

この事例が示すことは，株式会社においては，ステークホルダー利益の重視（社会・環境課題の重視）は必要条件ではあるが，十分条件ではないということである。経営者には競合他社と遜色のない利益を計上する経営を行うことが求められ，コロナ禍を理由とすることができない。これは英国・米国での啓発的株主価値の考え方とも通じるものであって，あくまで会社は株主価値を最優先し，その手段として，またはその範囲内でステークホルダー利益を考慮するというものである。わが国でも，これらの事例を踏まえて，議論を明確に整理する観点から，CGコードで株主利益とステークホルダー利益の関係を明確化することが課題であると考える。

（2） モニタリングモデルの限界の認識

第２節と第３節で，現在の米国ではモニタリングモデルの考え方が主流であり，わが国CGコードもその方向に会社を導く意図をもったものであることを説明した。しかし，ごく最近の米国CGの流れは，モニタリングモデルにも限界があることを示している。

アクティビスト投資家が，エクソンモービルに対して，同社の推薦する取締役４人の選任を求めて2021年５月開催の定時株主総会において株主提案を行った[29]。この提案の趣旨に，公的年金（カルパース，カルスターズなど）や議決権行使助言会社（ISS，グラスルイス）などが賛成した結果，アクティビスト投資家の推薦する取締役３名がエクソンモービルの取締役に選任された（会社側の取締役候補12人のうち３名が選任されなかった）。

会社側が推薦した取締役候補は経営者を監視・監督する（モニタリングを行う）者としてふさわしい人物であったが，アクティビスト投資家は，石油業界を取り巻く環境の激変・脱炭素化の流れの中で，監視・監督者としての取締役だけではなく，彼らが推薦するエネルギー事業の知見を有する取締役を選任すべきと主張していた。選任された３名の取締役は，米国石油関連企業の経営者（経験者），フィンランド資源関連企業の再生可能エネルギー事業の責任者（経験者），米国エネルギー省次官（経験者）であった。

Gilson and Gordon（2020）は，３つのタイプの取締役会の発展型（Board 1.0, Board 2.0, Board 3.0）を提示し，激しい環境変化が生じている業界などにおい

---

29 エクソンモービルの事案の詳細については，近澤（2021）参照。

ては，従来型のモニタリングモデル（Board 2.0）では対応しきれないと指摘している。彼らの言うBoard 1.0は1950年代～60年代のアドバイザーとしての取締役会のモデル（マネジメントボード）であり，Board 2.0は1970年代以降の独立社外取締役を中心とするモニタリングモデルである。このBoard 2.0は，巨大会社の規模が拡大し業務が複雑化するなか，特に激しい環境変化が生じている業界などにおいてはこれらに十分に適応できていないと指摘する。

Board 3.0の取締役会は，経営者の監視・監督（モニタリング）を行うBoard 2.0の取締役と，（社外には開示されない）社内の情報を活用し，社内の戦略分析室に支援され，また必要であれば外部のコンサルタントの支援を受けつつ経営戦略立案等に責任を持つ取締役との混合で構成される。この構想はプライベートエクイティ（以下「PE」）のガバナンス慣行からヒントを得たもので，PEではビジネスの専門家を取締役会に送り込んで企業価値を向上させていると説明する。そして，この経営戦略立案等を担当する取締役が，経営者とは独立した立場から，会社の戦略などの正統性をアクティビスト投資家などに説明する（経営者による説明よりも説得性が高まる）。このBoard 3.0の取締役会は，エクソンモービルの投資家が求めていたものと合致すると思われる。

わが国のCGコードでは，原則４－１に「取締役会は，会社の目指すところ（経営理念等）を確立し，戦略的な方向付けを行うことを主要な役割・責務の１つと捉え」と記載されており，単に経営者の監視・監督（モニタリング）だけが期待されているわけではないことが明記されている。しかし，現実には，独立社外取締役の数・比率（原則４－８）やジェンダーなどの属性（原則４－11）が重視され，社内に不足している知見を充足し，経営者とともに会社の社会・環境問題への対応といった基本戦略を立案し，アクティビスト投資家にそれらを（経営者とは独立の立場から）説明することが期待される取締役を外部から招聘する（取締役会でそのような属性の人物を取締役候補として株主総会の議案に上程する）ことはほとんど行われていないと思われる。脱炭素化の動きなど会社を取り巻く環境が激変する中で，また社会・環境問題に関する株主提案が行われるようになってきた中で，対応が必要な会社に対して，このような取締役選任の必要性の検討について，CGコードの原則・補充原則に記載することも検討課題であると言える。

【参考文献】

安藤聡・大堀龍介・松原稔・北川哲雄（2021）「改訂CGコードの評価と残された課題―サステナビリティを中心とした企業活動の深化」『企業会計』73（9），pp.16-29。

大塚章男（2014）「イギリス2006年会社法における取締役の責任―会社の成功促進義務を中心として」，『国際商事法務』42（3），pp.359-371。

加護野忠男・吉村典久（2010）「経営学から論ずるコーポレート・ガバナンス論/会社統治論」，加護野忠男・砂川伸幸・吉村典久編著『コーポレート・ガバナンスの経営学』有斐閣。

神田秀樹（2021）『会社法　第二十三版』弘文堂。

杉浦保友（2007）「イギリス新会社法の下での取締役によるステークホルダー利益考慮義務」，『企業の社会的責任』勁草書房。

高山与志子（2021）「環境・社会の課題に対する企業の取組みと投資家との対話」，『商事法務』No.2268, pp.31-35。

竹内昭夫（1976）「企業の社会的責任に関する商法の一般規定の是非」，『商事法務』No.722, pp.33-45。

近澤諒（2021）「エクソンモービルにおけるESGアクティビズムとその教訓」，『商事法務』No.2265, pp.27-30。

東京証券取引所（2021）『東証上場会社 コーポレートガバナンス白書』東京証券取引所上場部。

ドーア・ロナルド（2006）『誰のための会社にするか』岩波書店。

日本コーポレート・ガバナンス・フォーラム編（2001）『コーポレート・ガバナンス―英国の企業改革』商事法務研究会。

林順一（2015a）「英国のコーポレートガバナンス―Comply or Explainという賢者の知恵」，北川哲雄編著『スチュワードシップとコーポレートガバナンス―２つのコードが変える日本の企業・経済・社会』東洋経済新報社。

林順一（2015b）「英国のコーポレートガバナンスの特徴とわが国への示唆」，『証券経済学会年報』第50号別冊，1－2－1～1－2－9。

林順一（2017）「社外取締役の活用とコーポレートガバナンス―日米での議論の歴史」，北川哲雄編著『ガバナンス革命の新たなロードマップ―２つのコードの高度化による企業価値向上の実現』東洋経済新報社。

林順一（2019）「英国コーポレートガバナンス・コード改訂に関する一考察」，『国際マネジメント研究』８，pp.１-34。

林順一（2020a）「イギリス企業のCGコード対応にみる従業員とのエンゲージメント」，『企業会計』72（1），pp.50-56。

林順一（2020b）「英国スチュワードシップ・コード改訂に関する一考察―改訂に至る経緯と主な改訂内容」，『国際マネジメント研究』９，pp.31-48。

林順一（2021a）「英国・米国における『会社の目的』に関する最近の議論とわが国への示唆―株主のための会社か，ステークホルダーのための会社か」，『日本経営倫理学会誌』28, pp.51-64。

林順一（2021b）「フランスにおける『会社の目的』に関する最近の動向―PACTE法による『使命を果たす会社』の新設とダノンの対応」，『国際マネジメント研究』10, pp. 1 -16。

Cadbury, A.（1992）*Report of the committee on the Financial Aspects of Corporate Governance*, Gee & Co. Ltd, London.

Council of Institutional Investors［CII］（2019）*Council of Institutional Investors Responds to Business Roundtable Statement on Corporate Purpose.*（https://www.cii.org/aug19_brt_response（2022年２月17日アクセス））

FRC（2020）*Review of Corporate Governance Reporting.*

Gilson, R. J. and J. N. Gordon（2020）"Board 3.0: What the Private-Equity Governance Model Can Offer Public Companies", *Journal of Applied Corporate Finance* 32（３）, pp.43-51.

Jensen, M.C. and W. H. Meckling（1976）"Theory of the Firm: Managerial Behavior, Agency Costs and Ownership Structure", *Journal of Financial Economics,* ３（４）, pp.305-360.

OECD（2004）*OECD Principle of Corporate Governance.*（外務省訳『OECDコーポレートガバナンス原則』）

The American Law Institute（1994）*Principle of Corporate Governance: Analysis and Recommendations.*（証券取引法研究会国際部会訳編（1994）『コーポレートガバナンス―アメリカ法律協会「コーポレートガバナンスの原理：分析と勧告」の研究』日本証券経済研究所）

The Business Roundtable［BRT］（2019）. *Redefined Purpose of a Corporation: Welcoming the Debate.*（https://medium.com/@BizRoundtable/redefined-purpose-of-a-corporation-welcoming-the-debate-8f03176f7ad8（2022年２月17日アクセス））

第11章

取締役会評価
：日本における評価の進展と課題

第1節　はじめに

ESGのG（ガバナンス）において投資家から最も注目されるのは，コーポレートガバナンス，つまり，取締役会による経営への監督の枠組みである。その取締役会の実効性に対する評価は，現在，多くの上場企業において一般的に行われるようになっている。日本企業がそのような評価を始めるきっかけとなったのは，2015年のコーポレートガバナンス・コードによる同評価の実施の要請である。当初は試行錯誤の時期が続いたが，現在は評価の手法も概ね確立し，コーポレートガバナンスの一般的なプラクティスの1つとなっている。その一方で，新たな課題も生まれている。

本章では，コーポレートガバナンス・コード制定後の同評価の進展の状況と課題，そして2021年の改訂コーポレートガバナンス・コードにおいて重要なテーマとして取り上げられたサステナビリティに対する取締役会の取り組みと，その評価の手法について分析する。なお，取締役会の実効性についての評価に関する正式な名称は決まっていないが，海外ではBoard Evaluationと一般的に呼ばれていることから[1]，本章でも，取締役会評価という表現で統一する。

1　英国のコーポレートガバナンス・コードにおいても，取締役会評価（Board Evaluation）と記載されている。（https://www.frc.org.uk/getattachment/88bd8c45-50ea-4841-95b0-d2f4f48069a2/2018-UK-Corporate-Governance-Code-FINAL.pdf）

第2節　コーポレートガバナンス・コードにおける取締役会評価

コーポレートガバナンス・コードは2015年に制定され，以後2回改訂されている。取締役会評価の発展の状況を確認するために，2015年から現在までの，コーポレートガバナンス・コード，投資家と企業の対話ガイドライン，および同コードの改訂のための有識者会議が提出した意見書における取締役会評価の内容の変化について分析する。

1　2015年　コーポレートガバナンス・コードにおける取締役会評価

前述のように，取締役会評価は，2015年に策定されたコーポレートガバナンス・コードにより初めて日本に導入された。コード策定のために設けられた「コーポレートガバナンス・コードの策定に関する有識者会議」は，2014年8月7日に第1回目が開催されてから，2015年3月5日まで計9回にわたって開催された[2]。同会議において，初めて取締役会評価について言及されたのが，2014年10月20日の第4回目の会議である。事務局が提示した事務局資料をもとに，OECDのコーポレートガバナンス原則等で求められている海外の実践として取締役会評価について説明がなされた。そして，11月25日に開催された第5回目の会議では「コーポレートガバナンス・コードの基本的な考え方に係るたたき台」としてコードの原案が提示され，そこには「補充原則4－11③　取締役会は，毎年，各取締役の自己評価なども参考にしつつ，取締役会全体の実効性について分析・評価を行い，その結果の概要を開示すべきである」との文言が記載された。そして，コーポレートガバナンス・コードにおいては，その文章のとおり**図表11-1**のように定められることとなった[3]。同会議では，社外取締役の人数や監査役の役割など多くの事項について議論が交わされたが，取締役会評価については，会議を通してメンバーからは質問・意見は全く提示され

2　有識者会議の議論の内容については，「コーポレートガバナンス・コードの策定に関する有識者会議」の議事録を参照のこと。(https://www.fsa.go.jp/singi/corporategovernance/index.html)

3　取締役会評価がコーポレートガバナンス・コードで定められるまでの過程については，高山与志子『取締役会評価のすべて』(中央経済社，2020年，pp.4-7）を参照のこと。

ることはなかった。

図表11-1 **2015年　コーポレートガバナンス・コードにおける取締役会評価**

原則4－11　取締役会・監査役会の実効性確保のための前提

（途中略）取締役会は，取締役会全体としての実効性に関する分析・評価を行うことなどにより，その機能の向上を図るべきである。

補充原則

4－11③　取締役会は，毎年，各取締役の自己評価なども参考にしつつ，取締役会全体の実効性について分析・評価を行い，その結果の概要を開示すべきである。

2　2016年　両コードのフォローアップ会議における意見書

2015年８月，コーポレートガバナンス・コードおよびスチュワードシップ・コードの普及・定着状況をフォローアップし必要な施策を議論・提言するため，金融庁・東京証券取引所において「スチュワードシップ・コード及びコーポレートガバナンス・コードのフォローアップ会議」（以下「フォローアップ会議」）が開催された。同会議は現在に至るまで継続的に開催されている。なお，スチュワードシップ・コードについては別途，有識者会議を設立し，そこで改訂の議論を行っているが，コーポレートガバナンス・コードについては，このフォローアップ会議において改訂の作業が行われている。

フォローアップ会議においては，コード制定以降の取締役会評価に対する急速な関心の高まりのもと，同評価についてもさまざまな議論が行われた。そのような議論をもとに，2016年２月18日に発表された同会議の意見書における評価に関する記述は，**図表11-2**のとおりとなっている[4]。同意見書では，取締役会評価が長年にわたって実施されている英国の例を参照しながら，第三者評価および第三者機関の名称の公表について言及されている。

4　金融庁・株式会社東京証券取引所，スチュワードシップ・コード及びコーポレートガバナンス・コードのフォローアップ会議『会社の持続的成長と中長期的な企業価値の向上に向けた取締役会のあり方　スチュワードシップ・コード及びコーポレートガバナンス・コードのフォローアップ会議意見書（２）』2016年２月18日，pp.7-8。（https://www.nichibenren.or.jp/library/ja/opinion/report/data/2012/opinion_120118.pdf）

図表11-2 2016年　フォローアップ会議の意見書における取締役会評価

4．取締役会の実効性の評価（原則４－11）

取締役会の資質・多様性やその運営を充実させていくための取組みが有効に行われているかなど，取締役会全体としての実効性の評価を行い，次の取組みに継続的につなげていくことが重要である。

（1）　本年５月末をもってコード適用開始から一年が経過することから，各上場会社において，取締役会の構成や運営状況等の実効性について，適切に評価を行うことが期待される。評価の実施に際しては，企業の置かれた状況に応じ，様々な取組みが考えられるが，取締役会メンバー一人一人による率直な評価がまずもって重要となると考えられる。

（取組みの例）

・各取締役に，各自の取締役会への貢献について自己評価を求めるとともに，取締役会がその役割・責務を十分に果たしているか，より実効性を高めるためにどのような課題があるかについても聴取する。

・指名委員会や独立社外取締役のみによる会合も活用するなど，独立社外取締役の主体的な関与を確保する。

・任意の委員会も含め，取締役会に設置された各委員会の運営状況等も評価の対象とする。

・英国における経験も踏まえ，評価の独立性・客観性をより高める観点から外部の目も入れた評価を行う。また，評価機関との利益相反関係の有無を明らかにするため，その名称の公表を行う。

（2）　取締役会の実効性を適確に評価するためには，会社の持続的な成長と中長期的な企業価値の向上に向けて，取締役会が果たすべき役割・責務を明確化することがまずもって求められる。その上で，評価の実施にあたっては，こうした役割・責務に照らし，取締役会の構成・運営状況等が実効性あるものとなっているかについて，実質的な評価を行うことが必要である。

（3）　取締役会が，その資質・多様性や運営を充実させていくためのPDCAサイクルを実現するに際しては，自らの取組みや実効性の評価の結果の概要について，ステークホルダーに分かりやすく情報開示・説明を行うことが重要である。

3　2018年　改訂コーポレートガバナンス・コードにおける取締役会評価

2018年３月，フォローアップ会議の議論を経て，コーポレートガバナンス・コードが改訂された。取締役会評価については改訂作業の過程で引き続き議論されたが，原則の内容に変更はなされなかった。ただし，コードの付属文書として同時に発表された『投資家と企業の対話ガイドライン』では，持続的な成長と中長期的な企業価値の向上に向けた機関投資家と企業の対話において，重点的に議論することを期待する事項として，「取締役会の機能発揮」の項目に，取締役会評価について**図表11-3**のように示されている[5]。評価の開示において，課題も含めた結果を説明することが求められている。

図表11-3　**2018年　投資家と企業の対話ガイドラインにおける取締役会評価**

【取締役会の機能発揮】

３－７．取締役会が求められる役割・責務を果たしているかなど，取締役会の実効性評価が適切に行われ，評価を通じて認識された課題を含め，その結果が分かりやすく開示・説明されているか。

4　2019年　両コードのフォローアップ会議における意見書

2018年の改訂コーポレートガバナンス・コード制定後の2018年11月より，フォローアップ会議が再開され，2019年４月24日に，コーポレートガバナンス改革のさらなる推進に向けた検討の方向性「スチュワードシップ・コード及びコーポレートガバナンス・コードのフォローアップ会議　意見書（４）」が公表された[6]。同意見書においては，取締役会評価については，**図表11-4**に示すように，評価の開示が不十分な状況が指摘されている。

図表11-4　**2019年　フォローアップ会議の意見書における取締役会評価**

他方，更なる課題としては，企業側について，

（途中略）

・取締役会の活動内容や実効性評価について必ずしも具体的に説明や情報提供がなされていない

等が指摘されている。

5　金融庁『投資家と企業の対話ガイドライン』2018年６月１日，p.３。(https://www.fsa.go.jp/news/30/singi/20180601/01.pdf)

6　『コーポレートガバナンス改革の更なる推進に向けた検討の方向性　スチュワードシップ・コード及びコーポレートガバナンス・コードのフォローアップ会議　意見書（４）』(平成31年４月24日)。(https://www.fsa.go.jp/singi/follow-up/statements_4.pdf)

5　2020年　両コードのフォローアップ会議における意見書

2020年10月より再び開かれたフォローアップ会議では，2021年のコーポレートガバナンス・コード改訂を見据えて，フォローアップ会議としての提言を行うこととし，2020年12月18日に，コロナ後の企業の変革に向けた取締役会の機能発揮および企業の中核人材の多様性の確保「スチュワードシップ・コード及びコーポレートガバナンス・コードのフォローアップ会議　意見書（5）」を発表した。同意見書においては，**図表11-5**に示すように，取締役会評価においては，すでにコーポレートガバナンス・コードで要求されている取締役会全体の評価に加えて，委員会および取締役個人の評価，および第三者による評価の必要性について言及されている。

図表11-5　2020年　フォローアップ会議の意見書における取締役会評価

> コロナ後の企業の変革を主導するとの観点から，
> （途中略）
> ・取締役会の評価の充実（個々の取締役や法定・任意の委員会を含む自己・外部評価の開示の充実等）
> 等の論点について，今後，コーポレートガバナンス・コード改訂に向け，検討を更に深めていく。

6　2021年　改訂コーポレートガバナンス・コードにおける取締役会評価

その後，フォローアップ会議において議論が重ねられ，2021年6月に，改訂コーポレートガバナンス・コードが公表された。なお，同会議では，コード改訂の過程で，取締役会評価について会議メンバーの投資家を中心に多くの意見が出された。主なものを以下に紹介する[7]。

「社外取締役を増やしてきたという実績はあるわけですが，日本の付加価値創造力，持続的な企業価値の向上に貢献したかというと，なかなか難し

7　フォローアップ会議における議論の詳細については，同会議の議事録を参照のこと。（https://www.fsa.go.jp/singi/follow-up/index.html）

い面があると思います。それに対して，取締役会はどういう評価になっているのかということが何ら開示されていません。取締役会の評価は大変難しいものがあると思いますが，自己評価，他者評価を含めて，どのように開示するかというのが大変重要ではないかと思います。」

「(社外取締役の）質のほうですが，私も多くの社外取締役の方と面談をしていますけれども，まだまだ，例えばコーポレートガバナンス・コードができる前に経営をされていた方なんかは，その当時の自分の経営スタイルで社外取締役として座っていらっしゃる，アドバイスされるということがあって，株主からするとちょっと違うなという部分があります。そういう意味では，まず，委員会の実効性評価というのをしていただきたい。(途中略）指名委員会が提言したことが取締役会で採用決定されなかった場合，覆されるとかいう場合，こういったことがあったのか，ないのか，どんな内容だったのかということの開示も必要だと思います。こういった実効性の評価が必要だと考えます。」

「取締役の１年ごとの再任は，取締役会への取締役の貢献の十分な評価に基づく個人の業績に基づいて行われていくことが推奨されます。また，企業が取締役会全体及び委員会の業績を厳密にレビューすることを推奨いたします。また，取締役会議長も筆頭独立社外取締役か，または指名委員会によって評価されるべきです。(途中略）取締役の１年ごとの再任は，取締役会への取締役の貢献の十分な評価に基づく個人の業績に基づいて行われていくことが推奨されます。また，企業が取締役会全体及び委員会の業績を厳密にレビューすることを推奨いたします。また，取締役会議長も筆頭独立社外取締役か，または指名委員会によって評価されるべきです。取締役会が外部コンサルタントによって定期的な評価を受けるのは，非常によい慣行であると考えます。この業績の評価によって，長期在任している取締役が退任し，席を空けることによって，適切なる更新，多様性，独立性を担保することができます。」

「社外取締役の役割発揮は，非常に重要なことだと思っております。(途中略）大事なのは質の向上かなと思っております。そういう意味では，適切な評価基準に基づく定期的な評価，それは外部評価が難しければ内部評価でもいいと思うんですが，そういった評価をきちんとしていくということ。それから，その評価の中で，企業方針や社外取締役が与えられた役割にどれほど貢献してきたのか，または関与してきたのか，そういったことも含めてきちんとした評価をしていくことが重要だと。今，社外取締役の形骸化が言われる中で，そういったことにより形骸化を防止することにもつながってくるんじゃないかと考えております。」

以上のような議論の結果，コーポレートガバナンス・コードにおける取締役会評価の記載はこれまでと変わらず同じ内容となったが，投資家と企業の対話ガイドライン，およびフォローアップ会議の提言書に次のような記載がなされた。まず，対話ガイドラインでは，**図表11-6**に示すように，委員会および取締役個人を評価の対象とすることについて，投資家と企業が対話することが求められている[8]。

図表11-6　2021年　投資家と企業の対話ガイドラインにおける取締役会評価

【取締役会の機能発揮】

3－7．取締役会が求められる役割・責務を果たしているかなど，取締役会の実効性評価が適切に行われ，評価を通じて認識された課題を含め，その結果が分かりやすく開示・説明されているか。取締役会の実効性確保の観点から，各取締役や法定・任意の委員会についての評価が適切に行われているか。

そして，フォローアップ会議の提言として2021年４月６日に公表された『コーポレートガバナンス・コードと投資家と企業の対話ガイドラインの改訂について』においては，**図表11-7**の内容が記載された[9]。ここでも，委員会と取締役個人の評価も実施することが求められている。

8　金融庁『投資家と企業の対話ガイドライン』（2021年６月11日）。（https://www.fsa.go.jp/news/r2/singi/20210611-1/01.pdf）

9　『コーポレートガバナンス・コードと投資家と企業の対話ガイドラインの改訂について』（2021年４月６日公表）。（https://www.jpx.co.jp/equities/listing/cg/tvdivq0000008jdy-att/nlsgeu000005lnv6.pdf）

図表11-7　2021年　フォローアップ会議の提言書における取締役会評価

CEOや取締役に関しては，指名時のプロセスが適切に実施されることのみならず，取締役会・各取締役・委員会の実効性を定期的に評価することが重要となる。

以上が，2014年から始まったコーポレートガバナンス・コードをめぐる取締役会評価に関する議論の進展の状況である。同コードの内容自体には変更は加えられなかったものの，対話ガイドラインなどを通して，委員会および取締役個人に対する評価の必要性が，現在はより強調されるようになってきている。

第3節　取締役会評価の実施状況

次に，国内および海外の取締役会評価の実施状況について分析する。

1　日本企業の実施状況

（1）　実施状況の推移

前述のように，日本のコーポレートガバナンス・コードでは，「取締役会の実効性について評価する」，「その結果の概要を開示する」という，ごく一般的な説明しかなされていない。なお，英国においては，コーポレートガバナンス・コードにおいては，評価についてより詳細な記載があり[10]，加えて取締役会の実効性に関するガイダンス[11]も提供され，評価の具体的な方法についても記されている。このように評価の実施について情報が限定されている中，日本においては，コードが制定された当初は，評価の実施率が低い時期が続いた。東京証券取引所が集計しているデータから，評価の実施状況の推移を見てみよう。

まず，東京証券取引所による『コーポレートガバナンス・コードへの対応状

10　Financial Reporting Council, *THE UK CORPORATE GOVERNANCE CODE,* July 2018. (https://www.frc.org.uk/getattachment/88bd8c45-50ea-4841-95b0-d2f4f48069a2/2018-UK-Corporate-Governance-Code-FINAL.pdf)

11　Financial Reporting Council, *GUIDANCE ON BOARD EFFECTIVENESS,* July 2018. (https://www.frc.org.uk/getattachment/61232f60-a338-471b-ba5a-bfed25219147/2018-guidance-on-board-effectiveness-final.pdf)

図表11-8　日本企業の取締役会評価の実施状況の推移

時　期	実施企業数	実施率
2015年8月末	52社	76.5%
2015年12月末	676社	36.4%
2016年7月14日	1,245社	55.04%
2016年12月末	1,398社	55.26%
2017年7月14日	1,812社	71.34%
2018年7月13日	1,616社	78.2%
2020年8月14日	2,161社	81.5%

（出典）東京証券取引所『コーポレートガバナンス・コードへの対応状況の集計結果』(2016年1月20日，2016年9月13日，2017年1月16日，2017年9月5日)，東京証券取引所『東証上場会社　コーポレート・ガバナンス白書2017』，同『東証上場会社　コーポレート・ガバナンス白書2019』，同『東証上場会社　コーポレート・ガバナンス白書2021』。

況』および『コーポレート・ガバナンス白書』の調査の結果は，**図表11-8**の状況となっている[12]。コードの対象企業である東証一部・二部の企業においては，コード制定直後の2015年8月末においては，ガバナンスに対する意識が高い企業を中心とする開示であったため，多くの項目において高い実施率となっていた。取締役会評価はその中でも一番低い実施率となっていたが，その実施率は76.5％に達している。しかし，コード対象企業の開示がほとんど出そろった2015年12月においては，評価の実施率は36.4％となっていた。その後，毎年少しずつ評価の開示を行う企業が増え，2020年8月には81.5％となっている。

『コーポレート・ガバナンス白書』には，第三者が関与する第三者評価に関するデータが記載されている。第三者評価を実施，あるいは今後実施を検討している企業は年々増え，**図表11-9**にあるように，東証一部・二部の企業においては，2020年8月14日の時点では377社，17.4％となっている。

12　東京証券取引所が発表している『コーポレートガバナンス・コードの対応状況の集計結果』(https://www.jpx.co.jp/equities/listing/cg/index.html)，および『東証上場会社　コーポレート・ガバナンス白書』(https://www.jpx.co.jp/equities/listing/cg/02.html）を参照のこと。

図表11-9　**日本企業の第三者評価の実施状況の推移**

時　期	評価実施企業数	実施率	第三者評価実施企業数（今後実施を検討している企業も含む）	実施率
2016年7月14日	1,245	55.0%	74	5.9%
2018年7月13日	1,616	78.2%	277	13.4%
2020年8月14日	2,161	81.5%	377	17.4%

（出典）東京証券取引所『東証上場会社　コーポレート・ガバナンス白書2017』，同『東証上場会社　コーポレート・ガバナンス白書2019』，同『東証上場会社　コーポレート・ガバナンス白書2021』。

（2）日経225企業における評価の状況

次に，直近のデータに基づき取締役会評価の現状について見てみよう。2021年８月末時点で日経225企業が提出しているコーポレートガバナンス報告書の記載をもとに，取締役会評価の実施状況について分析した。その結果は**図表11-10**のとおりである。日経225企業において評価を実施した企業の割合は98.67％となっており，ほぼすべての企業が実施している。また，第三者が関与した企業は91社，40.44％と４割以上となっている。前述の東京証券取引所のデータより第三者評価を含めた評価の実施率は高くなっている。また，第三者評価実施企業の91社のうち，第三者の名前を開示した企業は１社，第三者の名前は開示せず属性のみを開示した企業は18社である。英国のコーポレートガバナンス・コードにおいては，第三者機関の名前を開示することが要求されているが，日本では名前の開示を行っている企業はほとんどない状況が確認できる。

評価の手法においては，質問票など書面による調査が一般的であるが，日経225企業においては，インタビューを実施した企業は77社，33.42％となっており，３分の１の企業が書面による調査よりさらに徹底した評価を行っていることがわかる。また，第三者が関与した企業91社のうち，第三者がインタビューした企業は29社となっている。ところで，第三者評価が一般的な英国においては，破綻したカリリオン社の例に見るように[13]，インタビューを実施しない表面的な第三者評価の実効性についての懸念が高まった。その結果，2018年に改訂された英国のコーポレートガバナンス・コードにおいては，年次報告書にお

13　カリリオン社の破綻が英国の取締役会評価に与えた影響については，高山与志子『取締役会評価のすべて』（中央経済社，2020年，pp.43-44）を参照のこと。

いて，どのように取締役会評価が実施されたか，その性質および，第三者機関が取締役会や取締役個人に対して行ったコンタクトの性質と程度について開示することが求められるようになった[14]。

さらに，英国のコーポレートガバナンス・コードを制定し実施状況を監督しているFRC（Financial Reporting Council，以下「FRC」）により同時に発表された取締役会に関するガイダンスでは，第三者機関が「取締役会および各取締役に対して行ったコンタクトの性質と第三者機関による取締役会および各取締役とのコンタクトの程度は，評価の質の決定的な要因となっている。質問票に基づく第三者評価では，取締役会におけるダイナミックスの内情を理解できる可能性は低い」と記載されている[15]。これらに見るように，現在，英国では，第三者評価を行う場合は，質問票だけの評価では不十分であり，第三者機関によるインタビューも含めた徹底した評価が重要であると考えられている。

図表11-10　日経225企業における取締役会評価の実施状況（2021年）

	企業数	全体に占める割合
取締役会評価実施企業	222社	98.67%
第三者評価の関与		
第三者が関与した企業	91社	40.44%
内　第三者の名前を開示した企業	1社	0.00%
内　第三者の属性のみを開示した企業	18社	0.08%
コンサルタント	8社	0.04%
弁護士	7社	0.03%
弁護士・コンサルタント	2社	0.01%
信託銀行	1社	0.00%
評価の手法		
インタビュー実施企業	77社	34.22%
内　第三者がインタビューを実施した企業	29社	12.89%

（出典）日経225企業の2022年８月末時点のコーポレート・ガバナンスに関する報告書に基づく。

14　Financial Reporting Council, *The UK Corporate Governance Code*, July 2018, p. 9.（https://www.frc.org.uk/getattachment/88bd8c45-50ea-4841-95b0-d2f4f48069a2/2018-UK-Corporate-Governance-Code-FINAL.pdf）

2　海外企業の実施状況

次に海外の主要国における取締役会評価の実施企業について概観する。

(1)　米国の状況

米国では，ニューヨーク証券取引所の上場規則によって取締役会および委員会の毎年の自己評価が義務づけられている[16]。ただし，第三者評価については要求されていない。ナスダックにおいてはそのような上場規則はないものの，投資家を意識して，同市場の多くの企業が同様の評価を行っている[17]。その結果，多くの企業において取締役会評価が実施されている。

2021年にスペンサー・スチュアート社が行った調査によれば，S&P500企業においては，その98%が取締役会評価を実施していることを開示している[18]。また，同調査によれば，第三者機関が支援する評価を実施した企業の割合は22%である。2020年は21%，2019年は13%であり，年々第三者評価の実施率が高まっている。また，2021年のEYの調査によれば，Fortune100社においては，招集通知の開示においては94%が取締役会評価を実施している。また，第三者評価を実施している企業は32%となっており，同調査においても，2018年の22%から毎年実施率が高まっていることが確認できる[19]。

(2)　英国の状況

英国においては，コーポレートガバナンス・コードにおいて，取締役会，委

---

15 Financial Reporting Council, *Guidance on Board Effectiveness*, July 2018, p. 29.（https://www.frc.org.uk/getattachment/61232f60-a338-471b-ba5a-bfed25219147/2018-Guidance-on-Board-Effectiveness-FINAL.PDF）

16 New York Stock Exchange Rule 303A.091.

17 Mark Kessel and Stephen T. Giove, "Board Self-Evaluations: Practical and Legal Implications," *NACD Directorship*, May/June 2014, p. 62.（http://www.shearman.com/~/media/Files/NewsInsights/Publications/2014/06/Board-SelfEvaluations_Practical-and-Legal-Implications--Kessel-Giove-062014.pdf）

18 Spencer Stuart, *2021 U.S. Spencer Stuart Board Index*, p. 41.（https://www.spencerstuart.com/-/media/2021/october/ssbi2021/us-spencer-stuart-board-index-2021.pdf）

19 EY Center for Board Matters, *How boards are strengthening their self-assessments and related disclosures*, p. 7.（https://www.ey.com/en_us/board-matters/how-boards-are-strengthening-their-self-assessments-and-related-disclosures）

員会，取締役個人の評価が要請されている。また，2010年以降，FTSE350企業においては，３年に一度，第三者評価を実施することが求められている。直近のデータとしては，2020年のスペンサー・スチュアートがFTSE150企業に行った調査によれば，2020年に46％の企業が第三者評価を実施している。３年に一度，第三者評価を行う場合，ある年における評価の実施率は33％程度となることが予測されるが，同調査の実施率はそれ以上になっていることから，FTSE150企業においては，何らかの事情で３年に一度以上の頻度で評価を行っている企業が多いと考えられる。なお，2015年においては，第三者評価の実施率は43％，2010年では13％であった。2010年にコーポレートガバナンス・コードで初めて第三者評価が要請された時点では実施率は低かったが，年々実施率が高まり，現在では多くの企業で第三者評価が実施されていることが確認できる。

第４節　取締役個人に対する評価

現在，取締役会評価において，取締役会全体に加えて取締役個人をどのように評価するかについて関心が高まっている。2021年の改訂コーポレートガバナンス・コードでは，まだ取締役個人に対する評価は求められていない。一方で，フォローアップ会議での議論やその意見書に見るように，取締役個人に対する評価を求める声が高まっている。以下，取締役個人に対する評価の現状やその手法，個人の評価が求められるようになった背景について説明する。

１　個人評価の実施状況

（1）　日本企業の実施状況

前述の日経225企業の2021年８月末時点でのコーポレート・ガバナンスに関する報告書によれば，**図表11-11**にあるように，任意・法定の取締役会の委員会を取締役会評価の対象とした企業は98社，取締役個人を対象とした企業は５社（そのうち３社は委員会と個人の両方を対象としている）という状況になっている。委員会に対する評価を行っている企業は４割以上となっているが，取締役個人の評価を行っている企業は非常に限定的であることがわかる。

図表11-11 日経225企業における取締役会評価の評価対象（2021年）

	企業数	全体に占める割合
委員会を対象とした企業	98社	43.56%
取締役個人を対象とした企業	5社	0.02%
上記のうち，委員会と取締役個人を共に対象とした企業	3社	0.13%

（出典）日経225企業の2021年８月末時点でのコーポレート・ガバナンスに関する報告書。

（2） 海外企業の実施状況

次に海外の状況についてであるが，英国では，前述のように，コーポレートガバナンス・コードにより，取締役会全体，委員会，個人の評価が求められており，コード適用対象企業においては基本的に個人の評価が実施されていると考えられる。一方で，米国においては，ニューヨーク証券取引所で取締役会評価は求められているが，「取締役会は少なくとも１年に一度，取締役会と委員会が有効性を持って機能しているかどうか判断するために自己評価を行うべきである」とあるだけで，個人の評価は求められていない。そのため，上場規則で要求されている取締役会と委員会についての評価はほとんどの企業で実施されているが，取締役個人の評価の実施率はより低くなっている。ただし，2021年にスペンサー・スチュアートがS&P500企業に対して行った調査によれば，**図表11-12**にあるように，個人に対する評価を行っている企業は47%となっており，半数近くの企業で実施されている[20]。なお，同社による2015年の調査では，個人評価を実施した企業は36%となっており，個人評価を実施する企業数が増えていることが確認できる[21]。

また，前述のEYの調査によれば，2021年，Fortune100社において個人評価を行った企業は53%となっており，2018年の24%と比較すると，３年の間に個人評価を行う企業が２倍以上に増えている[22]。

---

20 Spencer Stuart, *2021 U.S.Spencer Stuart Board Index*, p. 31.（https://www.spencerstuart.com/-/media/2021/october/ssbi2021/us-spencer-stuart-board-index-2021.pdf）

21 Spencer Stuart, *2016 U.S.Spencer Stuart Board Index*, p. 31.（https://www.spencerstuart.com/~/media/pdf % 20files/research % 20and % 20insight % 20pdfs/spencer-stuart-us-board-index-2016.pdf）

22 EY Center for Board Matters, *How boards are strengthening their self-assessments and related disclosures*, p. 3.（https://www.ey.com/en_us/board-matters/how-boards-are-strengthening-their-self-assessments-and-related-disclosures）

図表11-12　S＆P500企業における取締役会評価の対象（2021年）

評価対象	実施企業の割合
取締役会と委員会	47%
取締役会・委員会・取締役個人	45%
取締役会のみ	6%
取締役会と取締役個人	2%

（出典）Spencer Stuart, *2021 U.S. Spencer Stuart Board Index.*

2　社外取締役に対する期待とその評価

フォローアップ会議におけるコーポレートガバナンス・コード改訂においては，取締役会評価で個人の評価を求める意見も前述のように複数のメンバーから提示された。その背景には，社外取締役の実力の向上が今後において必要であるとの認識が高まっていることがあると考えられる。同会議では，プライム上場企業において，社外取締役の割合を３分の１以上にすることをコードで求めるべきか，それとも過半数にするかについて議論がなされ，委員の間で意見が分かれた。最終的には，プライム上場企業には３分の１以上の社外取締役の設置が求められることになったが，今後，この問題はコードの改訂のたびに議論がなされるとともに，日本企業において社外取締役の人数がさらに増えることが予想される。それに比して，社外取締役の重要性がますます高まっていくことになる。

日本企業においては，改訂コードの内容を受けて社外取締役の実効性向上のための体制の強化に努めているが，一方で投資家においては，社外取締役がどの程度役割を果たしているかについては，懸念が見られる。生命保険協会は毎年コーポレートガバナンスの重要事項について上場企業と機関投資家に対して調査を行っているが，2020年10月の調査結果によれば（上場企業508社，機関投資家108社が回答），企業と投資家の間に，社外取締役の実態についてパーセプション・ギャップがあることが確認されている。同調査において，「社外取締役に期待している役割が現状果たされているか」という問いに対しては，**図表11-13**にあるように，企業は49%が「十分果たされている」と答えているのに，そのように回答した投資家はわずか2.0%となっている。一方で，現状について「不十分であり，改善の余地がある」と回答した企業は3.0％であるが，投資家においては半数以上の55.9％がそのように回答している[23]。

図表11-13　「社外取締役に期待している役割が現状果たされているか」に対する企業・投資家の回答

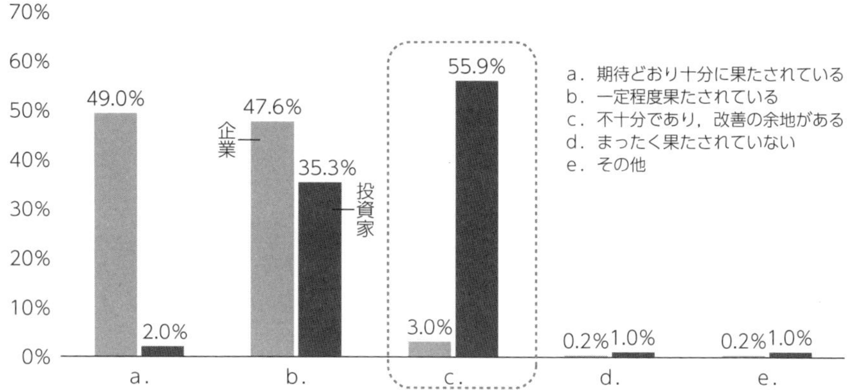

（出典）一般社団法人生命保険協会『生命保険会社の資産運用を通じた「持続可能な社会の実現」と「株式市場の活性化」に向けた取組について』2021年４月。

また，三井住友トラスト・グループが2021年に行った「ガバナンス・サーベイ2021」（企業1,787社，機関投資家45名が回答）によれば，社外取締役の活動状況について，87％の機関投資家が取締役会の活動の概要についての開示が必要と考えているが，実際に開示している企業は43％にとどまっており，投資家においては社外取締役の活動状況が明確に把握できない状況にある[24]。このように，社外取締役の重要性が高まり，また，投資家から社外取締役の責務についてより高い期待と開示が求められるようになるにつれて，英米の状況に見るように，個人の評価も少しずつ増えていくものと考えられる。

23　一般社団法人生命保険協会『生命保険会社の資産運用を通じた「株式市場の活性化」と「持続可能な社会の実現」に向けた取組について』（2021月４月，p.19）。（https://www.seiho.or.jp/info/news/2021/pdf/20210416_4-all.pdf）

24　三井住友トラスト・グループ『ガバナンスサーベイ2021　実施報告書』2021年10月。

3　個人評価の手法と開示

次に，個人評価の手法とその開示について説明する。まず，すでに個人の評価が多くの企業で行われている英米の状況をもとに，その手法について説明する。個人に対する評価の具体的なプロセスとしては，自己評価と相互評価（Peer ReviewまたはPeer Evaluation，本章では相互評価と記載する）がある。自己評価においては，質問票に書面で自身で回答する場合もあるし，議長などが，各取締役に個別にインタビューしながら，当該取締役自身に対する評価を問うていく場合もある。自己評価は，取締役としての自らの責務や活動の重要な事項について，書面や口頭で答えるプロセスを経て，定期的に自分自身を見直す良い機会となり，今後の活動に良い影響を与えると考えられている[25]。

一方で，相互評価においては，取締役会メンバーが相互に評価しあうことになる。相互評価の一般的なプロセスとしては，議長（議長が社外取締役でない場合は筆頭独立社外取締役，あるいは社外取締役が務める指名委員会委員長）が，各取締役に個別にインタビューし，上記の自己評価に加えて，他の取締役に対する評価を問うていくことになる。第三者評価の場合は，第三者の機関が各取締役に対してインタビューを実施する。その結果については，議長がその結果を把握した上で，各個人にフィードバックする。取締役会全体や委員会の評価とは異なり，個人評価の結果については取締役会全員と共有することはない。評価の結果に応じて議長が必要なアクションをとることもある。特定の人物に問題がある場合は，議長がその人物と個別に話す，状況に応じて議長が指名委員会と協議するなどの対応を行う。たとえば，ある取締役に対してネガティブな評価が多い場合，その旨を当人に伝え，その後の１年間，当人はその課題に取り組む。その後，引き続き評価が改善しない場合は，次期の取締役候補者には入らないということもありうる。

米国の主要な機関投資家の団体であるCIIは，取締役会評価に関する報告書の中で米国企業による良い開示例を示しているが，その中の１つに以下のような開示がある。

25　Steve Klemash, Rani Doyle, and Jamie C. Smith（EY Center for Board Matters），"Effective Board Evaluation," *Harvard Law School Forum on Corporate Governance and Financial Regulation.*（https://corpgov.law.harvard.edu/2018/10/26/effective-board-evaluation/）

「我々の取締役会は，実効性ある取締役会のサクセッションプランと刷新に全力を注いている。それらは，必要と思われる場合に行う各取締役との率直で困難な対話も含んでいる。過去に，取締役は，個人的または職業的な理由から次の株主総会に取締役候補にならないことを，取締役会および会社に対する取締役個人の貢献に関する理由に基づいて決定したり，あるいは，候補とならないように要請を受けたことがある。」[26]

なお，議長に対する評価については，議長以外の社外取締役（米国においては筆頭独立社外取締役。筆頭独立社外取締役がいない場合は指名委員会委員長。英国の場合は上級独立社外取締役など）が，同様のプロセスで行う。

相互評価においてはより徹底した個人の評価を行うことは可能であるが，取締役会のような10人前後のグループにおいて，相互評価を行うことに対するメンバーの抵抗感は少なくない。たとえば，米国では懐疑的な見方も見られる。ナスダック市場が発表している取締役会評価に関する資料の中では，以下の記載がある[27]。

「相互評価は，取締役のより多くの説明責任につながり，よく機能していない取締役を特定する上で役立つ。しかし，相互評価はリスクなしでは行えない。表明されている懸念の１つは，相互評価は合議体としての取締役会の文化を損なうかもしれないことだ。この重要な欠点のため，取締役会は取締役個人の評価をすることを決めるうえでは，配慮をもって行うべきである。」

海外における相互評価の実施状況であるが，長年，取締役個人に対する評価が行われている英国では，FRCが相互評価を推奨している。2018年のコードとともに発表された，FRCの取締役会の実効性に関するガイダンスでは，評価のプロセスとして，取締役の相互評価および各取締役へのフィードバックが取締役会評価を価値あるものとして推奨している。そのため，多くの企業にお

---

26 CII Research and Education Fund, *Board Evaluation Disclosure*, January 2019, p. 6. (https://docs.wixstatic.com/ugd/72d47f_e4206db9ca7547bf880979d02d0283ce.pdf)

27 Nasdaq Corporate Solution, *Optimizing Board Evaluation*, August 2016, p. 3. (https://nq.nasdaq.com/BL_Optimizing_Board_Evaluations)

いて相互評価が行われていると考えられる。

一方で，米国における相互評価の実施状況であるが，前述のEYの調査によれば，2021年，Fortune100社において，個人評価を行った企業の割合は53%，相互評価を行った企業は31%となっている。なお，2018年における相互評価の実施企業の割合は10%であり，相互評価を行う企業は増加傾向にあることがわかる。

次に，日本企業においては，前述の日経225企業における個人評価の状況は，**図表11-11**にあるように５社となっている。また，相互評価については，上記の５社のうち実施企業は１社のみとなっている。社外取締役の数が増えるに伴い各社外取締役が適切に機能することの重要性がさらに高まっている中，CEOをはじめ社内取締役に対する評価は，社外取締役を中心とする指名委員会が行うが，社外取締役個人を評価する仕組みは現時点ではほとんどない。社内取締役は，社外取締役からそのパフォーマンスを厳しく検証され監督されているのであれば，同時に社外取締役もそのパフォーマンスを検証されるべきであると考える取締役会が，今後増えていくかもしれない。

筆者は評価の支援の過程で，相互評価の実施の是非について，何度か各社の取締役会議長と話し合ってきた。多くの場合，相互評価を検討はするものの，実際には実施しないケースがほとんどである。しかし，ある企業においては，2021年より相互評価を行うことを決定した。同社においては，社外取締役および社内取締役の役割について厳密かつ詳細に定めたコーポレートガバナンスに関する方針を定めたことで，取締役個人に対する評価の軸が確立し，そのような評価が可能となったと考えたからである。

なお，個人の評価に対する開示においては，機密性が高いことからその内容を記載することはない。英米企業においては，取締役会評価において，個人に対する評価も行ったという事実を年次報告書や招集通知に記載し，投資家はその事実を確認した上で，取締役選任議案に対する判断を行っている。

第５節　サステナビリティ経営に対する取締役会の役割とその評価

2021年の改訂コーポレートガバナンス・コードにおいて，特に注目を集めているのが，サステナビリティ（ESG要素を含む中長期的な持続可能性）に対する取り組みである。同コードには，「取締役会は，中長期的な企業価値の向上の観点から，自社のサステナビリティを巡る取り組みについて基本的な方針を策定すべきである」との原則が新たに加わることとなった。

現在，企業のみならず，投資家においてもサステナビリティが重要な判断の基軸となりつつある中，取締役会の対応に対する関心がますます高まっている。実際にどのような方針を定めるのかについては各社の判断に任されているが，ここでは，どのような取り組みや体制がなされているのか，国内外の事例を踏まえながら解説するとともに，そのような取締役会の実態についての評価の現状についてもあわせて説明する。

1　主な取締役会の取り組み

サステナビリティに対する取締役会の取り組みが進んでいる海外の事例からまず見ていこう。

筆者は，取締役会の開示について高い評価を得ている海外企業を取り上げ，各社の開示資料から，各社の取締役会がサステナビリティ経営を監督するためにどのような取り組みを行い，どのような体制を構築しているかについて分析を行った[28]。その結果，それらの取締役会において，サステナビリティへの主要な取り組みとして，以下の対応を行っていることを確認した。

①　取締役会におけるサステナビリティに関する議論
②　サステナビリティに関する知見を持つ社外取締役の就任
③　報酬におけるサステナビリティ関連の指標の設定
④　サステナビリティに関する委員会の設置
⑤　取締役会と投資家のサステナビリティをめぐる対話

以上の５つの項目中から，①と④，⑤を選んで，最新の資料に基づき日本企業と海外企業の比較を行うこととする。海外企業については，サステナビリティ経営において評価が高い企業として，ユニリーバ（英国企業）[29]，ジョンソ

28　詳細については，高山与志子・鈴木紀子・宮地真紀子「サステナビリティ経営と取締役会［上］―サステナビリティ・ボードの時代へ」『商事法務』2267号（2021年７月５日），高山与志子・鈴木紀子・宮地真紀子「サステナビリティ経営と取締役会［下］―サステナビリティ・ボードの時代へ」『商事法務』2268号（2021年７月15日）を参照のこと。

ン・エンド・ジョンソン（米国企業）[30]，そして取締役会関連の開示が良いとされているロールス・ロイス（英国企業）[31]の合わせて３社を選択し，また，日本企業については日経225銘柄の企業の状況を分析する。

2　取締役会におけるサステナビリティに関する議論

取締役会でサステナビリティ関連に関する議論について，まず日本企業の状況から見てみよう。海外と比較して日本企業の取締役会における議論の開示は少ないため，開示資料からその状況を把握するのは難しい。取締役会のサステナビリティに関する取り組みについては，前述の三井住友トラスト・グループの「ガバナンス・サーベイ2021」でその実態について示している[32]。**図表11-14**に示すように，サステナビリティの経営の進捗状況のモニタリング，基本方針の設定，マテリアリティの特定，取締役会の議題の設定などが上位の項目として挙げられており，これらについて取締役会で議論が行われていることになる。ただし，どの項目も実施企業の割合は４分の１以下であり，まだ十分な議論が行われているとは言えない状況である。

29　世界のサステナビリティ関係者に対して行った調査，*GlobeScan / Sustainability Survey 2021 Sustainability Leaders*.（https://3ng5l43rkkzc34ep72kj9as1-wpengine.netdna-ssl.com/wp-content/uploads/2021/07/GlobeScan-SustainAbility-Leaders-Survey-2021-Report.pdf）において，ユニリーバは，サステナビリティを事業戦略に統合している企業として最も高い評価を受けている。

30　ロールス・ロイスは，ICSA（英国の取締役会事務局関係者，ガバナンス関係者から構成される団体）から，取締役会に関する開示の最優秀企業として選ばれている。（https://www.icsa.org.uk/awards-2019/winners）

31　ジョンソン・エンド・ジョンソンは，「我が信条（Our Credo）」に基づき，顧客，社員，地域社会，株主という４つのステークホルダーを重視した経営を行っている企業として知られている。

32　三井住友トラスト・グループ『「ガバナンスサーベイ2021」について』（2021年11月９日）。（https://www.smtb.jp/-/media/tb/about/corporate/release/pdf/211109.pdf）
同『ガバナンスサーベイ2021　実施報告書』（2021年10月）。

図表11-14　サステナビリティに関して取締役会において（監督として）実施している取り組み（複数選択可）

取締役会の取り組みの内容	実施企業の割合
進捗状況のモニタリング	25%
サステナビリティ基本方針の策定	22%
マテリアリティの特定	17%
取締役会におけるアジェンダセッティング	15%
サステナビリティに関するスキルを有する取締役の選任	7%
株主・投資家との対話（非業務執行者によるものに限る）	7%
役員報酬におけるサステナビリティ・ESGパフォーマンス要素の導入	4%
監査サイドに専門委員会（取締役会委員会）を設置	1%
その他	4%
無回答	42%

（出典）三井住友トラスト・グループ『ガバナンスサーベイ2021 実施報告書』2021年10月。

一方，海外では，シャーマン・スターリングの調査によれば，米国の時価総額上位100社のうち89社が，招集通知において，ESGの事項に関する取締役会の監督について開示していることから[33]，多くの取締役会においてサステナビリティに関する議論が行われていると考えられる。また，英国においては，コーポレートガバナンス・コードにおいて，取締役会は「会社のパーパス，価値，戦略を構築し，それらと企業の文化が一致するようにすること」，「従業員に関する方針や実践が企業の価値と一致しており長期的かつ，持続的な成功を支援すること」が求められ，また，「企業の文化は，誠実さと率直さ，価値の多様性を促進すべきであり，株主とより広いステークホルダーの視点によく対応すべきである」ことが要求されている[34]。そのため，取締役会においてはこれらについての議論が必須となっている。

---

33 Shearman and Starling, *19th Annual Survey of the 100 Largest U.S. Public Companies, Corporate Governance & Executive Compensation Survey 2021*, p. 49.（https://digital.shearman.com/i/1425392-corporate-governance-and-exec-compensation-2021/0?_ga=2.2093618.205619555.1636699644-1151692333.1636699644）

34 Financial Reporting Council, *THE UK CORPORATE GOVERNANCE CODE*, July 2018.（https://www.frc.org.uk/getattachment/88bd8c45-50ea-4841-95b0-d2f4f48069a2/2018-UK-Corporate-Governance-Code-FINAL.pdf）

上記の海外企業３社においても，取締役会でサステナビリティに関する議論が行われ，その内容が開示されている。取締役会におけるサステナビリティ関連の議論の内容としてはリスクと機会の両方があるが，ここでは，３社における取締役会のリスクへの取り組みを取り上げる。なお，リスクについては，リスク管理とリスクの監督は区別して考える必要がある。リスク管理（リスク・マネジメント）は，マネジメントの言葉どおり経営陣が責任を持って行う経営の範疇であり，取締役会はリスク管理体制を監督するリスクの監督（リスク・オーバサイト）がその責務となっているため，グローバルなコーポレートガバナンスの議論においては，その２つは区別されている[35]。ここでは，取締役会によるリスクの監督について分析する。

取締役会において，サステナビリティ関連のリスクとして何を認識し，それをどのように監督しているかについては，３社のうちロールス・ロイスの開示が特に詳細に開示しているので，**図表11-15**に示す[36]。同社では，サステナビリティ関連のリスクとして，安全性，気候変動，コンプライアンス，才能と能力を挙げている。リスクの監督については，取締役会が最終的に責任を持ち，リスクに対する十分な検証を行うことになるが，同社においては，まずは，取締役会の委員会である「安全，倫理，およびサステナビリティ委員会」がリスクを監督する体制になっている。後述するように，海外の企業では取締役会にサステナビリティ関連の委員会を置くケースがあり，同社もそのための委員会として「安全，倫理，および持続可能性委員会」を設置しており，そこでサステナビリティ関連のリスクを監督している。ただし，才能と能力に関するリスクについては，「指名およびガバナンス委員会」が監督する仕組みとなっている。

---

35 グローバルな機関投資家の団体であるICGN（International Corporate Governance Network）が発行しているICGNグローバルガバナンス原則においても，「原則５　リスクの監督（Risk Oversight）」の項で，リスクの監督は取締役会の責任である一方，リスク管理は経営の責任であることが明記されている（International Corporate Governance Network, *ICGN Global Governance Principle,* 2017, p. 20）。(https://www.icgn.org/policy/global-governance-principles)

36 Rolls-Royce, *2020 ANNUAL REPORT*, pp. 47-51. (https://www.rolls-royce.com/~/media/Files/R/Rolls-Royce/documents/annual-report/2020/2020-full-annual-report.pdf)

図表11-15　ロールス・ロイスにおけるサステナビリティ関連リスクとその監督

主なリスクの管理方法				
危　険	コントロール	保証活動とプロバイダー	監督フォーラム	変　化
安全性 ⅰ）安全な製品を提供するという顧客の期待に応えることができない場合，または， ⅱ）当社の従業員，当社と一緒に働く人々，および環境に対する危害のリスクを最小限に抑えることができる職場を作ることができない場合， 当社の評判と長期的な持続可能性に悪影響を及ぼすことになる。	製品 ・当社の製品安全管理システムには，合理的に実行可能な範囲で安全リスクを軽減し，関連する企業，法律，規制，および業界の要件を満たすか上回るように設計された活動が含まれている。 ・製品設計を検証および承認する。 ・製造時に品質基準の遵守を検証する。 ・自社製品およびサプライヤー製品の仕様への適合性を検証する。 ・安全意識のトレーニングを義務づける。 ・エンジン・ヘルス・モニタリングを使用して，製品の問題を早期に警告する。 ・適切な保険に加入する。	製品 ・製品安全保証チーム ・技術的な製品ライフサイクル監査	・安全，倫理，および，サステナビリティ委員会 ・製品安全ボード	変化なし

	人々 ・当社のHSE（健康・安全・環境）管理システムには，合理的に実行可能な範囲で安全リスクを軽減し，関連する企業，法律，規制，および業界の要件を満たすか上回るように設計された活動が含まれている。 ・ゼロ・ハームへの旅を強化する。 ・危機管理フレームワークを使用している。	人々 ・安全事例の介入 ・HSE監査チーム	・安全，倫理，および，サステナビリティ委員会	増加
気候変動 私たちは気候変動問題の緊急性を認識し，2050年までにネット・ゼロ・カーボンを約束した。これらの約束を果たすための主なリスクは，当社の製品とサービスをより低炭素経済に移行する必要があることである。炭素集約型の製品やサービスからの移行に失敗すると，将来のビジネスを勝ち取る能力，業績達成，人材の確保・維持，資金	i）既存製品の炭素への影響を減らすことに投資する。 ii）既存製品に代わるゼロ・カーボン技術に投資する。 製品，顧客，および収益源のポートフォリオのバランスを取り，特定の製品，顧客，または炭素排出燃料源への依存を減らす。問題と解決策における当社の役割，および社会の期待に沿った信頼できる行動計画を制定するために取ってい	・戦略的計画 ・イノベーションハブ活動 ・投資レビュー ・グループ・サステナビリティ・チーム	・安全，倫理，および，サステナビリティ委員会 ・科学および技術委員会	変化なし

調達の確保，将来の成長機会の実現，あるいは排出量を抑制するための政府の介入などに影響を及ぼす可能性がある。	る行動を認識し，伝達する。			
コンプライアンス 当社が事業を行う規制の厳しい環境における法律，DPAの条件，またはその他の規制要件（たとえば，輸出規制，データ・プライバシー，規制された化学物質・物質の使用，贈収賄防止および汚職，税および関税法）に対するグループの不遵守。これは，特定の法域で事業を行う当社の能力に影響を与える可能性があり，グループを以下にさらす可能性がある。風評被害，金銭的なペナルティ，政府との契約の一定期間の剥奪，輸出特権（輸出クレジット・ファイナンスを含む）の停止。これらはそれぞれ重大な悪影響を与える可能性がある。	・グループ全体に必須の包括的なポリシーとプロセスを継続的に開発し，伝達する。 ・第三者のデュー・デリジェンスを実施する。 ・スピーク・アップ（発言事例）を奨励，促進，調査する。 ・潜在的な規制事項を調査する。 ・財務報告のリスクを軽減するための財務管理フレームワーク活動。 ・内部および外部の要件と基準を満たすようにデータを分類する。	・コンプライアンス・チーム	・安全，倫理，および，サステナビリティ委員会	変化なし

才能と能力 従業員を効果的に組織，配置し，インセンティブを与えるために必要となる重要な能力とスキルを特定し，惹きつけ，保持，適用できないと，戦略の実現が脅かされる。	・後継者育成を行い，人材パイプラインを監視する。 ・従業員の意見を調査する。 ・戦略的な人材育成計画を作成，実装，レビューする。	・人々のリーダーシップ・チーム	・指名およびガバナンス委員会	増加

（出典）ロールス・ロイス『2020年年次報告書』。

3　取締役会におけるサステナビリティ関連の委員会

サステナビリティの議論・取り組みについては，取締役会が最終責任を負うが，その実効性を高めるために委員会を設置し，そこでまず議論するケースが海外では見られる。このような取締役会のサステナビリティ委員会については，日本では，指名委員会や報酬委員会と並ぶ形で全員社外取締役から構成される委員会の設置はまれである。前述の日経225企業に関して調査を行った結果，サステナビリティ関連の委員会，あるいは同等のもの（会議，推進室など）を有している企業は96社であった。社外取締役だけで構成されている委員会を有している企業はなかったが，社外取締役がメンバーとして加わっているサステナビリティ関連の委員会を有している企業（取締役に加えて，外部の有識者も参加していることもある）は３社，それ以外の取締役会の委員会においてサステナビリティについて議論している企業は２社であった。なお，２社ともコーポレートガバナンス委員会においてサステナビリティに関する議論を行っている。両社とも，同委員会は指名委員会や報酬委員会とは別に設置されている。

一方で，海外においては，日本よりサステナビリティ関連の委員会を置いている企業はより多くなっているが，すべての企業で設置されているわけではない。英国では，前述のスペンサー・スチュアート社による調査によれば，FTSE150企業において，サステナビリティ関連の委員会（CSR委員会・サステナビリティ委員会・ESG委員会）を取締役会に設置している企業の割合は22％となっている[37]。また，米国では，前述の時価総額の上位100社を対象としたシャーマン・スターリングの調査によれば[38]，対象企業100社のうち，ESGに対する監督については，取締役会と委員会が行うとしている企業が87社，取締役会全体が行うとしている企業が２社となっている。そして，ESGの監督を行う委員会としては，公共政策/規制・コンプライアンス/サステナビリティ委員会を挙げる企業は19社，CSR委員会を挙げる企業は６社となっており，サステナビリティ関連の委員会を有している企業は合わせて25社となっている。以上から，英米の主要企業においては，サステナビリティに関する委員会を有している企業の割合は３割を下回っていることが確認できる。

また，前述の３社においては，**図表11-16**に示すように，３社ともサステナビリティ関連の委員会を設置している。

図表11-16　ユニリーバ，ロールス・ロイス，ジョンソン・エンド・ジョンソンの取締役会におけるサステナビリティ関連委員会

	ユニリーバ[39]	ロールス・ロイス[40]	ジョンソン・エンド・ジョンソン[41]
取締役会における委員会	企業責任委員会	安全，倫理，およびサステナビリティ委員会	科学，技術，およびサステナビリティ委員会
委員会の人数	３人	６人	４人
委員会の構成	全員社外取締役	全員社外取締役	全員社外取締役
執行サイドにおける委員会	グローバルコードおよびポリシー委員会 サステナブル・パッケージング委員会	年次報告書に開示なし	企業ガバナンス評議会

（出典）ユニリーバおよびロールス・ロイスの2020年年次報告書，ジョンソン・エンド・ジョンソンの2021年株主総会招集通知。

---

37 Spencer Stuart, *2021 UK Spencer Stuart Board Index.*（https://www.spencerstuart.com/research-and-insight/uk-board-index/committees）

38 Shearman and Starling, *19th Annual Survey of the 100 Largest U.S. Public Companies, Corporate Governance & Executive Compensation Survey 2021,* p. 49.（https://digital.shearman.com/i/1425392-corporate-governance-and-exec-compensation-2021/0?_ga=2.2093618.205619555.1636699644-1151692333.1636699644）

39 Unilever, *Annual Report and Accounts 2020*, p. 72.（https://www.unilever.com/Images/annual-report-and-accounts-2020_tcm244-559824_en.pdf）

40 Rolls-Royce, *2020 ANNUAL REPORT,* p. 101.（https://www.rolls-royce.com/~/media/Files/R/Rolls-Royce/documents/annual-report/2020/2020-full-annual-report.pdf）

4　指名委員会・報酬委員会・監査委員会におけるサステナビリティに対する監督

委員会におけるサステナビリティの監督については，サステナビリティに関連する委員会を置かず，既存の委員会で行っているケースがある。日本では，前述のようにコーポレートガバナンス委員会においてサステナビリティについての検証を行っている企業が，少ないながらも存在する。一方，海外については，前述のシャーマン・スターリングの調査によれば，米国では，時価総額上位100社において，ESGの監督の責任を負っている委員会は，**図表11-17**のとおりとなっている。米国では，指名委員会がサステナビリティ関連の監督に重要な役割を果たしていることがわかる。

図表11-17　米国時価総額上位100社におけるESGの監督体制（2021年）

ESGの監督の責務を負う委員会	企業数
指名およびガバナンス委員会	64社
公共政策/規制・コンプライアンス/サステナビリティ委員会	19社
監査委員会	9社
報酬委員会	8社
CSR委員会	6社

（出典）Shearman and Starling, *19th Annual Survey of the 100 Largest U.S. Public Companies, Corporate Governance & Executive Compensation Survey 2021.*

海外3社のうち，ロールス・ロイスおよびジョンソン・エンド・ジョンソンにおいては，指名委員会の活動や責務において，会社全体の人材の中でダイバーシティを重視した検証を行っていることが確認できる。ロールス・ロイスにおいては，指名およびガバナンス委員会の報告書において，ダイバーシティ&インクルージョンに関する記載があり，以下のように説明されている[42]。

41　Johnson & Johnson, *Notice of Annual Meeting and Proxy Statement,* 2021, p. 23.（https://www.investor.jnj.com/annual-meeting-materials/2021-proxy-statement%C2%A0）

42　Rolls-Royce, *2020 ANNUAL REPORT,* p. 76.（https://www.rolls-royce.com/~/media/Files/R/Rolls-Royce/documents/annual-report/2020/2020-full-annual-report.pdf）

「2020年，委員会は引き続き，後継者育成のための多様なパイプラインの開発を監督した。ダイバーシティ&インクルージョンは，引き続き取締役会およびグループ全体の重点分野となっている。当委員会は，組織全体で女性やその他の十分に代表されていないグループが上級管理職に就く割合を増やすためのグループの活動を支援し，監視している。」

また，ジョンソン・エンド・ジョンソンでは，指名およびコーポレートガバナンス委員会の責任として，「ダイバーシティ，エクイティ，インクルージョンに関連する指標を含む，従業員全体の主要な人材指標を確認します」と明記されている[43]。

同調査で示されるように，監査委員会と報酬委員会がESGの監督の責任を負っている企業がある。監査委員会においてサステナビリティのリスクの観点から同委員会が監督に関わるケースは十分に想定される。たとえば，ロールス・ロイスはその年次報告書において「監査委員会は，事業継続性リスクの評価の一環として，個々の事業のリスク管理プログラムを検討する際に，2020年の事業継続性とサプライチェーンに焦点を当ててきた」と説明している[44]。また，報酬委員会においても，役員報酬においてサステナビリティ関連の指標を導入しインセンティブの仕組みとして取り入れることで，組織にサステナビリティを浸透させ，経営のサステナビリティに対する取り組みを後押しするケースが多く見られる[45]。

以上から，日本企業においても，すでに設置している法定・任意の指名委員会，報酬委員会，監査委員会あるいは監査等委員会において，それぞれの責務・役割に応じたサステナビリティ対応を行うことが考えられるだろう。

43　Johnson & Johnson, *Notice of Annual Meeting and Proxy Statement*, 2021, p. 23.（https://www.investor.jnj.com/annual-meeting-materials/2021-proxy-statement%C2%A0）

44　Rolls-Royce, *2020 ANNUAL REPORT*, p. 73.（https://www.rolls-royce.com/~/media/Files/R/Rolls-Royce/documents/annual-report/2020/2020-full-annual-report.pdf）

45　詳細については，高山与志子・鈴木紀子・宮地真紀子「サステナビリティ経営と取締役会［上］―サステナビリティ・ボードの時代へ」『商事法務』2267号（2021年7月5日）を参照のこと。

5　主要なステークホルダーとの対話

日本企業においては，経営者と投資家との対話はIR活動において活発に行われているが，取締役会と投資家との対話は始まったばかりである。このような対話が必要な理由としては，フォローアップ会議での以下の発言が参考になるだろう[46]。

> 「このように会社ごとに異なり，不明確な概念であるサステナビリティという言葉を用いる場合には，経営陣による裁量が拡大し，コーポレートガバナンス上の懸念が生じ得ます。機関投資家との対話が重要であるとともに，会社のガバナンス体制においても留意が必要であると考えられます。先ほど述べたような意義の概念としてサステナビリティを捉える場合には，取締役会においてサステナビリティの観点からどのように課題を特定し，対応すべきかについて，経営方針，経営戦略の一環として認識が共有されることが重要であると思われます。それとともにサステナビリティ委員会等の組織を設けることを求めるかどうかは別として，独立社外取締役を中心とする外部の中立的な目によるコントロールが必要になると考えます。」

サステナビリティというあいまいでかつ企業固有なテーマについて，企業価値向上のためのサステナビリティ経営を実施するには，投資家との対話と取締役会による監督・検証が不可欠との考えが示されている。しかし，前述の三井住友トラスト・グループの調査によれば，サステナビリティに関して特に重要な企業の取り組みとして株主・投資家との対話を挙げた投資家は38％であるが，サステナビリティに関して取締役会が実施している取り組みとして株主・投資家との対話を挙げた企業は７％にとどまっている。投資家の要望と企業の対応の実態の間に大きな差異がある。

一方で，海外企業では，取締役会と投資家との対話がより多く行われている[47]。上記３社においても，投資家との対話の開示がなされているが，さらに

46　フォローアップ会議における議論の詳細については，同会議の議事録を参照のこと。（https://www.fsa.go.jp/singi/follow-up/index.html）

47　海外企業における取締役会と投資家との対話については，高山与志子「環境・社会の課題に対する企業の取組みと投資家との対話」『商事法務』2268号（2021年７月15日）も参照のこと。

進んで，株主に加えてその他のステークホルダーと取締役会との対話が行われるケースがある。また，英国のコーポレートガバナンス・コードにおいては，「企業が株主およびステークホルダーに対する責任を果たすために，取締役会はこれらのステークホルダーと実効性ある対話を確保し，彼らからの参加を促進すべきである」ことが，求められている[48]。実際に，英国企業であるユニリーバにおいては，**図表11-18**に示すようにさまざまなステークホルダーとの対話を行っている[49]。ただし，同社の対話においては，必ずしも直接的な対話だけではなく，開示を通した対話，投資家と対話した執行側からのフィードバックに基づく行動などが含まれている。

図表11-18　ユニリーバにおけるステークホルダーとの対話

ステークホルダー	2020年の興味・関心事	2020年に向けての取り組み	2020年における取締役会およびULE（Unilever Leadership Executive）の検討事項と成果
我々の人々（従業員）：Covid-19を乗り越えるために，従業員への働きかけを大幅に強化した。	Covid-19が社員の生活のほぼすべての部分，特に勤務形態に影響を与えたため，Covid-19はこの１年間，社員にとって最大の関心事となった。また，エンゲージメントを通じて，キャリアの機会，ウェル・ビーイング，目的，サステナビリティ，よりシンプルで機敏なビジネスであることなどが，従業員にとって引き続き重要であることがわかっている。	今年は，オフィスで働く従業員を対象としたUni-Voiceアンケートを実施し，42,000人以上が回答した。また，より即時的なフィードバックを得るために，UniPulse調査を年間を通じて毎月実施した。Covid-19では，新しいデジタル・プラットフォームの活用を加速した。隔週でCEOとULEによる「Your Call」を開催し，議長を含む交代制のゲスト枠でリーダーシップ・チームに直接アクセスできるようにした。	取締役会は，パンデミック時の工場や家庭での作業，新入社員の入社プロセスや学習機会など，懸念される問題について，年間を通じて従業員と直接対話を行った。これらの意見は，意思決定の際に考慮された。取締役会の企業責任委員会は，安全性や当社のビジネス原則コードなど，従業員に関連するさまざまな問題を検討した。取締役会は，法的構造の統一の一環として，オランダ中央労働者評議会（Dutch Central

48 Financial Reporting Council, *THE UK CORPORATE GOVERNANCE CODE*, July 2018.（https://www.frc.org.uk/getattachment/88bd8c45-50ea-4841-95b0-d2f4f48069a2/2018-UK-Corporate-Governance-Code-FINAL.pdf）

49 Unilever, *Annual Report and Accounts 2020*, pp. 14-15.

		複数の従業員フォーカス・グループやアンケート，欧州従業員代表委員会や他の地域の従業員代表組織との協議を通じて，新しい未来の報酬フレームワークについて従業員と協議した。	Works Council）および欧州労働者評議会（European Works Council）との協議を経て，オランダの従業員の年金を保護するために，オランダ年金基金であるUnilever APFに保証を提供することに合意した。
消費者：消費者行動の変化は加速しており，人々がどのように買い物をし，当社製品を購入するかについて，新たな知見が得られている。	パンデミックは，消費者の消費習慣，特に裁量的な買い物に影響を与えた。その結果，消費に対する基本的なアプローチが見直され，価格に見合った価値と品質が重要な関心事となった。また，消費者は自分の支出決定が世界に与える影響をより強く意識するようになり，持続可能性も重要な関心事となった。さらに，パンデミックによる身体的・精神的な影響から身を守るために，健康やウェルネスへの関心も高まった。	私たちは，消費者との直接的，間接的なタッチポイントを数多く持っている。ピープル・データ・センターでは，ソーシャル・リスニングと従来の消費者調査を組み合わせ，また，コンシューマーケアラインでは，製品を使用する際の消費者の体験について豊富な知見を提供している。2020年には，電話，電子メール，手紙，ソーシャル・メディア，ウェブ・チャットなどを通じて，約250万人の消費者との対話を行った。また，Kantar，Nielsen，Ipsosなどのパートナー企業による定期的な調査を通じて，今年は約180万人の消費者と対話した。これらの洞察は，ポストCovidの世界で継続される可能性のあるものを含め，消費者動向の理解に役立っている。	当社の取締役会とULEのメンバーは，消費者の動向について定期的に情報を得ており，意思決定の際にそれらを考慮している。たとえば，10月に開催された戦略に焦点を当てた取締役会では，各部門のポートフォリオが魅力的で差別化されたものであり続けるためにはどうすればよいか，eコマースの重要性の高まりや大手小売店とのオムニチャネル・パートナーシップについて議論した。ULEは，パンデミックが発生した当初，消費者の動向がどのように変化するか，世界的な景気後退にどのように備えるべきか，どこに成長機会があるかを理解するために，3〜5年のシナリオを検討した。その結果，ユニリーバのポートフォリオと投資戦略に成長機会をもたらすことができた。

顧客： 今年は,ショッピング行動の変化があらゆるタイプの小売業者に影響を与え，ｅコマースが爆発的に普及した。	Covid-19によって，すべての顧客がｅコマースの役割に注目した。当社の小売パートナーは，買い物客がオンラインとオフラインのチャネルをシームレスに行き来する世界で競争力を高め，特に買い物客を店舗に呼び戻すことに取り組んでいる。新興市場では，当社が提携している小規模小売店がますますｅコマースを取り入れ，商品の再入荷を早めるなどのデジタルソリューションを求めている。	大規模な小売店のパートナーは，当社への直接のチャネルを持っている。これらの関係は，カスタマー・ディベロップメント・チームが積極的に管理している。パンデミックが始まったとき，私たちは中国とイタリアの顧客と買い物客の洞察を利用して，他の市場の顧客への対応計画を立て，適切な行動を取れるよう支援した。また，サプライ・チェーンに関する専門知識を活用して，顧客の需要の高い商品を予測し，在庫を確保できるよう支援した。ロックダウンが解除されたときには，顧客と一緒にプロジェクトを進め，買い物客が店舗に戻ってこられるよう支援し，複数のチャネルでの成長と拡大を促進した。	当社の取締役会とULEは，顧客開拓戦略を中心にさまざまな議論を行った。ULEは，当社の小規模で最も弱い立場にある顧客やサプライヤーに対し，キャッシュ・フローの軽減措置を講じることに合意した。また，デジタル・ソリューションを利用して，主要市場の独立した店舗が需要と供給，支払い，および全体的な顧客関係を管理できるようにする機会を含め，顧客体験の継続的なデジタル化についても議論した。ULEは，顧客のためにさらなる価値を創造するために，買い物客とその洞察への投資を増やすことを承認した。
サプライヤーとビジネスパートナー： サプライヤーやパートナーと緊密に連携し，予想外の課題を克服した。	今年は，サプライヤーやパートナーにとって厳しい年だった。パンデミックによる需要の大幅な変動は,多くのサプライヤーのキャッシュ・フローに影響を与えた。また，従業員の保護や安全な職場環境を確保するための政府の新しい規制により，新しい仕事のやり方が求められ，それが急に必要になることもあった。また，サプライヤーは，よりシンプルな方法で私たちと関わり，より少ないタッチポイントで迅速な意思決定と明確なフィードバックを求めている。	今年は，リスクの高い材料のサプライヤーとのコミュニケーションをより頻繁に，それも毎日行った。また，サプライヤー向けにCovid-19情報サイトを構築し，プロトコルや有用な情報を共有することで，サプライヤーの安全な操業を支援した。主要なパートナー（サードパーティメーカーを含む）とワークショップやウェビナーを開催し，国別のリスクレベルに基づいた新しい工場のティアシステムや，現場の清掃や従業員の安全のためのプロトコルについて説明した。５月には，CEO	ULEは，前述の資金繰り支援に加えて,パンデミック中のサプライヤーを支援するために，清掃員や警備員などの第三者の従業員に対する３カ月分の給与保障など，さまざまな介入に合意した。また,ULEは毎月サプライチェーンの動向について説明を受けた。

		と最高調達責任者，そして上位300社のサプライヤーとの間で「Your Call」を実施し，情報の共有と感謝の気持ちを伝えた。	
地球と社会：世界中の人々が声を上げ，ビジネスが地球と社会のためにもっと貢献することを求めている。	Covid-19にもかかわらず，環境への関心は一向に衰える気配がない。NGOは，プラスチック製のパッケージや製品が環境に与える影響を軽減するためのキャンペーンを続けており，また，声高で影響力のある活動家の市民は，これらの問題について企業にさらなる要求をしている。人々は，自分が購入する製品がどこから来たのか，何が入っているのか，環境にどのような影響を与えるのか，動物実験が行われているのかなどを知りたいと思うようになっている。貧困，不平等，雇用に関する懸念は，経済の不安定さによって高まっている。また，「Black Lives Matter」と呼ばれる抗議活動により，人種差別や社会的不公正がクローズアップされている。	マテリアリティ・プロセスの一環として，私たちはステークホルダーからの洞察を分析し，最も重要な持続可能性の問題に焦点を当てていることを確認している。私たちは，ユニリーバにとって最も重要な社会的，環境的，経済的問題に焦点を当て，ULEのメンバーがそれぞれの責任分野に最も関連する分野での活動を主導している。たとえば，当社のサプライ・チェーン最高責任者は，サプライチェーンに焦点を当てた世界経済フォーラム（WEF）のコミュニティに参加している。また，CFOは気候関連財務情報開示タスクフォース（TCFD）の副議長を務めている。また，CEOはConsumer Goods ForumとFocusing Capital on the Long Term（FCLT Global）のボードメンバーを務めている。また，World Business Council for Sustainable Development（WBCSD）の副議長であり，WEF International Business Councilのメンバーでもある。	2020年12月，取締役会は，ユニリーバの気候変動対策行動計画を株主に提示し，当社の野心的な排出削減目標とその達成計画について，拘束力のない勧告的投票を求めることに合意した。取締役会の企業責任委員会（CRC）は，持続可能性に関する幅広いテーマを取り上げた。持続可能性に関する問題を日常的に管理する責任はULEにある。本年度，CRCはUnilever Compass戦略，気候と自然，社会的目標の策定に取り組んだ。ダイバーシティ＆インクルージョンも今年の焦点であり，ULEのアジェンダの常設項目だった。７人の外部専門家で構成されるサステナビリティ諮問委員会は，引き続き取締役会で重要な役割を果たし，サステナビリティに関する主要な課題について戦略的な舵取りを行う。

株主： 多事多難な今年は，株主に当社のビジネスについての情報をしっかりと伝えることがより重要になった。	株主には，当社の戦略や業績に対する継続的な関心に加えて，Covid-19パンデミックの際の当社の優先事項や，これが当社の事業に与える潜在的な影響についても関心を持った。また，当社の法的構造の統一にも関心を寄せた。また，プラスチック廃棄物などの具体的な問題を含むサステナビリティへの取り組みや，サステナビリティに関する目標および報告にも引き続き関心が寄せられた。Covid-19に対するマルチステークホルダー対応の一環として，配当金を維持するという取締役会の決定は，株主に歓迎された。	私たちは，四半期ごとの決算発表やカンファレンスでのプレゼンテーションのほか，ミーティングや電話を通じて，業績や消費者動向について株主に直接話している。シニア・リーダーと取締役会は，さまざまな問題について株主に直接語りかけている。今年度は，CEOとCFOが投資家向けカンファレンスでプレゼンテーションを行ったほか，サプライ・チェーン最高責任者と研究開発最高責任者が共同でサプライ・チェーンと研究開発活動に関するプレゼンテーションを行った。また，株主投票に先立ち，統一案に関する広範な対話を行ったほか，報酬ポリシーの提案について協議し，気候変動対策への取り組みに関するウェブ・キャストを行った。パンデミックの影響で，3月以降，株主総会はすべてバーチャルで行われた。	株主からのフィードバックは，取締役会の会話の一部となっている。議長は就任後，多くの株主と直接対話し，CEOは四半期ごとのマーケットアップデートの後，投資家からのフィードバックを取締役会と共有している。統合提案については，臨時株主総会に先立って，議長，CEO，CFOが参加する株主協議が行われた。統合提案は，株主の圧倒的な支持を得た。2021年の年次総会に向けて予定されている取締役報酬方針の更新の一環として，報酬委員会の委員長は，株主および議決権アドバイザーと30回以上対話した。フィードバックは，報酬委員会と取締役会で議論された。その後，新しい取締役報酬方針を決定する前に，これらのフィードバックがどのように考慮されたかを説明する書簡が株主に送付された。

（出典）ユニリーバの2020年年次報告書。

6　サステナビリティ対応と取締役会評価

取締役会評価において，取締役会のサステナビリティ対応の実効性についての評価をどのように行うかは，特に定まった方法はなく各企業に任されている。上記の５つの事項に基づく評価はありうるが，各項目を満たしているかどうかの形式的なチェックはあまり意味がない。それよりもむしろ，取締役会や各委員会において，どのような事項に注力して議論が行われ，どのような取り組みがなされたかについて検証するほうが，より実質的な評価となるだろう。

日本企業の状況を見ると，日経225企業の2021年８月末時点のコーポレート・

ガバナンス報告書の取締役会評価の開示では，225社中69社において，取締役会におけるサステナビリティ（サステナビリティ，ESG，SDGsなど）に対する取り組み・議論という観点から評価が行われていた。評価の結果は，現在十分な議論が行われている，現状は不十分であるため今後さらに議論を深める必要がある，など企業によって異なるが，取締役会においてサステナビリティに対する関心が高まっていることが確認できる[50]。

第6節　おわりに

本章では，取締役会評価の現状と今後の課題に関する分析を行った。また，サステナビリティに取り組む取締役会の事例を紹介した。

取締役会評価においては，取締役会全体に加えて，委員会および取締役個人の評価の必要性が認識されている。取締役会の監督機能の発揮には，各取締役の貢献が重要であり，それを適切に評価することが必要であるが，その実施には困難を伴うことも多い。今後の取締役会評価において重要な課題となるだろう。

また，改訂コーポレートガバナンス・コードで強調されている取締役会におけるサステナビリティの取り組みについては，英米の企業と比較すると，日本企業の取締役会では，サステナビリティに関する議論が始まっているものの，監督の体制についてはまだ構築中である。今後は，取締役会に加えて，既存の指名委員会や監査委員会が監督の一部を担うことも考えられる。取締役会評価において，サステナビリティに対する取り組みについても評価を行う企業も一定数以上存在しており，今後，取締役会の実効性を検証する上で，サステナビリティへの対応が重要な事項となっていくことだろう。

50　東京証券取引所『コーポレートガバナンス・コードへの対応状況（2021年12月末時点）』（2022年１月26日）によれば，取締役会のサステナビリティ対応に関する補充原則２－３①および補充原則４－２②において，市場第一部企業のコンプライ率は，それぞれ93.9%，78.8%となっている。

第12章

取締役会活性化の処方箋
：独立社外取締役の役割・責務と取締役会事務局の支援

第1節　コーポレートガバナンスの高度化と取締役会の活性化の意義

筆者は，現在所属する「日本コーポレート・ガバナンス・ネットワーク（CGネット）」の前身である「全国社外取締役ネットワーク（社外ネット）」の2003年の立ち上げ以来，長らくコーポレートガバナンスに携わってきたが，2012年末に発足した第二次安倍政権以降のコーポレートガバナンス改革のスピードには目を見張るものがある。

2014年の機関投資家の行動規範である「『責任ある機関投資家』の諸原則（日本版スチュワードシップ・コード）」の策定（2017年，2020年改訂）を皮切りに，その翌年2015年の上場会社の行動規範である「コーポレートガバナンス・コード」（以下「CGコード」）（2018年，2021年改訂）という車の両輪たる２つのコードが策定されたことが大きかった。

その後，経済産業省では，「コーポレート・ガバナンス・システムに関する実務指針（CGSガイドライン）」（2017年策定，2018年改訂），伊藤レポート（2014年策定，伊藤レポート2.0は2017年策定），企業と投資家の対話のための「価値協創ガイダンス（価値協創のための統合的開示・対話ガイダンス―ESG・非財務情報と無形資産投資―）」（2017年策定），「社外取締役の在り方に関する実務指針（社外取締役ガイドライン）」（2020年策定），「事業再編実務指針～事業ポートフォリオと組織の変革に向けて～」（2020年策定）など，コーポレートガバナンスに関連するガイドライン等が次々と公表された。

金融庁では，東京証券取引所と共同事務局を務める「スチュワードシップ・コードおよびコーポレートガバナンス・コードのフォローアップ会議」が７つの意見書等を公表していることに加え，「投資家と企業の対話ガイドライン」（2018年策定，2021年改訂）や，「記述情報の開示に関する原則」（2019年策定），「記述情報の開示に関する好事例集」（2019年初版作成，随時更新）などを公表している。東京証券取引所からは，「コーポレートガバナンスに関する開示の好事例集」（2019年作成）などが公表され，上場会社のコーポレートガバナンス向上のための施策が次々ととられている。

こうした一連の動きは，日本企業のコーポレートガバナンスを大きく前進させた。コーポレートガバナンスは他国でも改善が進んでいることから，一概に比較することはできないが，2021年のCGコードの再改訂で，日本のコーポレートガバナンスは先進諸国と肩を並べるレベルにまで近づいたという実感がある。社外取締役制度の是非について，不毛な議論が続いていた時期を知る身からすると隔世の感がある。

そうした変化がある中で，コーポレートガバナンスの主役たる「取締役会」に注目が集まっている。取締役会は，コーポレートガバナンスの目的である，「会社の持続的な成長と中長期的な企業価値の向上」のための施策をとらなければならない。そのためには，日々の業務執行の意思決定等を行ったり監督機能を発揮するだけでなく，取締役会が中長期目線の議論の場として活性化している必要がある。

取締役会の活性化については，議長の采配によるところもあるが，その鍵を握るのは，近年，その数が増加しつつある「独立社外取締役」である。筆者は，「社外ネット」の2003年の立ち上げ以降，20年近くにわたって独立社外取締役のサポートを専門として行ってきた。その立場からすれば，独立社外取締役に期待が集まることは喜ばしいことだし，コーポレートガバナンスの確立や取締役会の活性化について，独立社外取締役が重要な役割を果たすことに異論はないだろう。

しかし，昨今の筆者の問題意識はもう１つある。それは，高度化するコーポレートガバナンスの実務を担いながら独立社外取締役の支援を行う「取締役会事務局」に関するものである。非常勤を前提とする独立社外取締役は就任先に直接の手足を持たないため，独立社外取締役を支援する組織が必要になる。それが本章でその重要性を述べる取締役会事務局である。「事務局」と聞くと，会議の運営や議事録の作成，スケジュール調整などといった，いわゆる庶務的な業務を思い浮かべる方が多いかもしれない。しかし，CGコード適用後の取締役会事務局の実態は，より業務の範囲が広がりつつありコーポレートガバナンスに関わる実務を社内で中心的に担っており，単なる取締役会の庶務係ではなくなっている。

筆者の仕事は，近年，独立社外取締役と取締役会事務局の両方のサポートに変容しており，上場会社の取締役会の現場の情報が，独立社外取締役だけでなく取締役会事務局からも入ってくるようになった。その経験からも，今後，日本企業のコーポレートガバナンスをさらに充実していこうと思えば，独立社外取締役とともに，取締役会事務局についても考えていく必要があると実感している。

これから，筆者の経験に基づいて独立社外取締役と取締役会事務局の両面について述べていくが，本章における内容は，筆者が所属する組織としての見解ではなく，あくまで筆者個人の意見であることをあらかじめお断りしておく。

1　取締役会の活性化の意義

本節は，「コーポレートガバナンスの高度化と取締役会の活性化の意義」というテーマを設定している。前者の「コーポレートガバナンスの高度化」については，第二次安倍政権以降のコーポレートガバナンス改革の流れを概観してきたとおりである。さらに，有価証券報告書における開示充実の流れ，グローバル機関投資家からのコーポレートガバナンス強化の要請もあり，高度化していくスピードは大変速い。2021年６月に再改訂されたCGコードでは，2022年４月に東京証券取引所の新市場区分で新たに生まれるプライム市場上場会社向けの，より高い水準のガバナンスとして６つの原則が設けられた。今後もプライム市場向けのガバナンスについては，CGコードの改訂のたびにさらに高い水準が求められていくと予測している。

そのような流れの中で，なぜ取締役会の活性化が必要なのか。本質的なものとしては，取締役会が議論の場である必要があるからであろう。一昔前は，日本企業の取締役会は数十名もの大人数の取締役で構成され，執行側の会議体である経営会議や常務会の決定を追認するための機関だった会社が多かった。本来，取締役会は会社の重要な意思決定を行ったり，大きな方向性を決める場で，経営会議等での決定を取締役会なりの視点で議論することが求められた。しかし，経営会議と取締役会のメンバーが同じではなかなか議論には至らないし，そもそも数十人という人数は議論する適切な規模を超えている。そこで1997年にソニーが日本で初めて執行役員制度を導入し，「監督と執行の分離」という命題のもとに取締役の人数が絞り込まれた。多くの企業はこれに追従したが，当時の日本企業では，そのタイミングで独立社外取締役を招聘する会社は少数にとどまっていた。その後，独立社外取締役を導入する会社は徐々に増えていったが，大きな転機となったのが2015年のCGコードの導入である。東証一部，二部の上場会社には，Comply or Explainベースで２名以上の独立社外取締役の選任が求められ，日本の上場会社に複数の独立社外取締役が定着していった。

もう１つ，取締役会の活性化が必要である要因としては，CGコードの副題にもなっている「会社の持続的な成長と中長期的な企業価値の向上」が挙げられる。ここでのキーワードは「中長期的」である。会社の目指すべき方向性を示すのが取締役会の役割であり，そのためには社内取締役だけでなく，独立社外取締役を交えて，会社の将来のための中長期的な議論が行われる必要がある。社内の取締役は，経営会議等で十分な議論をしているから，改めて議論が行われることは想定されない。やはり，独立した，かつ客観的な立場の独立社外取締役が入り，少数株主やステークホルダー全体の利益の配分を考慮しながら議論していくことが求められる。その際，重要なのは取締役会の議題の選定である。日頃の業務執行にかかわる議題，法令・定款に定める議題の意思決定を行う必要があるが，それに加えて，各社が取り組むべき中長期的な議題を選定し，じっくり取締役会で議論を重ねて，会社が進むべき方向性を決定していく。中長期的な議題としては，中期経営計画の策定に関するものを挙げる会社が多かったが，最近では，もっと先を見据えた長期的，あるいは超長期的な議題を取り上げる会社が増えている。そうした議題について，活性化した取締役会が喧々諤々の議論をすることが求められるのである。

2　取締役会の活性化と独立社外取締役

CGコードの原則４－12「取締役会における審議の活性化」では，「取締役会は，社外取締役による問題提起を含め自由闊達で建設的な議論・意見交換を尊ぶ気風の醸成に努めるべきである」とされている。この原則は，比較的地味な原則であるが，2015年のCGコード策定から修正されていない，取締役会の活性化を示す本質的なものである。

東京証券取引所の資料によると，CGコードの「補充原則」というものは「上場会社各社において採用が検討されるべきベスト・プラクティス」と位置づけられており，グローバルなプラクティスを踏まえて，補充原則に示されるような取り組みを実施することがコーポレートガバナンスの実効性向上につながる。原則の中では，「社外取締役による問題提起」と具体的に書かれており，独立社外取締役にはこうした意識をもって取締役会に臨むことが求められる。社内出身者では気が付かない視点を提供することが重要だ。

実際に筆者が日頃接点を持つ独立社外取締役に，「自身が機能していると実感するときはどんな場面か」と聞くと，「取締役会が活性化しているとき」と答えられる方が多い。これは独立社外取締役が持つ知見により，社内の常識にとらわれない幅広い意見，質問が出されることによるものである。そのためには，多様な経験を持つ独立社外取締役がバランスよく配置されている必要があり，これが昨今の各取締役の持つスキルの組み合わせやスキル・マトリックスという話につながっていると考える。

筆者が尊敬する各国のコーポレートガバナンスに詳しい独立社外取締役の経験者は，独立社外取締役の最も重要な能力に「質問力」を挙げており，これは筆者と接点のある多くの独立社外取締役に賛同を得ているところである。独立社外取締役は，取締役会の場において必ずしも直接的な答えを言う必要はない。適切な質問をすることを通じて，取締役会の議論を誘発し，経営陣に気づきを与えることに意義がある。正しい質問をすることは容易ではないが，独立社外取締役としては，こうしたプロセスが取締役会の活性化につながることを認識しなければならない。

独立社外取締役が適切な質問や，的を射た意見を発する場合，一定程度，会社や業界のことを理解しておく必要がある。CGコードでは，原則４－14で「取締役・監査役のトレーニング」が定められている。トレーニングには，独立社外取締役として知っておくべきガバナンスや会社役員を務める上での必要な知見を学ぶという側面と，会社の状況を知るという側面の両方があるが，取締役会の活性化という観点では後者が直結する。独立社外取締役が会社のことを知るといっても，執行部と張り合うためのものではない。会社のことを知らずにする発言と，ある程度会社の状況を理解した上での発言とでは重みが違ってくる。トレーニングの実施にあたっては，取締役会事務局が果たすべき役割が大きく，その意味でも，独立社外取締役が十分な活動をしていくためには取締役会事務局の支援が必要となる。

第2節　独立社外取締役の役割・責務

1　独立社外取締役の選任状況

近年の独立社外取締役の選任状況について簡単に触れておきたい。日本でCGコードが適用されたのは2015年である。そこが転機となり，日本企業の間に独立社外取締役が増えていったことは周知のとおりである。東京証券取引所が公表した，東証一部上場会社で２名以上の独立社外取締役を選任する割合に関するデータを**図表12-１**に示す。

図表12-１　**２名以上の独立社外取締役の選任状況**

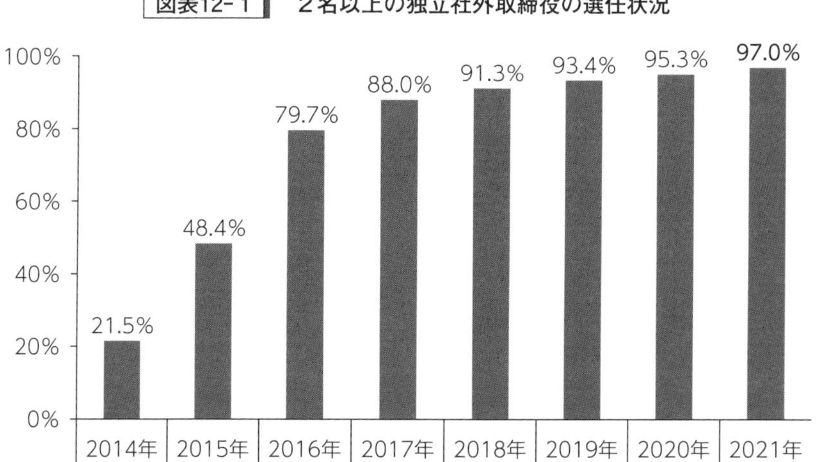

（出典）「東証上場会社における独立社外取締役の選任状況及び指名委員会・報酬委員会の設置状況」2021年８月２日，東京証券取引所。

CGコード適用前の2014年，複数（２名以上）の独立社外取締役を選任する東証一部上場会社は２割程度（21.5％）であった。筆者は，2003年の「社外ネット」の設立以来，社外取締役をサポートする上で，日本の社外取締役の動向をウォッチしていたが，設立当時は社外取締役を選任する会社はわずかであった。日本における社外取締役の歴史は戦前にまで遡るが，2000年代前半には，「会社のことを知らない社外取締役は役に立たない」といった意見が一部の経済界の間に根強くあり，社外取締役制度の導入には否定的な空気が支配的だった。会社法（旧商法の時代を含む）の改正のたびに社外取締役選任の義務づけが議論されたが，実現には至らなかった歴史がある。CGコードが先行する形で2名以上の独立社外取締役の選任が求められたことで，会社法による義務づけによるインパクトは少なくなったが，2021年改正で，ようやく社外取締役選任の義務づけがなされたことは，筆者を含む社外取締役制度を推進してきた関係者の悲願であった。

CGコード導入後の2015年には複数の独立社外取締役を招聘する会社は倍増（48.4％）し，その後はじわじわと伸びを見せ，2021年には97.0％となり，ほぼ飽和状態となっている。CGコードはプリンシプルベース・アプローチがとられ，上場会社はComply or Explainで対応するが，独立社外取締役の選任ということではCGコードは絶大な威力を発揮した。

これから注目すべきは，3分の1以上と，過半数の数値だろう。先に示した東京証券取引所の資料で，東証一部上場会社の3分の1以上，および過半数の独立社外取締役を選任する割合を**図表12-2**と**図表12-3**に示す。

図表12-2　3分の1以上の独立社外取締役の選任状況

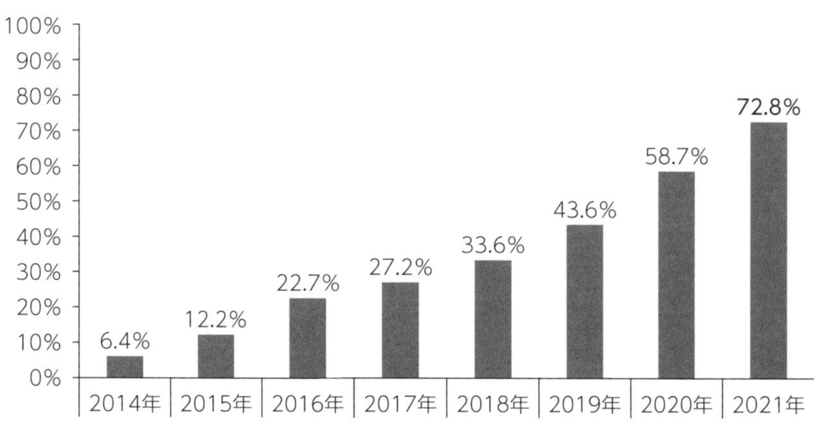

（出典）前出，東京証券取引所。

図表12-3 過半数の独立社外取締役の選任状況

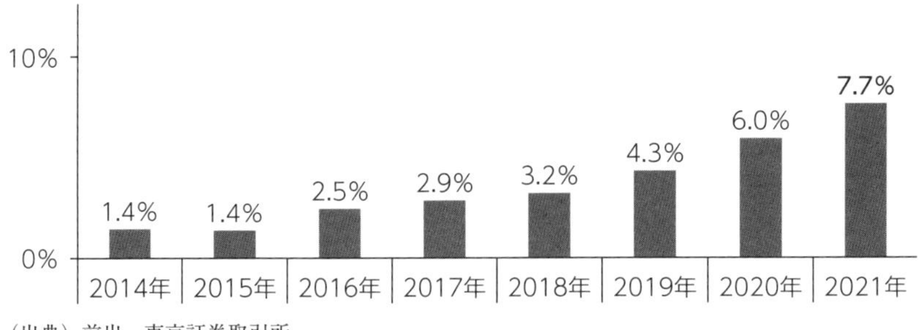

（出典）前出，東京証券取引所。

まず3分の1以上を見てみると，CGコード導入前の2014年にはわずか6.4％だったものが，近年大きな伸びを見せ，2020年には6割近い割合（58.7％）となった。6割もの東証一部上場会社が3分の1以上の独立社外取締役を選任していれば，CGコードでこれを規定するのは十分な根拠となる。これが決定打となり，2022年4月からのプライム市場上場会社では，原則4－8で，3分の1以上の独立社外取締役の選任が求められ，さらに過半数の独立社外取締役を選任することが必要と考える会社は，十分な人数の独立社外取締役を選任すべきとなった。CGコードはComply or Explainであるから，Explainを選択することもできるが，3分の1以上の独立社外取締役の選任は，プライム市場上場会社のシンボルであるから，多くの会社がこれをComplyするであろう。2021年では，その割合はさらに高まり72.8％にまでなった。2022年にプライム市場上場会社でデータをとってみれば，9割以上の会社が3分の1以上の独立社外取締役を選任することになるだろう。

問題は，独立社外取締役の過半数化である。独立社外取締役が取締役会の少数派という意味では，2名でも，3分の1でも，本質的には大きな差はない。独立社外取締役の人数が増えることで発言力が増したり，独立社外取締役の間に連携が生まれたり，独立社外取締役のリーダーが出るなどの効果がある程度である。しかし，取締役会の過半数となると，その意味合いは全く異なってくる。最も顕著なのは，経営者の解任権を独立社外取締役が握るということである。取締役会が経営者を解任できることは，コーポレートガバナンスの根幹である。経営者の中には，自信があり，自分がそうした環境に置かれることをいとわない方もいらっしゃるが，一般論としては大きなインパクトがある。

今後，プライム市場上場会社で，過半数の独立社外取締役の選任が求められるようになるかは，現時点では定かではない。しかし，諸外国では過半数とする国が多いことを考えれば，各国間で制度間競争が行われている中では，時期はともかく現実的にはありうる話である。

日本企業の現状を見てみると，過半数の独立社外取締役を選任する東証一部上場会社は，2014年で1.4％だったものが，少しずつ割合を上げ，2021年では7.7％となっている。３分の１以上の独立社外取締役の選任状況とCGコードへの規定を振り返ってみると，過半数の独立社外取締役を選任するプライム市場上場会社が全体の半数近くになったところで現実味を帯びてくるのではないか。2014年から2021年への伸びが，２名以上や３分の１以上と比べて小さいこともあり，早期に実現することはないと思われるが，将来においてその可能性は十分にある。

独立社外取締役の過半数化をする上で注意すべきは「機関設計」である。最も多くの上場会社が選択している監査役会設置会社では，重要な意思決定を取締役会で行わなければならないという会社法上の規定がある。しかし，「重要」の定義がないため，細かな案件が取締役会に上程されている会社が多いのも現実である。監督と執行の分離を謳っていたとしても，執行部としては取締役会に決定してもらった方が安心と考えることは理解できる。しかし，独立社外取締役はいくらトレーニングを積んだとしても，執行部ほど会社の事情には精通することはできない。会社のことをよく知らない独立社外取締役が取締役会の過半数を占めることは，ある意味リスクがあるのではないか。その意味では，取締役会の過半数の独立社外取締役を選任するにあたっては，業務執行取締役や執行役に権限移譲ができる監査等委員会設置会社や指名委員会等設置会社を選択することも検討に値するだろう。近年，監査等委員会設置会社を選択する上場会社が増え，2021年時点では，上場会社の３分の１（33.1％）がこの機関設計を選択している。機関設計の変更理由はさまざまあるが，取締役会をより明確な形で監督機関化するために監査等委員会設置会社を選択する会社が増えているのではないかと推察する。

2　独立社外取締役の役割・責務

次に独立社外取締役の役割・責務について考えてみたい。これについては，CGコード以前はさまざまな議論があったが，現在ではCGコード原則４－７で明確に規定されているところである。

【原則4－7．独立社外取締役の役割・責務】

上場会社は，独立社外取締役には，特に以下の役割・責務を果たすことが期待されることに留意しつつ，その有効な活用を図るべきである。

（ｉ）　経営の方針や経営改善について，自らの知見に基づき，会社の持続的な成長を促し中長期的な企業価値の向上を図る，との観点からの助言を行うこと

（ii）　経営陣幹部の選解任その他の取締役会の重要な意思決定を通じ，経営の監督を行うこと

（iii）　会社と経営陣・支配株主等との間の利益相反を監督すること

（iv）　経営陣・支配株主から独立した立場で，少数株主をはじめとするステークホルダーの意見を取締役会に適切に反映させること

（ｉ）「助言」や（ii）「監督」，（iii）「利益相反の監督」，（iv）「ステークホルダーの意見の反映」は賛同できるところであるが，その内容と比較して，2000年代初頭から独立社外取締役の役割・責務を考え続けてきた筆者が，当時どのようなことを考えていたのか紹介させていただきたい。

2007年に行った講演資料から引用すると，「独立社外取締役に期待される機能は，独立した，しがらみのない立場での「監督」と「助言」に尽きるが，「監督」と「助言」は表裏一体のもので，あまり言葉にとらわれる必要はない」とあった。また，「監督」と「助言」については次のような整理をしている。

①　独立した立場で，企業価値（株主価値＝株主共同の利益）向上，毀損防止の観点から，経営を「監督」する。

②　会社・業界の常識にとらわれない，しがらみのない立場から，取締役会での「助言」，質問を通じて，経営の質の向上に貢献する。

2007年当時は，「株主資本主義」に重きが置かれた時代であったため，より株主を意識した内容になっている。「監督」が「助言」よりも先にきているのは，独立社外取締役の役割・責務は，本質的には「監督」であると考えており，今もその考えには変わりがない。ただし，「助言という名の監督」ということもありうるから，過度に言葉にとらわれる必要はない。

CGコードの適用開始以降，株主資本主義からステークホルダー資本主義への転換が始まっていることから，独立社外取締役の役割・責務にステークホルダーの意見を取締役会に反映させることが組み込まれたことは時代の変化を感じるところである。最近よく見かけるようになった「サステナビリティ経営」もこのステークホルダー資本主義の文脈に近いものと考えている。

ここで，2020年７月に経済産業省が策定した「社外取締役の在り方に関する実務指針」（社外取締役ガイドライン）の「社外取締役の５つの心得」を紹介したい。この中には，心得的なものと役割・責務に関するものが混在しているが，中でも「心得１」に注目する。

【社外取締役の在り方に関する実務指針（社外取締役ガイドライン）：社外取締役の５つの心得】

《心得１》社外取締役の最も重要な役割は，経営の監督である。その中核は，経営を担う経営陣（特に社長・CEO）に対する評価と，それに基づく指名・再任や報酬の決定を行うことであり，必要な場合には，社長・CEOの交代を主導することも含まれる。

《心得２》社外取締役は，社内のしがらみにとらわれない立場で，中長期的で幅広い多様な視点から，市場や産業構造の変化を踏まえた会社の将来を見据え，会社の持続的成長に向けた経営戦略を考えることを心掛けるべきである。

《心得３》社外取締役は，業務執行から独立した立場から，経営陣（特に社長・CEO）に対して遠慮せずに発言・行動することを心掛けるべきである。

《心得４》社外取締役は，社長・CEOを含む経営陣と，適度な緊張感・距離感を保ちつつ，コミュニケーションを図り，信頼関係を築くことを心掛けるべきである。

《心得５》会社と経営陣・支配株主等との利益相反を監督することは，社外取締役の重要な責務である。

ここでは，社外取締役の最も重要な役割は「経営の監督」としている。それは経営陣の評価と報酬の決定をもって行うこととされ，指名・報酬の機能を使って監督を行う，いわば狭義の監督である。監督といっても，さまざまな意味が考えられるため，経済産業省がまずもって狭義の監督を示したことの意義は大きい。

一般論として，経営者が独立社外取締役を迎える心理としては，自社の経営に役立つ「助言」をしてほしいと考えるだろう。特に，他社での経営経験を有している独立社外取締役を招聘する場合はなおさらだ。一方，株主，特に中長期目線の機関投資家からすれば，自身の代わりに経営をしっかり「監督」してほしいと思うだろう。独立社外取締役の多くは，事実上，経営者によって招聘されているが，株主から選任されるという２つの側面を有しており，それが「助言」と「監督」の役割・責務につながっていると考えるとわかりやすい。

当の独立社外取締役自身はどう考えているのか。独立社外取締役のバックグラウンドによって異なるだろうが，共通して持っているのは，自身の持つ知識，経験が何らか役に立てばという感覚だろう。それぞれの持つ知見から経営に有意義な「助言」ができればと考えるだろう。実際，適切な助言ができれば経営陣から感謝されるから気分も良い。しかし，株主の立場からの「監督」や「ステークホルダーの意見を反映」しなければならないことは，筆者の知る多くの独立社外取締役は理解している。いずれにしても，助言と監督は相反するものではなく，独立社外取締役のバランスの中で共存するものと考えている。

3　独立社外取締役の貢献領域

独立社外取締役が貢献できる領域について，筆者がCGコード以前から主張していた「社外取締役の果たしうる三段階」をここで紹介したい。これも2007年の講演資料からの引用だが，独立社外取締役が果たしうる役割には段階があり，その会社のコーポレートガバナンスの深度，経営者の考え方，独立社外取締役の構成・経験によって異なるもので，具体的には，次の３段階に整理している。

【独立社外取締役の果たしうる３段階】

［１段階目］社内の常識が社会の非常識になっていないか，取締役会に社外の目を反映

［２段階目］コーポレートガバナンス（監督，指名・報酬）機能の発揮

［３段階目］高次の戦略について経営者と共有し，企業の成長に寄与

1段階目は，独立社外取締役のプリミティブなところであり，企業経営という点において，常識的な目があれば，多くの方が対応できるのではないだろうか。社外取締役制度の反対論者から「日本には社外取締役の適任者がいない」と言われたときは，この1段階目を使って説明したものだ。2段階目は，コーポレートガバナンスの視点である。これには一定程度の知識・経験が必要で，そうした経験が十分にない場合にはトレーニングが必要になる。最近，指名・報酬委員会の機能が強調されているのは，このガバナンスの目線となる。これからの独立社外取締役は，指名・報酬委員会の委員を務めることを前提として選任される可能性が高いため，現時点の独立社外取締役には，最低限ここまで期待されていると言うことができる。では，3段階目はどうか。高次の経営戦略などについて，経営者と共有，議論して企業の成長に寄与するもので，経済産業省の「社外取締役ガイドライン」の「心得2」に通じるところである。これは，経営経験がないと難しいかもしれないが，経営経験者を独立社外取締役に迎えている会社では，こうした役割が期待されるケースがある。3段階目は，独立社外取締役のバックグラウンドによって，対応の可否が分かれるかもしれない。しかし，多様な独立社外取締役が求められている中では，他社での経営経験者を招聘してこうした段階を目指していくことも意義があるだろう。これは，独立社外取締役の報酬にも関係がある。特に，3段階目となれば，企業価値の向上に独立社外取締役が直接的かつ積極的に関わることになるから，独立社外取締役についても，特に長期のインセンティブ報酬を考える必要が出てくるだろう。

4　CGネットの取り組み：独立社外取締役向け

ここで日本コーポレート・ガバナンス・ネットワーク（CGネット）が行っている独立社外取締役向けの活動について紹介しておきたい。前出のとおり，CGネットは社外取締役の支援団体を母体としており，独立社外取締役向けの勉強会，意見交換会を広く手掛けてきたところである。CGネットの会員の約半数は現役の独立社外取締役，独立社外監査役であるので，会全体の活動が社外役員のためになると考えているが，独立社外取締役に特化したものとしては2つある。

1つは独立社外取締役が必要とするコーポレートガバナンスに関わる知識を習得する「MIDコース」，もう1つは実際に独立社外取締役を務める方々が集まり，コーポレートガバナンスの最新動向の情報提供を受けるとともに，独立社外取締役を務める上での諸問題について意見交換を行う「独立役員研究会」である。「MIDコース」，「独立役員研究会」とも，筆者が中心となり運営している。

(1) MIDコース

「MIDコース」は，全国社外取締役ネットワーク（社外ネット）の時代に開講していた「取締役大学講座（後に「取締役・監査役大学講座」に改名）」を引き継ぎ，2017年から行っているもので，2022年が6期目となるガバナンスのトレーニング・プログラムである。東京証券取引所および日本取引所グループ（JPX）のご後援をいただき実施している。CGコードができたことで新たに独立社外取締役が直面することとなった，株主との対話（原則5）や内部通報窓口（補充原則2－5①）などの講義を加え，独立社外取締役向けの講座として整理し直したものである。毎年，有識者による基調講演と，必修科目である6講，選択科目11講の計18講から成るプログラムで，一定の要件（基調講演，必須6講，選択4講以上の受講）を満たした方には「修了証」を発行している。

コーポレートガバナンスのトレーニング・プログラムは各種団体により行われているが，このMIDコースは全18講を半年間という長きにわたって開催するものである。毎年1月に開講し，6月の株主総会シーズン前までに終了する。「なぜ，このような多数の講義が必要なのか」という質問を何度も受けたことがあるが，独立社外取締役が知っておくべき知識が広範になってきていることを踏まえ，長年，独立社外取締役のサポートを専門として行ってきた立場から，現代の独立社外取締役に必要と考えられる知識を積み上げていった結果である。講座の対象は独立社外監査役を含めた「独立社外役員」としているが，独立社外取締役の活動をより意識したものとなっている。多忙な独立社外取締役・独立社外監査役および候補者が主な受講者層であることを考慮し，週に一度，平日の夜間（18:30～20:30）に開催している。毎回，講師との質疑応答の時間を設け，双方向型の講座運営になるよう工夫しているところである。MIDコースで取り扱っているテーマの概略を以下に示す。

【MIDコースのプラグラム概要】

【基調講演】

【必修科目（6講）】

① 東証のコーポレート・ガバナンスへの取り組み
② 取締役会の実効性評価
③ 指名委員会の運営と後継者計画
④ 報酬委員会の運営と役員報酬制度
⑤ 社外取締役・社外監査役の経験談（男性）
⑥ 社外取締役・社外監査役の経験談（女性）

【選択科目（11講）】

① コーポレートガバナンス・コードを読み返す
② 社外役員が知るべき株主・投資家との対話
③ 内部統制と監査
④ 内部通報窓口の設置と社外役員の関わり方
⑤ 会社法の観点からの取締役・監査役の義務と責任
⑥ 金融商品取引法の観点からの取締役・監査役の義務と責任
⑦ 取締役会の運営と役員の責任追及事例
⑧ 株主代表訴訟/D&O保険
⑨ 企業価値向上に資するM&A
⑩ 社外役員が押さえておくべき決算書類の知識
⑪ 企業価値創造とコーポレート・ファイナンス

必修科目は，東証のガバナンスへの取り組みを確認した後，近年の独立社外取締役の役割と必須となった，取締役会の実効性評価と指名委員会，報酬委員会の両委員会の運営について専門家から解説を受けた上で，実際に社外取締役・社外監査役を務める経験豊かな方の体験談をお話いただいている。

選択科目は全部で11講ある。独立社外取締役のバックグラウンドによって習得すべき内容は異なると思われるため，最低限４つの講義を受講することで，修了証の授与要件としている。全18講のプログラムの中では，基調講演者と社外取締役・社外監査役の経験談（男女一人ずつ）は毎年変えている。

参加者数は増加傾向にあり，特に最近は女性の受講者の割合が高くなってきている。直近，2021年開催（第５期）では，女性の受講者は過半数である。最近，資本市場サイドなどから女性役員を求める声が強くなってきていることで，社外取締役や社外監査役に就任あるいは内定した女性の受講者が増えている。コロナ禍を受けて，2020年からオンラインでの開催としたことでリアル開催では受講することが難しかった関東圏以外からの受講者が増えてきている。

（2） 独立役員研究会

もう１つ重要と考えているのは，独立社外取締役間の交流，情報交換，意見交換である。ガバナンスに関する知識を習得することは大切だが，独立社外取締役同士が経験を語り合うことも重要だ。そこで，実際に独立社外取締役と独立社外監査役を務めている方に集まっていただき，独立社外役員のプラクティスを共有することを目的に「独立役員研究会」を開催している。東京証券取引所の独立役員制度は2009年にスタートしたもので，独立役員とは，一般株主と利益相反が生じるおそれのない社外取締役または社外監査役を１名以上選任するというものである。独立役員研究会は社外監査役を含む「独立役員」を対象としているため，厳密には独立社外取締役のみを対象としたものではないが，独立社外取締役の人数の方が多いこともあり，より独立社外取締役を意識した運営を行っている。

参加者数は年々増え，現在では100名を優に超える大所帯となっている。意見交換を主な目的としているため，20名以内のグループを６つ作り，月に６回開催している。先述のMIDコースを修了された参加者が多いこともあり，独立役員研究会の参加者も女性比率は４割強と高い。

毎月，独立役員レベルで必要となるコーポレートガバナンスの最新動向を筆者が提供し，独立役員を務める上での諸問題について事前にテーマを決めて意見交換を行っていただいている。現在はコロナ禍により，オンラインで開催しており，交流の仕方が変わってきている。たとえば，実際に取締役会に出席する際，取締役会の前後の何げない会話・雑談が意外に大事だという指摘を踏まえ，独立役員研究会でも，90分の研究会終了後に希望者に残っていただき，30分程度の雑談の時間を用意している。ここでは，より本音を伺えているような印象を持っている。今後，リアル開催に戻れる時がきても，オンラインとの併用になることが想定されるため，これからの時代に適した交流の仕方を考えていきたい。

他社で独立役員を兼務している場合を除けば，独立社外取締役が他社の独立社外取締役の行動を知る機会は限られている。そもそも取締役会の運営は各社各様である。参加者からはコーポレートガバナンスの最新動向を知ることができる上，独立社外取締役，独立社外監査役間の本音の意見交換の機会は貴重だと評価されているようである。

このように，CGネットの独立社外取締役向けの活動として，コーポレートガバナンスに関連する知識を習得する「MIDコース」と独立社外取締役間で意見交換をする「独立役員研究会」があり，両方をセットにすることが有益だと考えている。今後も，この２つのインフラを使って，独立社外取締役のさらなる支援を行っていきたい。

第３節　取締役会事務局による独立社外取締役の支援

2015年のCGコードの適用以降，上場会社の最も大きな変化は，独立社外取締役の数が増えたことだろう。そのことは，長年，独立社外取締役のサポートを行ってきた立場から喜ばしいことである。しかし同時に，取締役会の運営を支え，独立社外取締役をサポートする存在の「取締役会事務局」に関する問題意識が生まれてきた。

筆者がそうした問題意識を持った2017年の春先，コーポレートガバナンスの先進企業を訪ねてみると，例外なく，優秀な取締役会事務局が存在した。ガバナンスに積極的に取り組む上場会社では，取締役会事務局が庶務的な業務だけでなく，ガバナンスに関連した幅広い業務に取り組むことで，急激な時代の変化に適応していた。ただ，スポットライトが当たりがちな独立社外取締役と比べると，取締役会事務局は裏方的で地味な存在であるため注目されることは少なかった。

先述のコーポレートガバナンス改革の流れでみてきたように，コーポレートガバナンスの高度化のスピードは驚くほど速く，かつその範囲が広がっている。コーポレートガバナンスに全社をあげて取り組むためには，各部署にまたがる広範な業務に横串を刺して取りまとめていく必要がある。コーポレートガバナンスの高度化と範囲の広がりに伴って，取締役会事務局に求められるものが変わってきている。その意味では，取締役会事務局は「深化」の過程にあると言えるだろう。本節では，取締役会事務局の現状を概観し，現在の取締役会事務局が直面する課題と，将来像を考えてみたい。

1　取締役会事務局の現状

「取締役会事務局」と聞いて，どのようなイメージを持つだろうか。「事務局」という言葉からは，いわゆる庶務的な業務を連想する方が多いかもしれない。確かに，そうした業務は取締役会事務局のベースとなるが，CGコードの適用以降，取締役会事務局の業務は大きく変わった。ここでは，取締役会事務局はどのような部署が担っていて，具体的にどのような業務を行っているかを見ていきたい。これは商事法務研究会が行った第１回取締役会事務局アンケートの結果が参考になる。930社もの取締役会事務局から直接回答を得ている貴重な情報である。

(1)　取締役会事務局の担当部署

一般論として，「取締役会室」などの専属部署を持つ会社はコーポレートガバナンスに熱心に取り組む会社だろう。筆者自身，CGネットを運営する上で，ガバナンスの先進企業との接点を多く持ってきたため，そうした会社が多いと思ってきた。しかし，それは誤解であり，上場会社全体でそうした専属部署を持つ会社は少数派であった。

商事法務研究会のアンケート結果を見てみると，取締役会事務局の担当部署として最も多いのが総務部門で回答会社の過半数となる50.6％であった。続いて，経営企画部門（21.6％），法務部門（14.3％），秘書部門（6.1％）という順番だ。「取締役会室」等の専属部署は全体のわずか2.3％という結果である。総務部門が多い理由としては，庶務的な案件も取り扱う兼務業務の１つとして，取締役会事務局を務めている会社が多いということだろう。

筆者が接点を持つ「取締役会室」等の専属部署の取締役会事務局に，専属部署ができた経緯を尋ねてみると，「独立社外取締役が増えたことが一因となり，コーポレートガバナンスに力を入れていくには兼務では限界があることから踏み切った」というケースが大半だった。ただし，専属ゆえ人数は数人程度で回している会社が多い。数多くの会社の取締役会事務局との接点からは，独立社外取締役の増員，ガバナンス実務の高度化の２つの要因はどの会社も直面することから，兼務から専属部署への転換の検討を進める会社が増えてきている印象がある。

これからの取締役会事務局は，より範囲が広がりつつあるガバナンス実務の社内の司令塔になることが期待される。どの部署が取締役会事務局を担うようになったのか各社の経緯はさまざまだろうが，取締役会事務局を担う部署が中心となり，各部署との効率的な連携を行うことが必要になる。また，独立社外取締役の側からすれば，会社のコンタクト先は一本化されることが望ましく，そのコンタクトの内容は，庶務的な内容だけではなく，会社の経営やガバナンスについての質問，相談ができることが望ましい。その観点から，取締役会事務局は今の部署でよいのか，変える必要があれば，どの部署が担っていくことが適当なのかを考えていくことが求められる。

（2）　取締役会事務局の業務内容

取締役会事務局の業務内容については，商事法務研究会のアンケートで取締役会事務局の仕事が深化しつつあることがわかる興味深い結果が出ている。筆者は取締役会事務局の業務をその深度によって「３つの段階」に分類しているが，アンケート結果の回答会社が多い順番に並べてみる。

１段階目は，「取締役会の議事録作成（896社，回答会社全体の96.3％）」，「アドミ業務（856社，同92.0％）」，「取締役会の年間スケジュール作成（798社，同85.8％）」が上位３つである。「事務局」と聞いて思い浮かべる，いわゆる庶務的な業務である。コーポレートガバナンスが進展していても，これらが取締役会事務局のベースとなる業務であり，CGコード適用前から行われていたものである。

これに続く２段階目として，「取締役会の実効性評価の実施・取りまとめ（676社，同72.7％）」，「起案部署が作成した取締役会議案・資料のチェック・アドバイス・修正（643社，同69.1％）」，そして，「社外取締役・監査役等からの質問や情報請求への対応（594社，同63.9％）」が出てくる。こうした業務はCGコードができたこと，あるいはコーポレートガバナンスが強化されたことで生まれたと考えられる業務である。中でも，取締役会の実効性評価は取締役会事務局が中心となって実務を進めているもので，取締役会の活性化を含めた取締役会の実効性向上に向けた重要なツールとなっている。

そして３段階目が，「取締役会の年間の付議議題の予定表の作成（550社，同59.1％）」，「事務局（または事務局管掌役員）自身による取締役会議題の立案（548

社，同58.9%）」，「取締役会の課題の検討と改善対応（537社，同57.7%）」が挙げられる。これらは，２段階目で出された取締役会の実効性評価などを契機として生まれた業務だと考えられる。３段階のうち，１段階目の庶務的な業務をベースとして，コーポレートガバナンスに係る業務が２段階目と３段階目として乗っている構図である。特に，３段階目の業務が取締役会の実効性評価などを機会として，主として独立社外取締役から改善要求が発せられたことで生まれた，より高度なガバナンス実務と位置づけることができるだろう。

３段階目の内容を詳しく見てみると，「取締役会の年間の付議議題の予定表の作成」は，年間の付議議題の計画を立てるというレベルではなく，昨今注目されている中長期目線の議題をどう取締役会の年間スケジュールに組み込んでいくのかという戦略的なプロセスが入っていると考えられる。また，「事務局（または事務局管掌役員）自身による取締役会議案の立案」は，先の中長期議題に加えて，後継者計画や取締役会の構成，中長期目線のインセンティブ報酬の設計など，いわゆるガバナンス系の議題が含まれていると思われる。さらに，「取締役会の課題の検討と改善対応」は，取締役会の実効性評価により抽出された取締役会の運営上の課題について，取締役会事務局が中心となってPDCAサイクルを回していくことであろう。

ベースとなる庶務的な業務の回答率が高いのは当然だが，CGコードができたことによって，取締役会事務局が行う業務の比重が，庶務的なものから，より高度なガバナンス業務に移ってきていることがこのアンケート結果から浮かび上がる。コーポレートガバナンスの高度化に伴って，この傾向は今後もさらに強まっていくであろう。ある秘書部門に属する取締役会事務局の責任者が，「取締役会事務局の扱う業務が，庶務的なものから経営・ガバナンスに移ってくると秘書部門では限界があり，これからは経営企画部門が取締役会事務局を担うことが必要ではないか」と話されていたことが強く印象に残っている。この会社は，以前からコーポレートガバナンスの向上に積極的に取り組んでおり，さらなる高みを目指していく過程にあるが，今後の取締役会事務局の方向性について示唆に富む指摘ではないかと考えている。

2　取締役会事務局の機能強化のためのCGコードの見直し

CGコードには，取締役会事務局を名指ししたものではないが，取締役・監査役の支援に関連する原則がある。原則４－13（情報入手と支援体制）の第２

文では，「また，上場会社は，人員面を含む取締役・監査役の支援体制を整えるべきである」としており，また補充原則４－13③第２文では，「また，上場会社は，例えば，社外取締役・社外監査役の指示を受けて会社の情報を適確に提供できるよう社内との連絡・調整にあたる者の選任など，社外取締役や社外監査役に必要な情報を適確に提供するための工夫を行うべきである」としている。日本でCGコードを策定するにあたっては，OECDのコーポレートガバナンス原則や各国のCGコードを参考にしたと思われるが，日本で2015年当時にこうした原則が設けられたのは有用であり，意識の高い上場会社の取締役会事務局に一定の推進力を与えたと考えられる。

これらの原則は，取締役・監査役の支援，情報提供，社内の連絡・調整という内容である。もちろんこれらは重要であるが，取締役・監査役の支援以外は庶務的な印象を受ける。コーポレートガバナンスには「攻め」と「守り」がある中で，独立社外取締役への支援を行いながら，高度化するガバナンス実務を中心的に担うという「攻め」のニュアンスは伝わってきづらい。取締役会事務局の業務の内容が，庶務的なものからガバナンス系業務に比重が移っていく中で，CGコードにおいても，取締役会事務局の位置づけを見直す時期に来ているのではないかと考えている。

CGコードの2021年改訂では，補充原則４－13③の中に，内部監査部門について，「取締役会および監査役会の機能発揮に向け，内部監査部門がこれらに対しても適切に直接報告を行う仕組みを構築すること」という具体的な内容が追加された。同じ補充原則の中に，内部監査部門と取締役会事務局が同居しているのは，どちらも独立社外取締役を含む取締役会に情報提供を行う立場であるためである。ガバナンスの高度化に伴って，コーポレートガバナンスの推進を会社の内部から強力に支える仕組みが必要である。次回，2024年のCGコード改訂では，この点の強化が必要と考える。

改訂の方法はさまざま考えられるが，たとえば，原則４－13の第２文を「また，上場会社は，人員面を含む取締役・監査役の支援体制を整え，その内容を開示すべきである」とした上で，補充原則４－13③の第２文を，「また，上場会社は，例えば，社外取締役・社外監査役の指示を受けて会社の情報を適確に提供できるよう社内との連絡・調整に当たる部署等を明確化すること，コーポレートガバナンスの対応部署を明確化すること等により，取締役・監査役の支援体制を整えるべきである」としてはどうだろうか。

これは，上場会社が独立社外取締役その他の役員への支援体制を整えるべきことを明確化するとともに，その情報開示を要請することにより，上場会社全体のスピーディーな支援体制強化を狙うものである。

情報開示については，すでに「コーポレート・ガバナンスに関する報告書」では，「社外取締役（社外監査役）のサポート体制」という欄があり，ガバナンスに熱心に取り組む上場会社ではこうした情報を積極的に開示している。上場会社の取締役・監査役への支援体制についての情報開示を強化することについて，上場会社側では違和感はないであろう。

上場会社内の取締役・監査役への支援体制（取締役会事務局の体制を含む）について，CGコードの開示項目とすることにより，スピード感を持った体制の強化を促すことが期待できる。

3　これからの取締役会事務局

(1)　取締役会事務局の人材とローテーション

取締役会事務局は，全社最適の視点で会社の意思決定を行う取締役会において，経営陣と独立社外取締役，監査役のやりとりに間近に接することができる貴重なポジションである。しかし，取締役会事務局の社内の位置づけとして，あるコーポレートガバナンスの先進企業の取締役会事務局の責任者から，「取締役会事務局に異動になって喜ぶ人は少ない。そうした雰囲気を変えていくことが重要だ」という話を聞いた。この方は，独立社外取締役の提言などにより，コーポレートガバナンスに積極的に取り組むことで，会社がどんどん良い方向に変わっていくことを実感しておられるが，そうした会社は少数派なのかもしれない。

欧米で取締役会事務局の機能を担う「カンパニー・セクレタリー（コーポレート・セクレタリーともいう)」は内部監査部門とともに，全社横断的に横串を刺す機能を有しており，プロ化（専門職化）が進んでいる分野であるが，内部でローテーションされる場合は，幹部候補生の登竜門として活用されている。

コーポレートガバナンスが重要な課題であることは，多くの上場会社が表明していることである。取締役会事務局を社内の中核人材のローテーションに組み込むことは，ガバナンスを強化していきたい経営者のリーダーシップで実現可能である。独立社外取締役も，その重要性を認識していれば，積極的に経営者に働きかけていくことが必要だ。実際に，筆者が接点を持つ独立社外取締役の多くは，そうした行動をとっており，「期間は短くてもいいから，一線級の人材を取締役会事務局に登用することが重要」と指摘している。取締役会事務局に配属された人材が，取締役会はどのような考えに基づいて動いているかを知り，社内の組織に取締役会での知見を持ち帰るというプロセスが繰り返されることは，その会社のガバナンスに理解のある人材を厚くすることにつながり，ひいてはそうした経営層を形成していく。そのような位置づけで取締役会事務局の人事を使ってみたらどうかと考えている。

（2）独立社外取締役の窓口として

取締役会事務局は，独立社外取締役に対する窓口を担うことになるが，取締役会における独立社外取締役の発言や質問の内容を把握した上で，独立社外取締役からその会社にとって必要な知見を引き出すことも期待される。取締役会以外の場で独立社外取締役に意見を求めることは，実際によく行われていることである。独立社外取締役は非執行であるから，業務執行に抵触しないように注意しなければいけないが，せっかく招聘した独立社外取締役の豊富な経験を使わない手はない。筆者が接点を持つ独立社外取締役の多くは「もっと会社に貢献したい」と思っている。取締役会における監督機能だけではなく，自身の経験を活かして助言することを望んでいる。CGコード原則４－14で「取締役・監査役のトレーニング」が求められているのは，この趣旨であろう。ここは取締役会事務局が大きく貢献できる領域である。実際に，筆者が知るセンスの良い取締役会事務局の責任者は，こうした動きのハブになっており，この機能は今後ますます重要になると思われる。

このような動きをするにあたっては，独立社外取締役と取締役会事務局の間に信頼関係が構築される必要がある。取締役会事務局は，時には独立社外取締役の相談相手になることも想定される。一般論としては，独立社外取締役の方が取締役会事務局の責任者よりも人生経験は豊富であろう。取締役会事務局の責任者には，そうした経験者と話ができるだけの高いコミュニケーション能力も期待される。こうしたことを考えながら，取締役会事務局の人選，特に責任者にどのような人物を据えるかを検討していく必要がある。

4　CGネットの取り組み：取締役会事務局向け

日本コーポレート・ガバナンス・ネットワーク（CGネット）には，コーポレートガバナンスに積極的に取り組む上場会社が多く出入りしているが，取締役会事務局のニーズを探るために，2017年の春先に取締役会事務局を訪問して意見交換を行うと，取締役会事務局向けにアレンジしたコーポレートガバナンスの講座の開講と，取締役会事務局同士の交流の場を望む声が強く聞かれた。これは独立社外取締役向けの活動で紹介した「MIDコース」と「独立役員研究会」の関係に当たる。そこで，独立社外取締役向けに進めてきた活動を，取締役会事務局で展開していくことを試みた。

（1） 取締役会事務局のためのMID（ガバナンス講座）

筆者は，コーポレートガバナンスの識者とこれからの取締役会事務局として知っていただきたい知識について意見交換を行い，講座の内容を検討した。その結果を受けて，東京証券取引所と日本取引所グループ（JPX）の後援を受け，「取締役会事務局のためのMID（ガバナンス講座）」を2017年11月に開講した。

その内容は，次の８講で構成している。独立社外取締役向けは18講で構成したが，取締役会事務局の方々に聞くと，「10回を超える重たい講座にはなかなか足が向かない」という意見が多かったことを踏まえている。

【取締役会事務局のためのMID（ガバナンス講座）のプログラム概要】

① 東京証券取引所のガバナンスの取り組み
② 取締役会事務局が知るべきガバナンス及びファイナンス
③ 取締役会の運営実務（付議基準の見直し等）
④ 社外取締役のサポート実務
⑤ 取締役会の実効性評価の実務
⑥ 指名・報酬委員会事務局の実務
⑦ 企業不正・不祥事対応
⑧ 機関投資家の考え方（ESGの視点を含む）

この８講のうち①～⑤については，取締役会事務局が取り扱う実務として馴染みがあると思うが，残りは筆者なりの工夫がある。⑥は，指名・報酬委員会を設置する会社が増えているが，取締役会事務局と指名委員会や報酬委員会の事務局は別であることが多い。しかし，指名・報酬の問題はコーポレートガバナンスの重要なテーマであることから，取締役会事務局と指名・報酬委員会事務局の連携を意識していただくために設けた。⑦は企業不正や不祥事が発生したときに備え，取締役会事務局がどう対応すべきかをあらかじめ考えてもらうため，⑧はIR部門の仕事ではあるが，今後，独立社外取締役と機関投資家の対話が進んでいく中で，取締役会事務局にも機関投資家の考え方を理解してほしいということから設けたものである。

現在の取締役会事務局が扱う必須の実務的知識だけでなく，昨今のコーポレートガバナンスの流れおよび今後を踏まえて，取締役会事務局として知ってほしい内容を意識的に組み込んだ講座となっている。

（2）　取締役会事務局懇話会

独立社外取締役向けの意見交換のインフラとして「独立役員研究会」を紹介してきたが，日本には取締役会事務局間の情報交換の場がないのが現状であった。取締役会事務局は，おそらく独立社外取締役以上に，他社がどのように取締役会を運営しているのか，どのように独立社外取締役の支援を行っているのかといった他社の状況を知りたいはずだ。

そこで，「取締役会事務局のためのMID（ガバナンス講座）」の修了生を対象として，実際に取締役会事務局を務めている方々に集まっていただき，2018年から「取締役会事務局懇話会」を発足させた。すでに５年目に入っているが，もともと，こうした講座を受講する会社は問題意識が高く，取締役会事務局同士の交流にも熱心な会社が多いことから，毎回活発な意見交換が行われている。そこでの取締役会の運営に関する緻密なやりとりには，筆者も大いに刺激を受けている。

取締役会事務局間の意見・情報交換の場を設けること以外にも取り組みたいと思っていたことがあった。それは，取締役会事務局自身による情報発信である。取締役会事務局懇話会を運営する中で，取締役会の現場の最前線にいる方々の経験は，独立社外取締役のサポートを長年行ってきた筆者にとっても，とても参考になったし，こうした取り組みは広く世の中に発信した方がよいと考えた。

まず，CGコード適用以降，急速に上場会社の間に浸透している取締役会の実効性評価について，取締役会事務局がどのように関わっているかという内容で論文を執筆し，2019年４月に「取締役会評価の活用と取締役会のPDCAサイクル—取締役会事務局の果たす役割」が『旬刊商事法務』に掲載された。執筆者は取締役会事務局懇話会の初期メンバーの７社の有志である。

次に，取締役会事務局の業務全般について情報発信をするため，書籍を出版することを目標に立てた。「取締役会事務局を務める自分達にしか書けない内容で」というコンセプトで書き進めた結果，『取締役会事務局の実務～コーポレート・ガバナンスの支援部門として』という書籍を2021年３月に商事法務から刊行することができた。プロジェクトを進めるにあたっては，取締役会事務局懇話会の参加者から執筆者・事例提供者を募った。１年間近くにわたった一大プロジェクトであったが，コロナ禍のため，実際に集まることが難しく，コミュニケーションはオンライン会議を積み重ねた環境であったが，無事に成果を出すことができた。この書籍は，取締役会事務局の実務についてＱ＆Ａの形式をとり，各Ｑには原則として複数の企業事例を提供している。取締役会事務局に関する類書はないことから，この分野のバイブル的な存在になっていくことを期待している。

取締役会の運営については，弁護士やコンサルタントによる論文・書籍はあるが，取締役会事務局自身によるアウトプットは，ここに紹介した取締役会事務局懇話会メンバーによるもののみである。いずれの成果物も，多忙な仕事の合間を縫って，取締役会事務局の皆様の自律的な努力が結実したものとなっている。今後も，取締役会事務局懇話会のメンバーは増えていくことから，意見・情報交換の広がりやその深度も増していくことで，さらなる対外的な情報発信をしていきたい。

第４節　おわりに

CGコードをはじめとするさまざまなコーポレートガバナンスをめぐる環境変化で，上場会社に大きな変化が表れている。形式上は独立社外取締役が増えたことが最も大きな変化であるが，これからは形式から実質への動きへつなげ，さらには持続的な成長と中長期的な企業価値向上を実現することが求められる。

コーポレートガバナンスの主役は取締役会であり，取締役会の活性化を含む取締役会の実効性をどう上げていくかが鍵になる。その際，とりわけ重要となるのは独立社外取締役である。しかし，いくら独立社外取締役が頑張ろうとも，それだけでは限界がある。取締役会の運営を支え，独立社外取締役を支援する存在である取締役会事務局に目を向ける必要がある。ただ，「事務局」という言葉から連想される庶務的な印象がどうしてもぬぐい切れないため，取締役会事務局の重要性については，理解できる人と，理解できない人がはっきり分かれているという印象がある。その重要性が理解されないと，取締役会事務局に必要な人的リソースが提供されず，独立社外取締役の支援が十分に行われないことで，取締役会で十分な議論ができないという悪循環に陥ってしまう。

その意味でも，単なる「事務局」から連想されるイメージを払拭する名称がないかと思いをめぐらせている。諸外国の会社に置かれる「カンパニー・セクレタリー（コーポレート・セクレタリー）」は会社の機関であるから，これを規定しようと思えば会社法改正など大きな改革が必要となる。おそらく，この議論が本格化するためには，「取締役会室」や「ガバナンス部」などの専属部署が多くの上場会社に置かれた後になると考えられるため，具体化するのはしばらく先であろう。しかし，CGコード適用後の取締役会事務局は，庶務的な部署から，社内におけるコーポレートガバナンスの専門部署へと変化を遂げつつあることを認識しなければならない。

筆者は，「社外ネット」の2003年の立ち上げ以来，一貫して独立社外取締役のサポートを行ってきた。また，多くの取締役会改革にも関与させていただいてきた。そのような経験を持つ立場からしても，独立社外取締役と同じくらい，取締役会事務局の重要性をひしひしと感じているところである。独立社外取締役への期待がますます大きくなっていること，ガバナンス実務の高度化が起こっていることは多くの方に同意いただけるだろう。しかし，その陰に隠れがちな取締役会事務局の問題を真正面から取り上げることなしに，コーポレートガバナンスの実質を伴わせることは難しいと考えている。

2022年からのプライム市場上場会社においては，３分の１以上の独立社外取締役の選任が求められることになった。過半数の独立社外取締役を選任する上場会社も増えてくるだろう。これから独立社外取締役を増員する会社は，独立社外取締役の人選に注力すると思われるが，支援する対象が増えるわけであるから，受け入れ側としての取締役会事務局の機能強化も併せて検討することが必要になる。取締役会事務局の機能をスピード感を持って強化するには，CGコードの記載の見直しという手段が相当と思料する。

上場会社各社において，コーポレートガバナンスの確立を指揮するのは，まずもって経営者である。しかし，取締役会の独立性，監督機能強化の観点からは独立社外取締役の存在が欠かせない。さらに，地に足のついたコーポレートガバナンス改革を目指すのであれば，社内におけるコーポレートガバナンスの専門集団となりつつある取締役会事務局の役割も重要である。ガバナンスの推進にリーダーシップを発揮する経営者，独立した立場からガバナンス上重要な役割を担う独立社外取締役，そして高度化するガバナンス実務を担いながら独立社外取締役のサポートを行う取締役会事務局という「三位一体のガバナンス改革」がこれからの時代には求められる。

コーポレートガバナンスの目的は「持続的な成長と中長期的な企業価値の向上」であり，それを目指して取締役会が活性化していなければならない。そのためには，独立社外取締役だけでなく，独立社外取締役を支援する存在である取締役会事務局にもスポットライトを当てる必要がある。多くの上場会社でこれが実践されることを切に願いたい。

索　引

英数

あ行

か行

さ行

た行

な行

は行

ま行

や行

ら行

〈編著者紹介〉

北川　哲雄（きたがわ　てつお）

青山学院大学名誉教授・東京都立大学特任教授

早稲田大学商学部卒業，同大学院商学研究科修士課程修了，中央大学大学院商学研究科博士課程修了。博士（経済学）。
シンクタンク研究員，運用機関リサーチャー等を経て，2005年より青山学院大学大学院国際マネジメント研究科教授。2019年より現職。

【主要著書等】
『社会を変えるインパクト投資』ベロニッカ・ベッチ他著／共同監訳（同文館出版，2021年）。『コーポレートガバナンス・コードの実践＜再改訂版＞』共著（日本経済新聞出版社，2021年）。『バックキャスト思考とSDGs/ESG投資』編著（同文館出版，2019年）。『経営のサステナビリティと資本市場』共著（日本経済新聞出版社，2019年）。『ガバナンス革命の新たなロードマップ』編著（東洋経済新報社，2017年）。『統合報告の実際』ロバート・G・エクレス編著／監訳（日本経済新聞出版社，2015年）。『証券アナリストのための企業分析＜第4版＞』共著（東洋経済新報社，2013年）。『IRユニバーシティ―IRオフィサー入門』単著（国際商業出版，2010年）。『資本市場ネットワーク論―IR・アナリスト・ガバナンス』単著（文真堂，2007年）。『アナリストのための企業分析と資本市場』単著（東洋経済新報社，2000年）。

ESGカオスを超えて：新たな資本市場構築への道標

2022年5月10日　第1版第1刷発行

編著者　北　川　哲　雄
発行者　山　本　　継
発行所　㈱中央経済社
発売元　㈱中央経済グループパブリッシング

〒101-0051　東京都千代田区神田神保町1-31-2
電話　03（3293）3371（編集代表）
03（3293）3381（営業代表）
https://www.chuokeizai.co.jp
印刷／三英印刷㈱
製本／誠製本㈱

ISBN978-4-502-42731-2　C3034